U0636622

国高中教育
职协调发展研究

◎刘丽群 著

国家社科基金『十三五』规划项目成果

湖南师范大学出版社
·长沙·

图书在版编目（CIP）数据

我国高中教育普职协调发展研究 / 刘丽群著. —长沙：湖南师范大学出版社，2021.10

ISBN 978 - 7 - 5648 - 4353 - 3

Ⅰ.①我… Ⅱ.①刘… Ⅲ.①高中—教育研究—中国 Ⅳ.①G639.21

中国版本图书馆 CIP 数据核字（2021）第 193575 号

我国高中教育普职协调发展研究

Woguo Gaozhong Jiaoyu Puzhi Xietiao Fazhan Yanjiu

刘丽群 著

◇出 版 人：吴真文
◇责任编辑：彭 慧
◇责任校对：赵英姿
◇出版发行：湖南师范大学出版社
地址/长沙市岳麓区 邮编/410081
电话/0731 - 88873070 88873071 传真/0731 - 88872636
网址/http://press.hunnu.edu.cn
◇经销：湖南省新华书店
◇印刷：长沙印通印刷有限公司
◇开本：710 mm × 1000 mm 1/16
◇印张：16
◇字数：270 千字
◇版次：2021 年 10 月第 1 版
◇印次：2021 年 10 月第 1 次印刷
◇书号：ISBN 978 - 7 - 5648 - 4353 - 3
◇定价：58.00 元

目 录

第一章
高中阶段普职教育发展的国际背景与主流趋势

高等教育对推动经济发展和创造就业机会的意义都是毋庸置疑和至关重要的。鉴于此，欧盟提出：到2020年，30～34岁年龄段的成人中，至少有40%应具有高等教育资格或同等学力。实际数据显示：2000年，欧盟30～34岁的年轻人中只有22.4%接受了高等教育，而到2009年，这一比例达到32.3%，有11个欧盟国家已经提前实现2020年目标。① 高等教育规模的扩张是以高中阶段教育的扩大为前提和基础的，因此，各国都采取多种举措，自上而下地推动高中阶段教育的普及。1975年左右，欧洲国家高中阶段入学率达到80%，高中阶段教育已经普及。而美国在这方面的改革与推进也非常引人注目。仅从1910年到1940年，美国高中阶段的入学率就从18%上升到73%，毕业率从9%上升到51%。② 那么，世界范围内高中阶段教育普及的整体情况如何；各国在普及过程中，高中阶段普通教育与职业教育是双轨运行还是普职一体化发展；普职两者的关系、结构与比例如何，如何协调发展，这些是本章要重点讨论的问题。我们期待能从世界各国高中教育改革尤其是普及进程的推进过程中，找到些许有关普职协调发展的经验与启示。

---

① European Commission. Progress towards the common European objectives in education and training (2010/2011) ——Indicators and benchmarks [R/OL]. (2011-04-18) [2021-03-20]. http://www.bollettinoadapt.it/old/files/document/12064SEC_2011.pdf.

② Goldin, Claudia. America's graduation from high school: The evolution and spread of secondary schooling in the twentieth century[J]. The Journal of Economic History, 1998 (2): 345-374.

第一节 世界各国高中阶段教育整体情况与普及进程

世界各国教育体系千差万别，就高中阶段教育来看，不仅称谓不一，而且入学年龄及教育年限也不同。为便于对不同国家教育进行统计与比较，联合国教科文组织曾于1976年颁布《国际教育标准分类》，并先后于1997年、2011年两次进行修订。在第三版《国际教育标准分类》中，根据教育课程内容复杂程度和专门化程度将教育体系从低到高分为9个等级序列：0级早期儿童教育、1级小学教育、2级初中教育、3级高中教育、4级中等后非高等教育、5级短期高等教育、6级本科教育（学士或等同）、7级硕士教育（硕士或等同）和8级博士教育（博士或等同）①。为表述方便和统一，本书所指的高中阶段教育，若无特别说明，就是指该分类标准中的3级高中教育。这一层次的高中教育，分为A、B两类：A类，主要指向"理论型的，为研究做准备的或从事高技术要求的专业"；B类，主要指向"更面向实际，适应具体职业，主要目的是使学生获得从事某职业、行业或某类职业、行业所需的实际技能和知识"。也就是说，从高中教育阶段开始，教育就划分为普通教育和职业教育两种类型，这就确定了在各教育层次中，职业教育与普通教育并列、平等的地位。这表明职业教育与普通教育是同层次、不同类型的教育。本书所讨论的高中教育普职协调发展，也就是探讨高中阶段这一层次的两种不同类型教育的协调发展问题。

表1－1 部分国家高中阶段学制表②

国家或地区	高中阶段前	高中阶段		
		年级名称	年级名称	年级名称
美国	1~9年级	高一	高二	高三
英国	1~11年级	第六学级一	第六学级二	—
法国	1~9年级	二年级	一年级	结业班

① Silke L. Schneider. The international standard classification of education 2011 [J]. Comparative social research, 2013 (1): 365－379.

② 李其龙，张德伟. 普通高中教育发展国际比较研究 [M]. 北京：教育科学出版社，2008：2.

（续表）

国家或地区	高中阶段前	高中阶段		
		年级名称	年级名称	年级名称
德国	1~10年级	第11年级	第12年级	第13年级
日本	1~9年级	高一	高二	高三
印度	1~10年级	第11年级	第12年级	—
韩国	1~9年级	高一	高二	高三
芬兰	1~9年级	不分班级，一般为2~4年		
中国台湾	1~9年级	高一	高二	高三
中国香港	1~10年级	中四	中五	—

一、高中阶段教育类型与体系

（一）世界各国高中教育类型

就世界范围来看，二战后，大部分发达国家为顺应社会与经济发展需求，先后实现了高中教育普及化，在此过程中，各国的高中教育类型也越来越丰富与多样。但整体而言，一般包括三种类型：普通高中、职业（技术）高中和综合高中。

1. 普通高中

高中教育于1802年在法国诞生后，在相当长的时期内，都是面向精英、贵族和统治阶层，实施的都是普通教育，开设的都是学术型课程，主要为大学预科而存在，以培养学生升入高等学校为目标。如在法国，普通高中称为“LYCEE”，有大学预科的含义，学制三年，主要任务是为大学的文理专业输送合格人才。一般而言，高中第一年进行统一的教学，设必修课、必选课和自选课三种课程；第二年开始进行分科教学。1993年以后，主要分为六科：文科（L）、经济与社会（ES）、理科（S）、工业科技（STI）、实验室科技（STL）、第三产业科技（STT）。

2. 职业（技术）高中

在高中阶段，普通教育与职业教育的双轨制一直盛行并已成为传统。大凡设立以学术教育为主、以培养毕业生升入高等学校为主要目标的普通高中的国家，都同时并轨设立了以就业和升入高等专科学校作准备为主要目标的职业技术型高中，正是通过普职双轨并立的体制，来实现和完成高中教育“升学+就业”的双重任务。德国的职业技术教育有着悠久的历史，在国际上享有很高的声誉。德国实施职业技术型高级中等教育的学校有职业学校、职业专科学校、职业补习学校、专科高中、专科学校、职业高中等。日本的职业高中具体包括农业高中、工业高中、商业高中、水产高中、家政高中和护理高中等多种类型。法国高中阶段负责职业技术教育的机构主要是职业高中和技术高中。技术高中实际上是普通高中的技术科；职业高中又称短期高中，职业高中开设的专业几乎涉及工业和第三产业的所有职业，达三百余种。

3. 综合高中

20世纪60年代以来，世界各国中等教育结构改革中出现的一个共同趋势，就是普通教育与职业教育一体化的改革，这一改革动向直接导致了一种新型高中的诞生——综合高中。综合高中最早产生于美国，它主要发端于对教育公平的追求和培养“全人”（whole person）的需要。美国外交家、教育学家科南特可谓中等教育综合化之父，他在1959年的著作《今日美国中学》（The American High School Today）中指出：综合高中是为“社区内所有青年受教育的需要而开设课程的中学”，是“集全体青少年于同一屋檐下受教育”的机构，其办学目标为：“第一，为所有的未来公民提供普通教育；第二，为那些想在学校毕业后立即使用所学技能的学生开设良好的选修课程；第三，为毕业后上学院或大学深造的学生开设令人满意的文理课程。”① “综合中学……它之所以产生，是因为美国的经济史以及人们忠于机会和地位平等这些思想的结果”，这是“美国教育民主化”的标志。② 在英国，综合高中同样诞生于对教育公平、对学生全面发展的需要。英国于二战后就着手进行中等教育综合化改组，试图通过创办综合高中增加工人阶级子

① 科南特．科南特教育论著选［M］．陈友松，等译．北京：人民教育出版社，1988：88.

② 李其龙，张德伟．普通高中教育发展国际比较研究［M］．北京：教育科学出版社，2008：46.

女受教育的机会，以此来消除社会阶级差别，同时强调“全人”的培养目标：“综合中学应当如它们所声称的那样，将造就‘全人’视为自己的培养目标，这意味着它们不能狭隘地关注学生的学术成绩和职业技能发展，而应当给学生以一种更加全面的教育。”① 应该说，综合高中主要致力于满足现代民主社会的教育需求，保证在同一个教育机构内向所有具有不同能力和倾向的学生提供均等的受教育机会。公平、民主以及“全人”的发展目标，是综合高中的本质及初衷所在。综合高中在欧美国家比较普遍，尤其以美国和英国为盛。美国在 1991 年，就读综合高中的学生数占 98.4%，在学校数方面，占到 94.4%；在英国的英格兰地区，1988 年的教育统计数据显示，综合高中的学生数占公立中学的 85.7%，而威尔斯地区就读综合高中的学生数高达 98.3%；在德国，1986 年的数据表明，综合中学学校数占 10% 左右，约有 450 所。②

而在日本，综合高中在 1948 年后的数年间较为盛行。早期日本的综合高中与美国有所不同，美国的综合高中是在同一屋檐下为不同兴趣爱好、能力倾向的学生设置不同类型的课程，即为准备升学的学生开设学术型课程，为准备就业的学生设置职业科目的课程，为那些目标未定的学生设置普通文化课程。而日本的综合高中是在一所学校内设置不同类型的学科，如设置普通科加一两个职业学科，或者设置两个以上的职业学科，学生选择不同的学科学习。美国的综合高中属于“多种课程融合型”学校，日本的综合高中则属于“多种课程并置型”学校（见表 1－2）。但进入 20 世纪 80 年代后，日本也在尝试以谋求学科、课程、学习方式弹性为特征的各项改革，综合高中与过去分别设置普通科与专门学科不同，以设置新型的第三种学科（综合学科）为主要特征，这种以综合学科为主要特征的综合高中改革从 1993 年后开始走向制度化。据文部科学省 2019 年发布的数据显示，2018 年，日本共设综合学科高中 375 所③。

① 刘丽群．我国综合高中发展的现实问题与路径选择［J］．教育研究，2013（6）：65－71.

② 吴清基．综合高中的理念与实施［EB/OL］．（1995－06－03）［2020－08－20］．https：//max. book118. com/html/2018/0526/168766941. shtm.

③ 金红莲．日本综合学科高中的改革动因及实施过程研究［J］．海南师范大学学报（社会科学版），2019（6）：89－94.

表 1－2　日本单科高中和综合制高中学校数的变化①　　（单位：所）

时间（年）	合计	单科高中								综合制高中			
		小计	普通	农业	工业	商业	水产	家政	其他	小计	普通+1个职业科	普通+2个职业科	2个以上职业科
1960	4598	2567	1565	346	232	248	34	128	14	2031	1048	541	442
1965	4849	2999	1845	310	413	297	35	86	13	1850	1043	483	324
1970	4798	2927	1770	308	419	313	36	63	18	1871	1098	502	271
1975	4923	3102	1987	272	428	317	38	40	20	1821	1123	473	225
1980	5208	3491	2448	234	412	309	35	31	22	1717	1088	429	200
1985	5453	3784	2753	222	409	314	36	27	23	1669	1075	412	182
1987	5508	3835	2817	215	412	309	35	23	24	1673	1082	402	189

（二）各国高中教育体系

高中阶段，学生通常在 14 至 16 岁之间进入这一教育阶段，在经合组织（OECD）国家，尽管奥地利和意大利的高中入学年龄是 12 岁，墨西哥是 17 岁，比利时是 19 岁，但中等教育的平均入学年龄为 14 岁。就世界范围来看，高中阶段教育的学习年限也有较大差异，如澳大利亚、爱尔兰、立陶宛和俄罗斯联邦的年限为 2 年，而意大利的学习年限则为 5 年。②

表 1－3　OECD 部分国家学校制度设计③　　（单位：岁）

国家＼年龄	结束义务教育的年龄	教育分流开始时间（1980—1990）	高中教育完成年龄	小学入学年龄
瑞士	15	15	20	7
德国	18	10	19	6
美国	17	16	18	6
爱尔兰	16	15	18	6

① 张德伟，梁忠义．国际后期中等教育比较研究［M］．北京：人民教育出版社，2006：179.

② OECD. Education at a glance 2018：OECD indicators［R］. Paris：OECD Publishing，2018：150.

③ Kenn Ariga，Giorgio Brunello. Does secondary school tracking affect performance? evidence from IALS［J］. Social Science Electronic Publishing，2007：13.

（续表）

年龄 / 国家	结束义务教育的年龄	教育分流开始时间（1980—1990）	高中教育完成年龄	小学入学年龄
波兰	15	15	19	7
瑞典	16	16	20	7
新西兰	16	16	18	6
英国	16	16	18	5
比利时	18	12	19	6
意大利	14	14	19	6
挪威	16	16	19	6
斯洛文尼亚	15	15	18	6
丹麦	16	16	20	7
芬兰	16	16	19	7
匈牙利	16	10	20	6
智利	14	14	18	6

而在撒哈拉以南非洲地区（Sub-Saharan Africa，SSA），大多数国家的初级教育周期为 6 年，但也有 4 至 8 年的，如图 1 - 1 所示。通常情况下，教育体系中，中学教育阶段一般持续三到七年，其中包括三年或四年的初中以及两年或三年的高中。基础教育阶段最为常见的学习周期是 12 年（22 个国家），也有 20 个国家是 13 年，最短学习周期为 11 年（4 个国家）。

显然，各国的教育体系千差万别，高中阶段的学制也有较大的国别差异。以下我们简单介绍几个典型国家高中阶段教育学制的具体情况。

在美国，1918 年全国教育协会中等教育改组委员会发表《中等教育的基本原则》报告，明确地把中等教育划分为初级阶段和高级阶段，并规定“初级阶段和高级阶段应各自有三年时间”。自此，六三三学制成为美国基础教育阶段的主流学制。但除此之外，美国还有多种学制类型，包括六六制（小学六年，中学不分初级高级，六年一贯）、八四制（小学八年，中学四年）、四四四制（小学四年，中间学校四年，中学四年）、五三四学制（小学五年，中间学校三年，中学四年）等。由此来看，高中阶段在不同的学制类型所指不同：高中阶段在六三三学制中是指三年制的高级中学，在八四制中指四年制的中学，在四四四制和五三四制中指后四年的中学，六六制因为实行中学六年一贯，就很难区分出高中阶段。但整体而言，美国的基础教育为 12 年，因此，高中阶段一般指 10 ~ 12 年级或 9 ~ 12 年级。

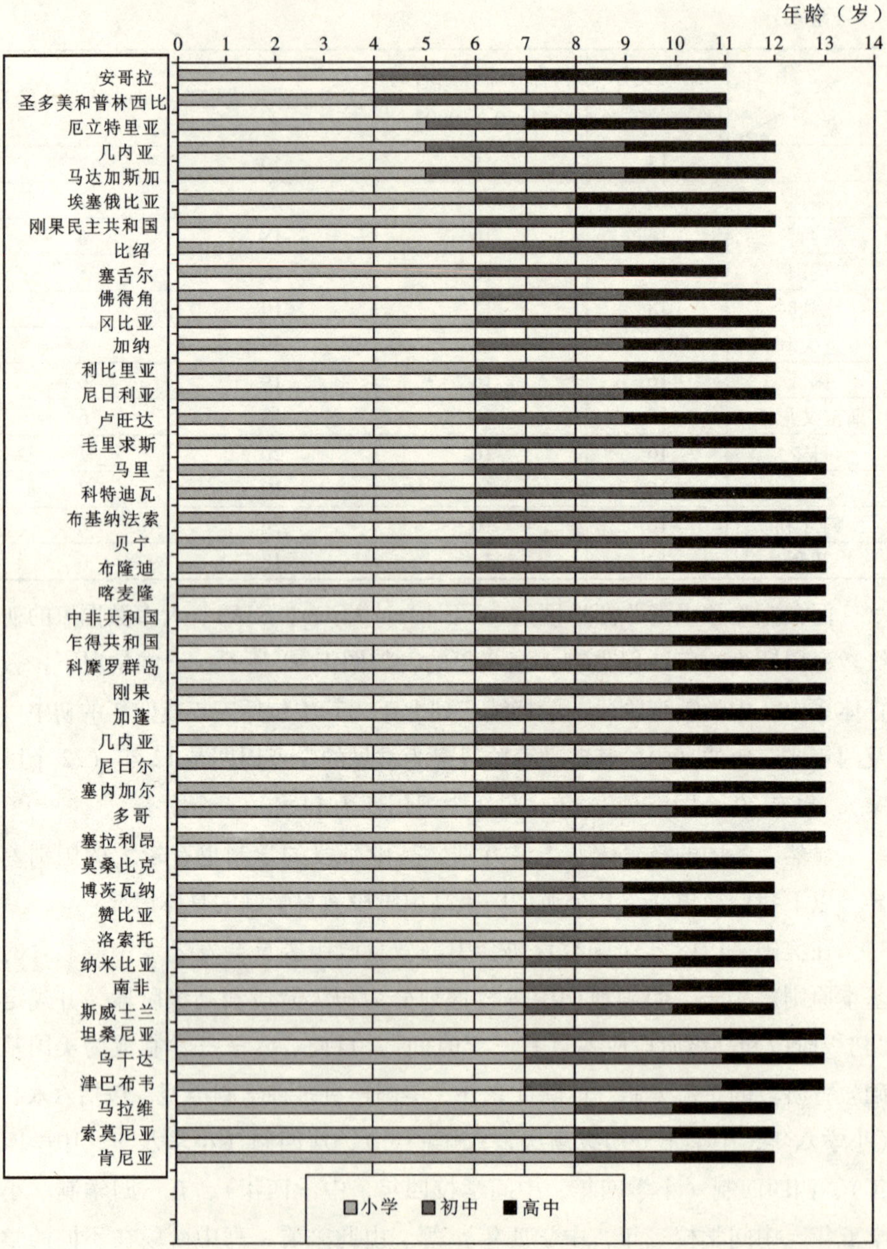

图 1－1　部分国家中小学教育体系与学习年限①

① Keith M. Lewin . Expanded access to secondary schooling in Sub-Saharan Africa：Key planning and finance issues［R］. Create Pathway to Access Research No 8 ，2007：20.

在英国，中等教育阶段因其学校种类繁多而显得尤为复杂。英国中学有文法中学（7 年制，11 ~ 18 岁）、技术中学（5 ~ 7 年制，11 ~ 16 岁或 18 岁）、综合中学（7 年制，11 ~ 18 岁；5 年制，11 ~ 16 岁）等多种类型，而且中学几乎都实行一贯制，因此，很难区分出具体的高中教育阶段。但我们仍然可以借助两个指标来进行区分：一是根据课程开设的阶段。文法中学的课程一般分为“基础阶段”（11 ~ 16 岁）和“分科阶段”（17 ~ 18 岁），而综合中学前三年的课程为基础课程，第四、五学年为选修课程。由此，文法中学的“分科阶段”和综合中学的“选修课程学习阶段”可以视为高中教育阶段。二是各类中学学生 16 岁时会参加“普通教育证书”（简称 GCE）普通级（Original Level）考试，参加完此考试后的阶段也可以视为高中阶段。另外，附设在综合中学的“第六学级”或独立设置的第六级学院是典型的高中阶段。

在法国，高中阶段学校包括普通高中、技术高中、职业高中和学徒培训中心等多种学校类型，其学制和修业年限等也各不相同。一般而言，普通高中和技术高中的学制为 3 年，职业高中的学制有 2 年和 3 年两种，学徒培训中心的修业年限一般为 1 ~ 3 年不等。

德国的高中教育机构也可谓五花八门，不仅有一般类型的文科中学（系古典语言类、现代语言类、数学 - 自然科学类文科中学）、特殊类型的专业文科中学（专业方向包括经济、技术、食品与营养、家政、农业和社会教育学、纺织技术、造型技术等），还有一般形式的中等职业教育机构（如职业专科学校、职业提高学校、专科高中、专业文科中学、专科学校等）以及特殊形式的中等职业教育机构（如职业高级中学、技术高级中学、专科学院、职业预科学校等）。而且在不同的州有不同的学制和修学年限。但就全德整体情况来看，文科中学的学制一般为三年，职业专科学校的学制短则一年，长则三年。

二、世界各国高中阶段教育发展整体状况

高中教育可以说是世界上所有国家、民族和地区学校教育的重要阶段与关键环节。它作为义务教育的延续，既是基础教育的高级阶段，又是高等教育的准备阶段，在整个国民教育体系中处于承上启下的地位。其上影响高等教育，下影响基础教育，又联系学习型社会建设，是教育分流的关键阶段，

处于国民教育体系健康运转的“枢纽”位置，因此，世界各国政府和地区几乎都十分重视高中阶段教育。但由于各国政治、经济和社会发展不平衡，其高中教育发展的历程、速度和改革的方向等都有所不同。整体来看，各国的高中教育改革与发展呈现以下几个特征。

（一）强力推动高中教育规模的迅速扩大

教育的普及与扩张是一个全球范围内的现象。发达国家这一历程的开始甚至可以上溯到19世纪。为应对工业化的需求，发达国家竞相开始发展面向大众的基础教育，逐步推行与实施义务教育。尤其进入20世纪中后期，世界正以势不可挡的变化速度向前推进。各国社会、政治、经济、文化和科学技术的变革与发展此起彼伏，日新月异，全球经济一体化、知识爆炸、学习型社会、信息社会等都引发并推动着教育改革。在一些主要工业国家，如美国、德国、英国、法国、日本等，都纷纷通过制定规划、颁布法规、采取措施等，来推动教育的改革与发展。高中教育发展较快，规模迅速扩大（见表1-4）。

表1-4 世界各地区的高中阶段教育毛入学率（2015年）①

地区	入学率（%）			失学儿童数量（百万）		
	全部	男性	女性	全部	男性	女性
北美和欧洲	92.2	91.7	92.9	2.9	1.6	1.3
拉丁美洲和加勒比地区	76.4	75.7	77.1	7.5	3.9	3.6
中亚和南非	51.2	52.3	50	68.9	35.2	33.7
东亚和东南亚	78.1	75.4	81.1	17.9	10.6	7.4
西亚和北非	66.9	67.9	65.8	8.8	4.4	4.4
撒哈拉以南的非洲	42.6	46.4	39.7	34.4	16.3	18.1
澳洲	66.2	60.0	72.8	0.5	0.3	0.2
低收入国家	37.6	41.8	33.6	24.6	11.6	13.0
中低收入国家	53.2	54.4	52.0	91.0	46.1	44.9
中高收入国家	78.4	76.1	80.8	22.5	12.9	9.5
高收入国家	92.9	92.3	93.6	3.0	1.7	1.3
全世界	62.9	63.3	62.5	141.0	72.3	68.7

① The UNESCO Institute for Statistics. Reducing global poverty through universal primary and secondary education [EB/OL]. (2017-06-30) [2020-06-06]. www.unesco.org/gemreport.

（二）努力凸显高中教育培养“全人”的价值

高中教育是学生个性形成和自主发展的关键时期，对提高国民素质和培养创新人才具有特殊价值。随着高中教育的普及，高中教育已经从过去的精英教育转变为培养基本的公民素质和公民精神的大众教育，其功能已从过去简单的选拔甄别转变为以培养“全人”为目标。世界范围内高中“升学、就业、全人”的三维发展目标日益凸显。① 例如，法国认为高中应该培养学生成为积极的、团结的公民；德国强调要帮助学生发展成熟的、对社会负责任的人格；芬兰规定高中要培养学生成为综合素质高、个性健康全面发展、有创造力和合作精神、能够独立探求知识、热爱和平的社会成员；2001 年美国伍德·威尔逊全国联谊基金会为高中学生发展确立的目标是：为今后继续的教育作准备，为未来的生活作准备，培养具备完全人格的人。日本中央教育审议会于 1991 年 4 月发表的咨询报告《关于应对新时代的教育诸制度的改革》也明确指出：“今日的高级中学已经不是像从前那样只有一部分被选拔出来的人就学的中等教育机构，而是受完义务教育的几乎所有的人都就学的国民性教育机构。”②

（三）着力推进高中多样化、特色化发展

多样化、特色化发展是世界各国普通高中发展的共同趋势。如俄罗斯的高中就分为传统型学校、特科学校、文科中学和实科中学四类；意大利的高中阶段设有普通高中、师范高中、技术高中、艺术高中和职业高中五类学校；法国的普通高中内设有文学、科学、经济和社会科学三个方向；瑞士的大学预备班设文学、人文科学、数学自然科学、外语、经济学五个专业系列；英国早在 1997 年发布的《卓越学校》白皮书中就鼓励在数学与计算、科学、工程、艺术、体育、语言、商业与娱乐、技术、人文、音乐十个专业领域建立更多的特色或专门学校；保加利亚招收自然科学、数学、人文、语言、艺术、体育等多种领域的特长生进行培养。③ 与高中多样化发展相适应的是，各国高中都以设置选修课、特长课、特色课等方式，提高课程编制灵

① 卢立涛．全球视野下高中教育的性质、定位和功能［J］．外国教育研究，2007（4）：35－38.

② 刘复兴，刘丽群．明确定位、多样发展、体制创新——我国普通高中教育发展的战略选择［J］．教育科学研究，2013（4）：34－37.

③ 刘世清．普通高中发展的世界趋势［J］．上海教育，2010（23）：30－31.

活性，扩大学生选择自由度，以实现课程的多样性和选择性。芬兰在1994年颁发的《高中学校课程框架》中规定：高中阶段的必修课程由原来占总课时的80%～84%降为60%～65%；日本1999年修订版的《高中学习指导要领》规定：高中毕业时需要的总学分压缩为74学分，而最低必修学科学分则压缩到31学分，允许各个学校开设规定以外的校本课程①。

三、各国高中阶段教育普及现状

在第二次世界大战刚结束时，高中教育部门规模很小。大部分青年在职业学校接受教育或直接进入劳动力市场。一般来说，进入大学学习的人很少，主要是来自社会经济地位高的家庭的孩子。为了应对社会对高中教育日益增长的需求和工业化社会的需求，各国政府开始对教育进行彻底改革，使大众能够获得高中教育。但是，这一过程各国推进进度不一。

（一）高中教育普及现状

20世纪中后期以来，人类社会进入了一个科技高速发展的时期，尤其进入20世纪80年代后，西方发达国家相继从劳动密集型的制造业转型人才密集型的服务业，而产业升级和转型对劳动力的知识和技能水平提出了更高要求。为了适应这一挑战，发达国家采取的普遍举措就是延长义务教育的年限，先后将义务教育年限延伸至高中阶段，达到甚至超过了12年（见图1-2）。

当然，经济发展的事实也证明，高中阶段教育的普及极大地推动了经济的发展。就OECD国家来看，拥有高中及以上学历的人口占比与本国人均GDP呈显著的正相关，那些经济发展越快的国家，往往也是教育普及程度越高的国家（见图1-3）。

2016年，OECD国家15～16岁人口（即通常处于高中教育阶段）的入学率平均达到95%及以上。在OECD国家，17岁人口中，92%的青少年都在接受教育，在爱尔兰和瑞典，这一比例高达99%。相比之下，在其他一些国家，如巴西、印度尼西亚、墨西哥和土耳其等国，17岁儿童就读的比例不到80%，哥伦比亚的入学率最低，只有52%。②

① 刘世清．普通高中发展的世界趋势［J］．上海教育，2010（23）：30-31.

② OECD. Education at a glance 2018：OECD indicators［R］. Paris：OECD Publishing，2018：154.

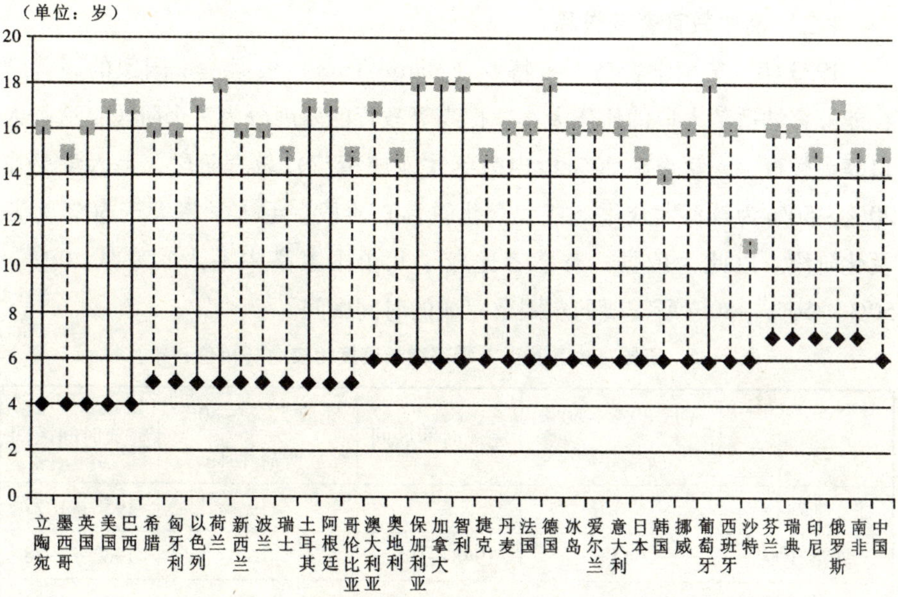

图 1－2　OECD 国家义务教育起止年龄（2015 年）①

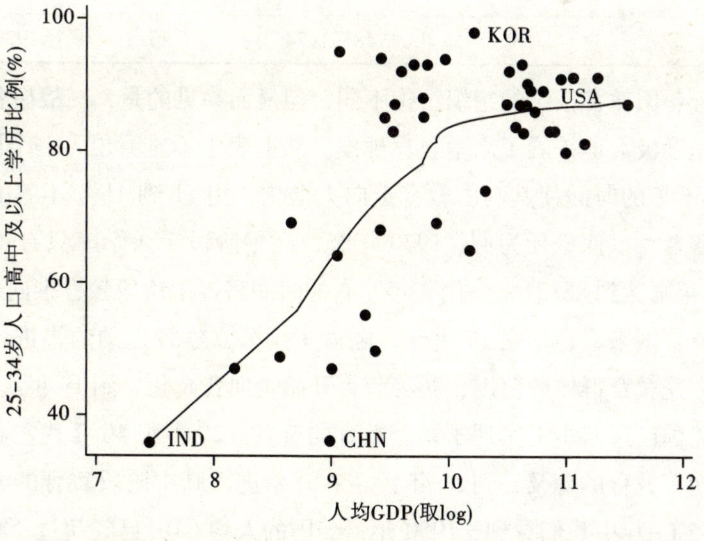

图 1－3　OECD 国家人均 GDP 和 25～34 岁人口高中及以上学历比例的 lowess 曲线②

---

① OECD. Education at a glance 2017: OECD indicators [R]. Paris: OECD Publishing, 2017: 423.

② OECD. Education at a glance 2017: OECD indicators [R]. Paris: OECD Publishing, 2017: 423.

（二）高中教育普及进程

1973 年，美国学者马丁·特罗（Martin Trow）根据一个国家的高等学校能够容纳适龄人口的比例大小，把高等教育的发展分为三个阶段：适龄人口高等教育毛入学率在 20% 以内为英才（或精英）教育阶段，毛入学率在 20% ~50% 为教育大众化（或大众化教育）阶段，毛入学率大于 50% 为普及化阶段。以此为依据，有学者比较了几个国家高中毛入学率从 20% ~50%、50% ~80% 所需要的年限及完成的时间区间。

表 1 -5　五国高中教育毛入学率增长速度比较　（单位：年）

	完成 20% ~50% 所需年限	完成时间区间	完成 50% ~80% 所需年限	完成时间区间
捷克斯洛伐克	—	—	19	1958—1977
斯洛伐克	14	1948—1962	16	1962—1978
西班牙	9	1962—1971	11	1971—1982
瑞典	10	1937—1947	41	1947—1988
英国	26	1948—1974	26	1974—2000

尽管各国教育系统的组织结构不同，但显而易见的是，二战后各国都以不同的速度极大地扩展了高中教育规模。从上表中不难看出，一个国家用 9 到 26 年不等的时间使其高中教育走向大众化，用 11 到 41 年不等的时间使其走向普及。以西班牙为例，1970 年时，高中阶段毛入学率只有 48.13%，但 1982 年则达到 88.21%，用 2 年左右的时间将高中阶段教育推向普及化。

仅就美国来看，早在 19 世纪，随着美国公立学校运动的推进，美国便开始扩大受教育群体的范围，初等教育开始走向普及化，到 19 世纪末 20 世纪初，美国已经基本上实现了初等教育的普及。20 世纪 40 年代左右，美国实现了初等教育的普及，到 50 年代左右开始进入高中阶段教育的大众化阶段。从表 1 -6 中我们看到，1950 年，美国的人均 GDP 已经超过 9000 美元，此时高中教育的在学率为 76.1%，毕业率达到 59%，而高等教育的入学率也已经接近 15%，这标志着美国高中教育已经进入了大众化阶段；而 1970 年左右，美国的人均 GDP 已达到 18000 美元以上，高中教育的在学率达到 94.1%，毕业率为 75.6%，高等教育的入学率接近 50%，这标志着美国的高中教育已经开始进入普及化阶段。到 90 年代初，美国基本上所有的州都出台了普及高中阶段教育的法令，高中教育达到高度普及化。1990 年美国经济相对较为落后的肯塔基州也通过了教育改革法案，将接受义务教育的最高年龄从 16 岁提高到了 18 岁。1993 年，19 ~ 20 岁的美国青年完成高中学历的百分比为 86%（不包括正在高中学习的学生），此时美国的人均 GDP 早已超过20 000美元。这一年，克林顿总统签署了《美国 2000 年教育改革法案》，要求在 2000 年将高中学生毕业率至少提高到 90%①，目前，美国高中生毕业率都在 95% 及以上。

表 1 - 6　美国高中教育普及化历程②

时间（年）	人均 GDP（美元）	高中在学率（14 ~ 17 岁）	高中毕业率（17 岁毕业生）	高等教育入学率
1950	9573.00	76.1%	59.0%	14.3%
1960	14133.95	90%	67.9%	37.5%
1970	18150.03	94.1%	75.6%	49.4%
1980	22567.94	93.4%	71.4%	55.6%
1990	28262.62	95.8%	73.9%	75.2%

（三）高中教育普及的侧重点

整体上看，随着高中教育的普及，高中阶段普通教育与职业教育的规模都在扩大，但相比较而言，普通教育的扩张更为明显与突出。除德国这些有着强大职业教育传统的国家之外，高中教育的扩大更侧重于普通教育。这主要归结于经济与科技的发展。一方面，经济发展使得手工劳动不断减少，对劳动者普通文化教育水平的依赖程度更高；另一方面职业教育层次的上移，使得职业教育中增加普通教育内容的需求增强。由此导致普通教育需求上升。即使在职业教育主流的德国，高中阶段普通教育的比重也在不断增加，统计数据表明，德国“二战”后初期高中普职比例为 1:7，到 20 世纪 70 年代为 1:3，2002 年约为 1:2（详见表 1 - 7）。而在韩国，20 世纪 80 年代以前，普通高中在校生数占高中阶段学生总数的比例从 1965 年的 59.6% 下降

① 胡庆芳．美国高中教育普及的历程与现行改革［J］．全球教育展望，2006（2）：55 - 59.

② 王喜娟．美国高中教育普及化的进程及影响因素简析［J］．外国教育研究，2010（11）：34 - 40.

到1983年的54.6%，但到20世纪90年代，这一比例又上升到了61.0%①，而最新的数据显示，目前职业教育所占比例不到40%。

表1-7 德国高中教育普职比例变化表（1960—2002年）②

时间（年）	1960	1970	1974	1980	1985	1989	1995	1996	1999	2000	2002
普通教育（%）	12.6	16.0	18.9	21.9	24.1	26.6	20.8	20.6	20.6	20.3	20.4
职业教育（%）	62.9	59.5	52.4	43.8	39.1	35.2	48.2	47.2	46.3	47.2	45.3

第二节 高中阶段普职结构的国际模式

整体而言，高中阶段的教育体系一般由两个部分或轨道组成：普通教育与职业教育。高中阶段到底是优先发展普通教育还是应侧重职业教育，普职之间保持什么样的结构与比例最为合适，这一直是困扰各国高中阶段教育改革与发展的一个世界性难题，实践层面也并未探索出一个放之四海而皆准的、世界通用的高中普职结构模式。在一些国家，高中阶段主要以普通教育为主，而在一些国家，职业教育却占绝对优势，目前也没有明确的证据表明孰优孰劣，更没有清晰的轨迹显示孰好孰坏。我们根据普通教育与职业教育在高中阶段的发展样态和所占比重，把各国高中阶段普职结构的发展模式大体区分为以下四种：普通教育主导模式、职业教育主导模式、普职大致相当模式和普职一体化模式。

一、普通教育主导模式

普通教育主导模式，即高中阶段主要以普通教育为主，普通教育占整个高中阶段教育的比例达到60%及以上，这同时也就意味着，这一模式下的职业教育占比非常有限甚至完全边缘化。推行这一模式的国家主要有日本、

① 李其龙，张德伟．普通高中教育发展国际比较研究［M］．北京：教育科学出版社，2008：7.

② 李其龙，张德伟．普通高中教育发展国际比较研究［M］．北京：教育科学出版社，2008：112-113.

韩国、希腊、匈牙利、南非等。在巴西、加拿大、印度等国，职业教育所占比例甚至在10%以下①，90%以上的高中生主要进入普通教育轨道接受通识教育，学习普通教育课程。而阿根廷和爱尔兰，几乎不提供高中阶段的职业教育。同样，在美国，职业教育集中在高中后并主要由社区学院来完成，高中阶段并没有分化出专门的、严格意义上的职业教育轨道，高中生主要通过学校开展的生涯与技术教育（career and technical education，CTE）等来接受一定的职业教育。

表1-8　日本高中普通科、职业技术科、综合科学生数变化（1980—2003年）②

时间（年）	学生总数（人）	普通科人数与比例	职业技术科人数与比例	综合科人数与比例
1980	4 616 339	3149 624（68.2%）	1 466 715（31.8%）	—
1985	5 171 787	3 730 685（72.1%）	1 441 102（27.9%）	—
1990	5 616 844	4 159 512（74.1%）	1 457 332（25.9%）	—
1995	4 717 191	3 499 056（74.2%）	1 212 634（25.7%）	5 501（0.1%）
1999	4 203 750	3 087 519（73.4%）	1 057 442（25.2%）	58 789（1.4%）
2000	4 157 269	3 045 570（73.3%）	1 040 566（25.0%）	71 133（1.7%）
2001	4 053 627	2 960 287（73.0%）	1 011 988（25.0%）	81 352（2.0%）
2002	3 921 141	2 857 962（72.9%）	972 269（24.8%）	90 910（2.3%）
2003	3 801 646	2 768 583（72.8%）	928 398（24.4%）	104 665（2.8%）

二、普职大致相当模式

普职大致相当模式，即高中阶段的普通教育与职业教育并驾齐驱、占比基本相当（普通教育或职业教育的占比大概在40%～60%之间），澳大利亚、意大利、英国、波兰、土耳其、印度尼西亚、葡萄牙等国基本属于这一发展模式。当然，不同时期的比例略有浮动，但基本保持在这一区间。我国自1983年开始，高中阶段教育改革主要推行的是普职大致相当政策，在此

① OECD. Education at a glance 2017：OECD indicators［R］. Paris：OECD Publishing，2018：161.

② 张德伟，梁忠义. 国际后期中等教育比较研究［M］. 北京：人民教育出版社，2006：165.

政策推动与政府驱动下，高中阶段的普职比例基本保持在 1∶1 左右。如 2009 年中职占高中阶段教育招生总数的 51.1%，2010 年为 51%。近年来，中职的比例有所下降，但整体上，高中阶段基本保持普职规模大体相当的发展格局。

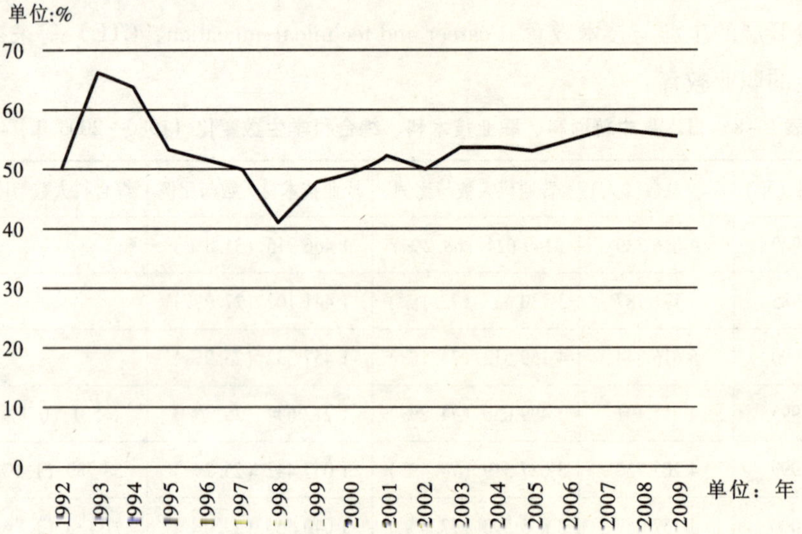

图 1-4 瑞典职业教育学生占高中阶段教育比例（1992—2009 年）①

三、职业教育主导模式

职业教育主导模式，即中等职业教育在整个高中阶段教育的占比达到 60% 及以上，这一发展模式的代表性国家有捷克、芬兰、斯洛文尼亚、奥地利、荷兰、瑞士等。这些国家中等职业教育的具体实施又有不同的子模式：一些国家的职业教育主要基于学校来开展，如芬兰、捷克等；而一些国家职业教育的开展强调学校教育与企业培训相结合，又称“双元制”。在丹麦、德国和瑞士，有 80% 以上的职业教育学生选择双元制学习模式。② 这些国家

① M Beblavy，M Veselkova，Thum et al. Lessons from the expansion of the upper secondary education for the expansion of tertiary education［EB/OL］.（2012-07-20）［2019-01-18］. http：//www.neujobs.eu/sites/default/files/publication/2013/02/4.4.1%20NEUJOBS%20Working%20.

② Quintini G，Manfredi T. Going separate ways? School-to-Work transitions in the United States and Europe［EB/OL］.（2009-08-20）［2019-03-18］. https：//dx.doi.org/10.1787/221717700447.

之所以保持较高比例的职业教育，除了教育传统的因素之外，职业教育与劳动力市场、工作世界的紧密结合与无缝对接也是其重要原因，职业教育所提供的资格证书被劳动力市场广泛认可和接受是其最直接的推动力。

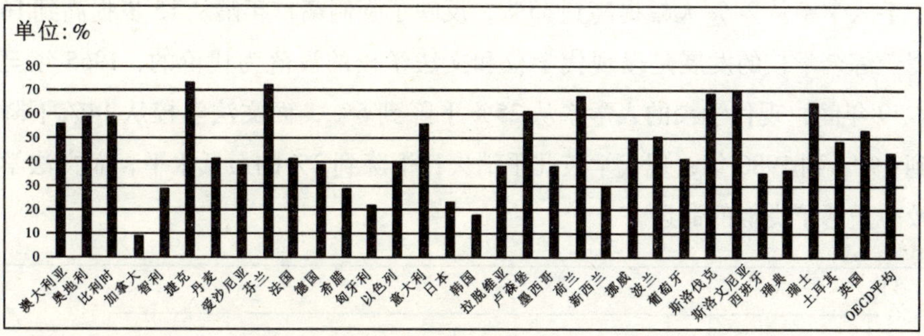

图 1－5　OECD 国家高中阶段职业教育占比情况（2016 年）①

四、普职一体化模式

普职一体化模式，即高中阶段的普通教育与职业教育在“一屋檐”下实施，普职融为一体，相互渗透，学校内部“同时提供大学预科课程、职业课程和普通课程供学生选择”②。综合高中是这一发展模式的典型样式。1959 年，美国外交家、教育学家科南特在其专著《今日美国中学》（The American High School Today）中提出中等教育综合化设想后，综合高中开始在美国出现并向英国等国家蔓延，且普职融通的趋势正逐渐从制度的融通走向课程的整合。③ 综合高中的出现，打破了双轨制模式在中等教育领域独霸的局面，它虽在美国催生，但对英国中等教育的改革与发展产生了深远影响。英国综合高中有两个飞速发展阶段④：1965 年至 1973 年，综合高中毛入学率从 4% 提高到 24%；1973 年至 1979 年，毛入学率从 24% 提高到 47%；到

---

① OECD. Education at a glance 2018：OECD indicators［R］. Paris：OECD Publishing，2018：161.

② Unger，Harlow G. Encyclopedia of American education（Vol. 3）［M］. New York：Facts on File，2007：290.

③ 倪小敏．美英两国高中普职融通政策发展的共同趋势——从制度融通到课程整合［J］．比较教育研究，2019（10）：52－59.

④ Beblavy M，Veselkova M et al. Lessons from the expansion of upper secondary education for the expansion of tertiary education［EB/OL］.（2012－07－20）［2019－01－18］. http：//www. neujobs. eu/sites/default/files/publication/2013/02/4. 4. 1%20NEUJOBS%20Working%20.

1980 年，英格兰和威尔士一半以上的学生进入了综合高中，1985 年达到 55%，80 年代末略下降到 52%，到 1993 年又上升到 56%。综合高中的迅速发展直接导致了英国其他类型高中学校入学人数的剧减。1974 年，综合高中毛入学率从 24% 大幅提高到 35%，反映了强制离校年龄从 15 岁提高到 16 岁。综合学校的发展是以现代学校和文法学校的没落为代价的，1965 年至 1979 年间，现代学校的入学率从 25% 下降到 5%，而文法学校从 14% 下降到 4%。到 1980 年，现代学校几乎消失，下降到 2% 的最低水平，而文法学校也遭遇了类似的命运。

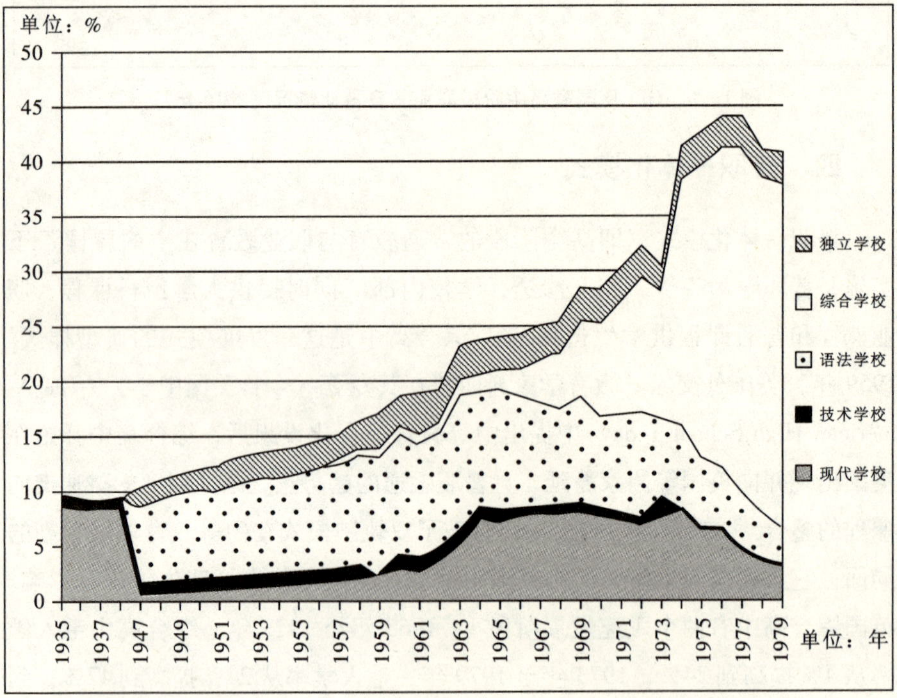

图 1－6　英国高中阶段不同类型学校所占比例变化（1935—1979 年）①

综合高中的出现有以下几个原因：第一，随着科学技术和生产力的发展，中等教育阶段上普通教育与职业教育平行的体制日益暴露出其固有的弊

① Beblavy et al. Lessons from the expansion of upper secondary education for the expansion of tertiary education［EB/OL］.（2012－07－20）［2019－01－18］. http：//www. neujobs. eu/sites/default/files/publication/2013/02/4. 4. 1%20NEUJOBS%20Working%20.

端和矛盾。经济的发展一方面对教育提出了新的要求，另一方面也促进了教育水平的提高和高级中等教育的开放。在一些发达国家，如美国、日本、德国等，已基本上普及了高级中等教育。大量高中毕业生除一部分升入高等学校外，还有相当一部分人必须进入劳动市场。但由于传统的高级中等教育偏重学术性理论的传授与学习，忽视职业实际技能的训练，使未能升学的这一部分高中毕业生在当今这个充满挑战的社会中处于极为不利的地位，缺乏应付挑战的能力，缺乏生存的技能。另一方面，随着科学的发展，各项职业活动不再是单纯的实际操作，而是充满科学思维和智力活动的劳动。然而传统的职业教育的实用主义性质使它只重视职业操作技能的训练，忽视文化科学基础知识的提高和科学分析能力的培养。普通教育与职业教育各自的片面性已不能适应时代的发展。第二，在科技革命的影响下，普通教育和职业教育在内容上相互渗透，表现出一体化改革的必要性。第三，历史上存在的普通教育与职业教育之间的鸿沟，妨碍解决教育民主化和教育机会均等的问题。一些国家从本国的需要出发，极力填平这两种教育之间的鸿沟。综合高中正是在这样的政治、经济背景下应运而生，逐步发展壮大，成为当今中等教育结构改革中的主流。

第三节　近 20 年来 OECD 国家高中阶段的普职结构及其调整趋势

众所周知，OECD 组织涵盖了绝大部分的发达国家以及部分发展中国家，其成员国经济发展水平排在世界前列。在 35 个成员国中，人均 GDP 进入世界前 40 的有 29 国，其余稳定在 40 ~ 70 之间，并且 2009 年金融危机过后，大部分国家的人均 GDP 保持了稳定或增长。目前，我国经济保持着平稳较快增长，人均 GDP 不断增长，在多项经济和社会发展指标上接近 OECD 水平。因此，OECD 的改革方向可以作为我国的风向标。

考察普通教育与职业教育的规模与比重可采用多种指标，如学生数、学校数、经费数等。在上述指标中，最适合进行国际比较的是学生数，因为这一指标受各国教育体系差异的影响较小。例如，在有些国家，中职学校的招生规模显著小于普通高中，若以学校数作为比较指标会导致对中职教育比重的高估。又如，一些中职专业的教学设施和资源投入显著高于普通高中，其中又存在着专业间的差异和国别差异，若以经费数作为比较指标同样会带来对中职教育比重的高估。本文采用学生数作为基本指标，并将其进一步细化为在学人数与毕业生数。在学人数既包括全日制学生也包括兼读制学生，因为在一些国家（如英国），兼读制是中职教育体系中的重要渠道（甚至是主渠道）。相当一部分的学生通过学徒制、校企合作办学等兼读制形式完成学业，在毕业市场上具有与全日制学生相同（甚至更高）的认可度。与在学人数相比，毕业生数具有累积性，并且相当一部分普通高中毕业生会在未来的某个时期通过成人继续教育形式再度接受中等职业教育，因此采用毕业生数作为指标能够反映出成人继续教育的回炉效应和补偿效应。综上，采用在学人数和毕业生数两个指标能够较为全面地反映一国普高与职高的比重。

一、OECD 国家高中阶段普职结构基本情况

（一）普通与职业高中在学人数比重

近二十年的长时段数据（图 1 - 7、图 1 - 8）显示：就 OECD 各国的平均值而言，1996 年普通高中学生占 47%，职业高中占 53%；到了 2015 年，普通高中学生占到了 54%，而职业高中占 46%。换言之，在二十年间，OECD 保持了大体相当的普职规模。与此同时，在 OECD 国家内部存在一定的国别差异，可分为以下三种情况：一是普职比重大体相当的情况，即普通高中与职业高中比重在 40% ~60% 之间。这类国家占到 OECD 成员国的近四成，包括挪威、丹麦、法国和英国等国。二是普通高中在学人数比重显著偏高的情况，即普高学生比重始终接近或高于 66%，为中职学生的 2 倍以上，包括爱尔兰、墨西哥、葡萄牙、冰岛、新西兰、希腊和日本等国。三是职高在学人数比重显著偏高的情况，即职高学生比重始终接近或超过 66%，为普高生的 2 倍以上，包括奥地利、捷克、荷兰、瑞士等国。整体而言，有六成的国家普职比重呈现“失衡”状态，其中显著偏高或偏低的情况各占一半。

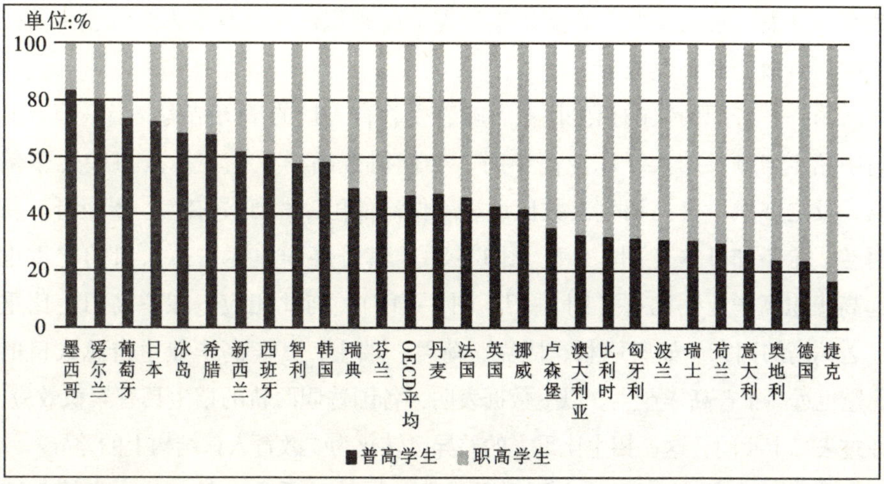

图 1－7　OECD 成员国普通高中与职业高中在学人数比重（1996 年）①

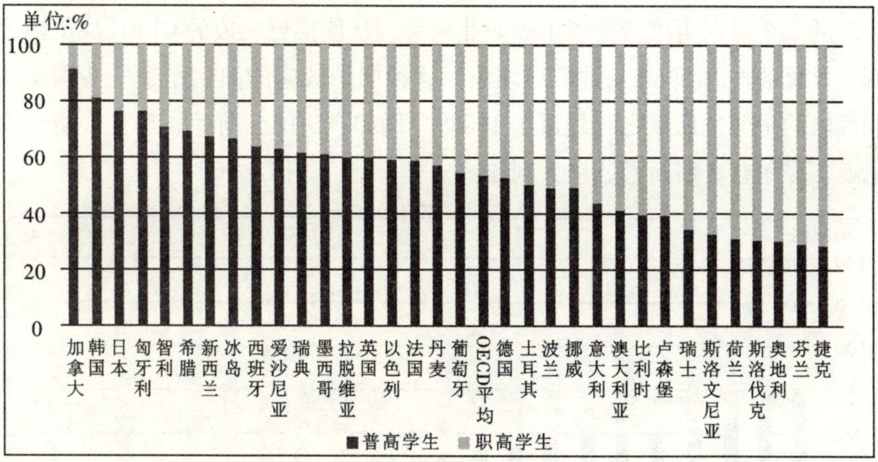

图 1－8　OECD 成员国普通高中与职业高中在学人数比重（2015 年）②

（二）普通与职业高中毕业生数比重

前面所讨论的在学人数反映的是特定年份普通或职业高中在读学生数的比重，所呈现出的是一种静态数值。而本节所讨论的毕业生数则是一种动态的累积性数值，能够反映出一国总人口中有多大比重曾经接受过普通或职业

① 图表由作者自行整理，数据来源于：OECD. Education at a glance 1998：OECD indicators [R]. Paris：OECD Publishing，1998：169.

② 图表由作者自行整理，数据来源于：OECD. Education at a glance 2017：OECD indicators [R]. Paris：OECD Publishing，2017：258.

教育，从而呈现出普职两轨在招生比重上的累积效应以及成人继续教育所带来的回炉效应和补偿效应。

第一，普职两轨的招生比重影响着受教育人口的学历结构。当一国普通高中招生名额长期大于职业高中时，会使得普高毕业生在总人口中比重偏高，反之亦然。普高招生人数比重显著偏高的国家，如爱尔兰、墨西哥、新西兰、希腊和日本（图1－7、图1－8），其普高毕业生占总人口的比重也远高于职高毕业生比重（图1－9、图1－10）。与此相应，在职高招生比重显著偏高的国家，如奥地利、捷克、荷兰、瑞士，其职高毕业生占总人口的比重也远高于普高毕业生。以上数据表明，各国普职两轨的招生具有累积效应，在过去二十年间，这一招生比重上的差异已转化为受教育人口结构上的差异。

第二，普高/职高双重学历现象显著。得益于近几十年来成人继续教育的普及化和形式的多样化，一些普高毕业生出于转换职业跑道的考虑，在毕业后的某个时期再度接受了中等职业教育。这使得近三成的OECD成员国出现了显著的普高/职高双重学历现象。这种回炉效应的典例是，一些国家普职两轨的毕业生比重之和超过了100%，例如：法国、荷兰、瑞士、斯洛文尼亚、爱尔兰、新西兰、澳大利亚等（图1－9、图1－10）。

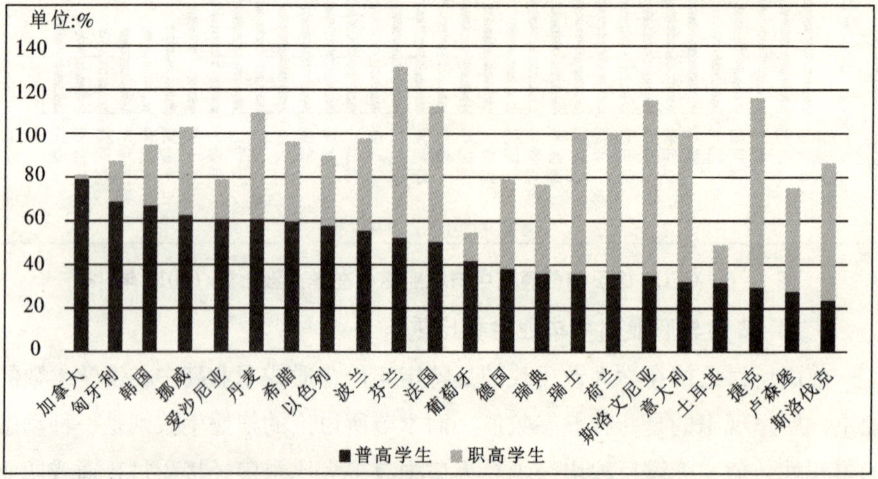

图1－9 OECD成员国普通高中与职业高中毕业生占总人口比重（2005年）①

① 图表由作者自行整理，数据来源于：Graduation rates and entry rates［EB/OL］.（2016－06－11）［2019－10－02］. https：//stats. oecd. org/Index. aspx? DataSetCode = EAG_ GRAD_ ENTR_ RATES.

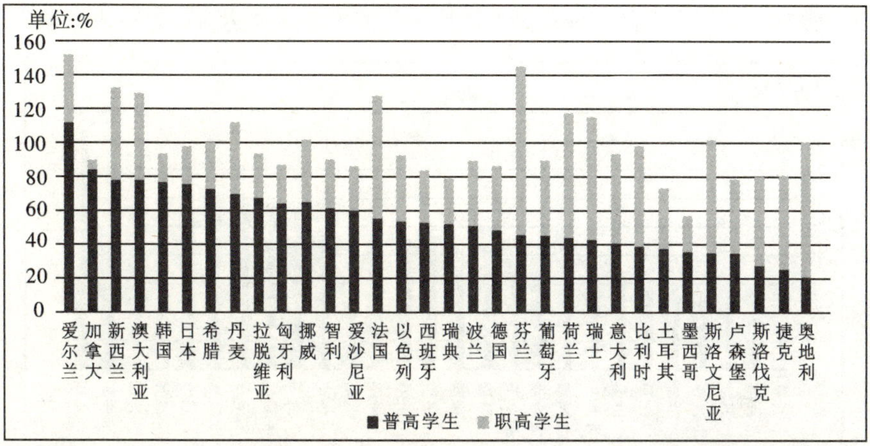

图 1－10　OECD 成员国普通高中与职业高中毕业生占总人口比重（2015 年）①

第三，中等职业教育体系中“超龄”人士比重高。成人继续教育的普及化还带来了一种补偿效应，即部分初中学历学生在进入社会若干年后重返校园以接受中等职业教育。这种补偿效应加上前述回炉效应使得中职体系中出现了相当比重的“超龄”人士，有数据显示，OECD 国家中有 20% 的中职学生年龄大于 25 岁②，大部分就读于成人继续教育渠道。

二、近 20 年来 OECD 国家高中普职结构调整的整体特征

综合前文所述，近二十年来 OECD 国家在普职结构调整方面存在以下特征：

第一，总体而言，OECD 国家呈现明显的“提高普高/降低职高在校生比重”趋势。由图 1－11 可知，在数据可得的 26 国中，有 22 国的普高在校生比重得到了提高，其中增幅超过 5% 的国家有 17 个。同时，OECD 的平均值由 47% 上升为 54%。尽管各国的增幅和具体比重不尽相同，但提高普高比重却是一致趋势，下文将对其动因和影响因素进行分析。

第二，如图 1－11 所示，在普高在校生比重总体上升的大趋势之下，有近四成的国家呈现大幅增长（即增幅超过 10%），其中有五国增幅接近或超过了 20%。普高比重的大幅增长意味着职高比重的大幅下降，这其中包含了不少素以职业教育闻名的国家，如德国、英国、法国、意大利、丹麦和瑞典。

---

① 图表由作者自行整理，数据来源于：Graduation rates and entry rates［EB/OL］.（2016－06－27）［2017－10－02］. https：//stats. oecd. org/Index. aspx? DataSetCode = EAG_ GRAD_ ENTR_ RATES.

② OECD. Education at a glance 2017：OECD indicators［R］. Paris：OECD Publishing，2016：47.

以上数据反映出大刀阔斧地提高普高比重已成为许多发达国家的发展趋势。

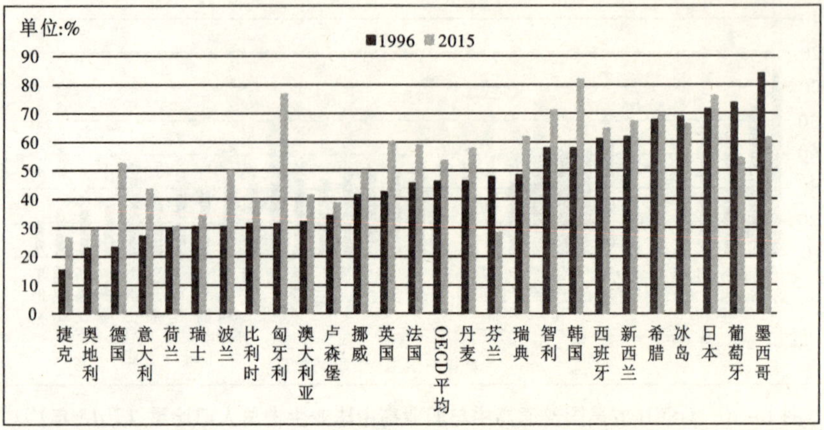

图 1－11　OECD 国家高中阶段普通高中在学人数比重变化（1996 年和 2015 年）①

第三，在毕业生占总人口比重方面，近十年来普高毕业生的比重呈上升趋势，这与各国的普职招生结构的调整方向是一致的。如图 1－12 所示，在数据可得的 22 国中，有 16 国的普高毕业生比重呈现增长，其中增幅超过 5% 的国家有 12 个，超过总数的一半。

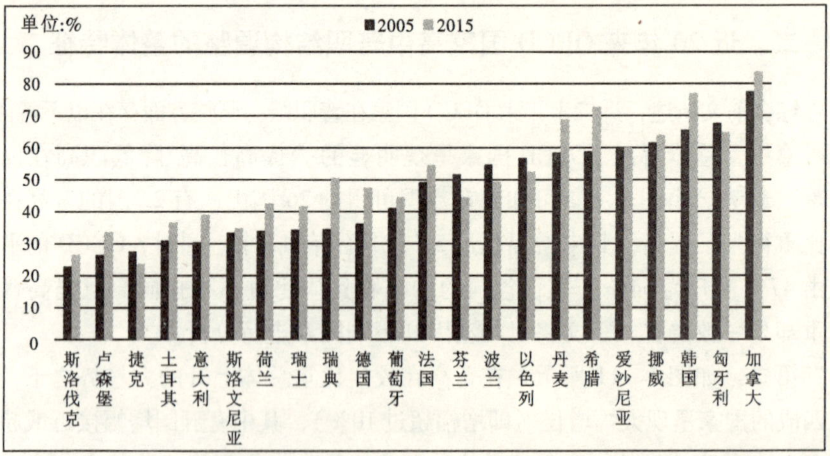

图 1－12　OECD 国家普通高中毕业生占总人口比重变化（2005 年和 2015 年）②

---

① 图表由作者自行整理，数据来源于：OECD. Education at a glance 1998：OECD indicators [R]. Paris：OECD Publishing，1998：169. OECD. Education at a glance 2017：OECD indicators [R]. Paris：OECD Publishing，2017：258.

② 图表由作者自行整理，数据来源于：Graduation rates and entry rates [EB/OL]. （2016－06－27）[2017－10－02]. https：//stats. oecd. org/Index. aspx? DataSetCode = EAG_ GRAD_ ENTR_ RATES.

第四，值得注意的是，尽管二十年来 OECD 成员国的职高招生比重总体呈现下降趋势，但是在近一半的国家中，职高毕业生占总人口比重却得到了增长。如图 1－13 所示，在数据可得的 24 国中，有 12 个国家的职高毕业生比重得到了增长。将图 1－12 与图 1－13 数据进行交叉比对可知，上述国家的普高毕业生比重也大多得到了增长。上述现象背后的原因在于，这些国家高中教育的普及率得到了提高，使得普职两轨毕业生的人数同步增加。这一发现也再次提醒研究者，在分析一国的普职结构及其调整趋势时，不仅应当关注在学人数方面的静态数值，还应当考察毕业生人数方面的动态累积性数值。

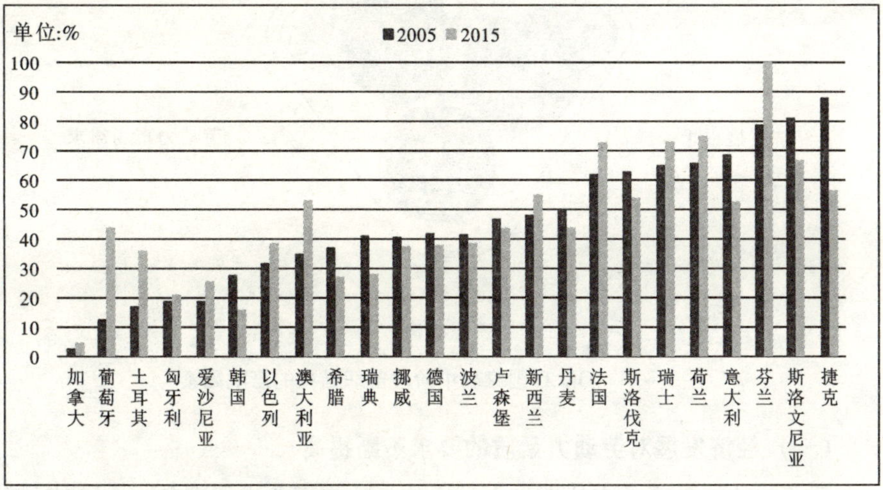

图 1－13　OECD 国家职业高中毕业生占总人口比重变化（2005 年和 2015 年）①

最后需要指出的是，以上分析梳理出了 OECD 国家普职结构方面的若干集中趋势，但是这些趋势却并不能够套用在所有的国家上。例如，就在学人数而言，并非所有国家都提高了其普高招生比重，有四个国家呈现出下降趋势，其中三国的降幅接近或超过 20%（芬兰、葡萄牙和墨西哥）。又如，在毕业生数方面，并非所有国家的普高毕业生比重都得到了上升，有五个国家出现了下降（捷克、芬兰、波兰、以色列和匈牙利）。不难发现，各国的国

① 图表由作者自行整理，数据来源于：Graduation rates and entry rates［EB/OL］.（2016－06－27）［2017－10－02］. https：//stats. oecd. org/Index. aspx? DataSetCode＝EAG_ GRAD_ ENTR_ RATES.

情存在多样性，一国的普职结构及其调整趋势是多因素相互作用的结果。

三、OECD 国家高中阶段普职结构的影响因素与变迁动力

前一节以在学人数和毕业生数为指标，梳理了 OECD 国家近二十年来高中阶段普职比重的总体特点及其变化趋势，本节将进一步分析其背后的影响因素及变迁动力。总体而言，影响普职结构的因素中既有经济发展水平、劳动力市场需求等外因，也有高等教育入学率、普职两轨融通度以及高中和成人继续教育普及度等教育体系内部因素（见图 1－14）。

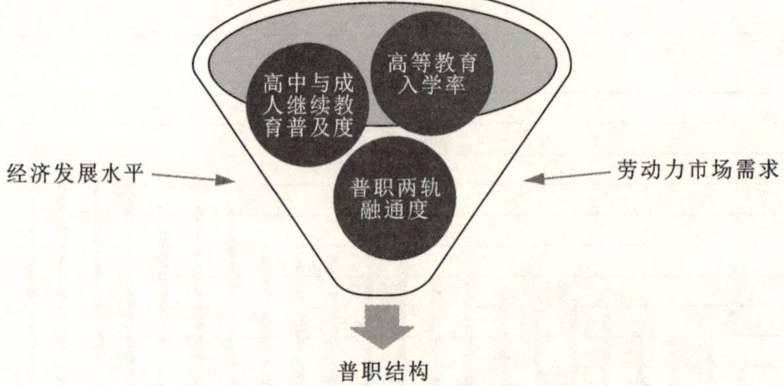

图 1－14 OECD 国家高中阶段普职结构的影响因素

（一）经济发展对劳动力素质的要求不断提高

职业与技能教育的定位在于为学生从事特定行业进行准备，由于其在很大程度上服务于国家的经济发展和产业需求，因而在规模和结构上也深受经济发展水平的影响。具体而言，经济发展水平决定着劳动力市场需要什么层次的人才，同时也影响着教育体系能够培养出什么样的人才（特别是在高中教育、高等教育和成人继续教育阶段），从而成为影响高中阶段普职结构的背景性因素。在 2005—2014 年间，有 2/3 的 OECD 成员国在人均 GDP 方面保持了增长，而剩下 1/3 的国家则保持了稳定。与此相应，OECD 国家整体的普高在校生和毕业生比重均得到了显著提升。其中，增幅超过 10% 的国家有英国、澳大利亚、比利时、法国、德国、韩国和挪威，其 GDP 总量和人均水平均位于全球前 30 名，且在十年间保持了经济增长。上述国家普

通高中比重增长的原因在于：随着经济发展，劳动力市场对于劳动者素质的要求不断提高，这既包括对劳动者学历的要求（是否接受过高等教育），也包括对其文化基础的要求（普高毕业生的文化课基础强于职高）。同时，由于更多的资源得以投入教育事业，既提高了高等教育入学率，也带来了高中教育和成人继续教育的普及。简言之，需求侧与供给侧所形成的合力提高了上述国家普通高中的招生比重。

（二）高等教育入学率的提高

高等教育入学率对一国普职结构有着深刻影响。在一些国家，由于高等教育入学率较低，高中学历成为相当一部分学生能够获得的最高学历。对于这些学生而言，选择职业高中比选择普通高中更为明智。正如统计数据所显示的：在以高中教育为最高学历的毕业生中，中职毕业生比普高毕业生的就业率更高，同时失业和待业率更低。①在 OECD 国家，25～34 岁的青年人中中职毕业生的就业率为 78%，比普高毕业生的就业率高出了 11 个百分点。②同时，中职毕业生的失业率为 7.7%，低于普高毕业生（8.3%）。③不难发现，当一国高等教育尚未普及时，保持较高的中职比重不论对求职者、雇主还是国家经济发展而言都是有益的。

近几十年来，随着各国经济的发展及其对劳动力素质要求的提高，提高高等教育（含高等职业教育）入学率成为全球性潮流。与此相应，越来越多的人口在完成了高等教育之后才进入劳动力市场。在此背景下，中等职业教育直接面向就业的优势逐渐淡化，而其文化基础薄弱的弊端则愈发凸显，其毕业生在未来的升学和就业中后劲不足。因此，提高普高比重成为改革的趋势：在 2005—2015 年间，OECD 国家的平均高等教育毛入学率由 60% 提

---

① OECD. Education at a glance 2017：OECD indicators［R］. Paris：OECD Publishing，2016：52.

② OECD. Focus on vocational education and training（VET）programmes［R］. Paris：OECD Publishing，2015.

③ OECD. Education at a glance 2017：OECD indicators［R］. Paris：OECD Publishing，2016：92，107.

高到70%①，与此相应，其普通高中在学人数比重的平均值也由50%升至56%。

（三）高中阶段普职两轨融通性的增强

导致OECD国家中职招生比重下降的另一个因素在于综合高中的兴起。近年来，在一些国家（尤其是英国和澳大利亚）的教育体系中，普职两轨的界限正被逐渐打破，越来越多的普通高中开始通过“拼盘式课程”为学生提供职业培训。这些综合高中的课程体系以普通文化课为主，同时融合了职业资格导向的课程模块。② 在英国，有7%的16~17岁学生选择了拼盘式课程模式。③ 通过选修职业学分，学生在系统学习文化课程的同时可完成特定的职业资格课程，在毕业时获得“双证书”（毕业证书+职业资格证书）。由于综合高中分担了中等职业教育的部分功能，使得专门的职业高中招生人数相应减少。此外，在OECD的统计口径中，选修拼盘式课程的学生被归入“普通高中在读生”的类别，因此职高在学人数的数据会小于实际接受职业教育的学生数。

目前，在英美等发达国家，高中阶段普职的融通正逐步从宏观上的制度融通走向微观层面的课程融通，一些普职融通的学习项目在陆续推出并推广。在美国，《帕金斯法案II》推出“技术准备”（teach-prep）项目，提供四年制学习计划，由两年中学水平课程和两年大学课程（或两年学徒学习）构成，内容包括学术教育和技术准备教育两方面：学术教育方面通过连贯的课程学习，培养学生数学、科学和交流能力，并达到熟练水平；技术准备教育，提供工程、应用科学、机械、工业等职业领域中任意一个领域的课程。在参与技术准备项目之后，学生将获得一个两年制的副学士学位或某一职业

---

① Gross enrolment ratio, tertiary, both sexes (%) [EB/OL]. (2015-08-14) [2017-10-02]. https://data.worldbank.org.cn/indicator/SE.TER.ENRR?end=2015&locations=OE&start=2005.

② 余晖. 英国高中阶段教育普职融通的基本经验与现实挑战 [J]. 湖南师范大学教育科学学报, 2015 (2): 70-74.

③ Wolf A. Review of vocational education: The wolf report [R]. UK: Department for Education and Department for Business, Innovation & Skills, 2011: 51.

教育领域的两年制证书①。继技术准备项目成功推广后，2006 年的《帕金斯法案 IV》进一步推出“学习项目”（Program of Study，POS）供学习者选择。此外，美国还发展出其他形式的项目，如“生涯学校”“工作的高中”等，丰富了普职融通的方式。

在英国，普职融通的学习项目也颇受欢迎。除了 1982 年推出的“TVEI”计划实施四年制普职融通的连贯学习计划外，2005 年教育白皮书又推出 14～19 岁连贯学习的“专业文凭”项目，由雇主设计、大学参与，内容融合学术教育和职业教育，包含英语和数学核心实用技能、相关学科的专业学习以及适当的工作经验等。该项目涉及的专业有信息通信技术、工程、创意与媒体等，学生学完规定内容，并且成绩达到毕业要求后，即可获得相关专业文凭，作为继续升学或就业的依据。② 到 2009 年，英国已经发展出 17 种“专业文凭”项目。而且这些学习项目，都特别注重将中学教育和中学后的教育衔接，以帮助中学生顺利过渡到大学。学生学完一套计划，可以获得专业文凭（英国 Level 3）或学位证书（美国副学士学位）。这种项目计划，一般不受现有课程结构或资格的约束，相当灵活，根据劳动力市场需求设置或取消。

（四）高中教育的普及与成人继续教育途径的扩展

如前文所述，经济增长、高等教育入学率的提高和综合高中的兴起导致了 OECD 国家中职招生比重的持续降低。然而值得注意的是，招生比重的降低并不意味着中职毕业生占总人口的比重减少，相反，在近一半的国家中，职高毕业生的比重得到了增长。究其原因：一方面，数十年来高中教育的普及把“蛋糕”做得更大，使得普职两轨的招生人数同时得到了增长。另一方面，得益于成人继续教育渠道的扩展，学习者能够通过在职培训和回炉教育等形式（尤其是学徒制、远程学习和在职培训等途径③）完成职业教育课

---

① Carl D Perkins. Vocational and applied technology education act. Amendments of 1990 [R/OL]. (1990－09－25) [2018－11－20]. https: //www. govtrack. us/congress/ bills/101/hr7/text.

② Department for Education and Skills. 14－19 education and skills [R]. London: His Majesty Stationary Office, 2005: 47.

③ Department for Business, Innovation & Skills. Further education workforce strategy: The government's strategy to support workforce excellence in further education [R]. UK: Department for Business Innovation & Skills, 2014.

程。同时，这些通过成人继续教育途径接受中职教育的学习者中有不少已经是普高毕业生。在北欧国家、法国、荷兰、瑞士、斯洛文尼亚、爱尔兰、新西兰和澳大利亚等国，普遍出现了中职毕业生年龄高于常规高中毕业生以及普高/职高双重学历毕业生的现象。①

第四节　世界各国高中阶段普职结构改革的整体趋势

一国的高中教育结构与高中入学年龄、课程的长度、职业、劳动力市场、成人教育和继续教育等多个因素有关。因此，不同国家、同一国家不同时期高中阶段的普职结构都是不同的、变化的。但从世界范围来看，各国高中普职结构的变化也呈现出一定的规律与趋势。

一、普职比例一直在变，但发展模式基本不变

无论从世界范围不同国家的横向比较来看还是从一国不同时期的纵向对比来看，高中阶段的普职比例都是处于变动不居的状态。具体来看，这种“变化”又呈现出以下几个方面的特质：其一，“变化”更多是比例略有浮动，很少有颠覆性、“大跃进式”的大变革（个别国家除外，见图1－15）。一国高中教育很少从以往的普通教育主导模式骤然转向职业教育主导模式，也不可能从特别重视职业教育突然转向完全边缘化的职业教育，教育有其传统与惯性，一般都是在整体发展格局不变的情况下，受政治、经济及教育改革的影响，高中普职规模与比例略有调整。其二，“变化”既有可能是普通教育比例的上升，也可能是职业教育比例的上升，在不同年份的升降趋势也并不完全一致，一个国家的普通教育不一定总是在上升或一直在下降，高低起伏是常态。其三，“变化”的基本规律难寻。比如，是不是发达国家的普通教育比例普遍在上升或下降；高中教育完全普及或高中已经纳入义务教育的国家，或者职业教育采取双元制的国家，普职比例是否呈现一定规律；等等。从目前不同国家的横向比较和不同时段的纵向对比中，我们很难得出这种一般性的规律与一致性的趋势。

① OECD. Education at a glance 2017：OECD indicators［R］. Paris：OECD Publishing，2016：52.

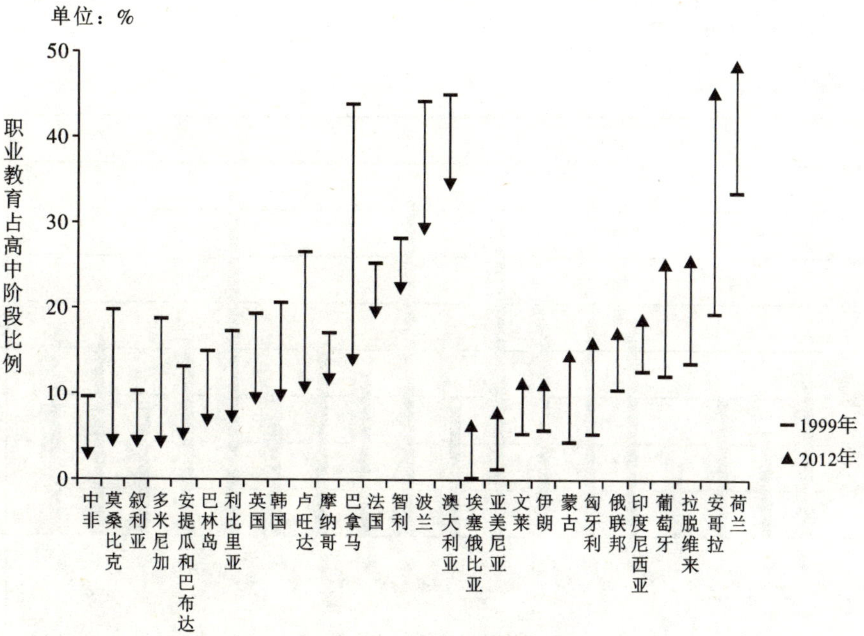

“△▽”都是指2012年，朝上是上升，朝下是下降

图1－15　部分国家高中阶段职业教育占比变化情况①

二、高中阶段普通教育比例略有提升，职业教育比例有所下降

虽然各国高中阶段普职比例没有固定规律可循，但从世界范围来看，高中阶段职业教育的比例略有下降。就 OECD 等发达国家的情况来看：1996年，OECD 国家中，进入职业教育轨道的学生占高中阶段学生总数的53%，而到2016 年，高中选择职业教育的学生比例降为44%（见图1－16）。而在一些发展中国家，由于职业教育的回报率低、教育成本高、职业学校毕业生与劳动力市场需求之间的关系薄弱等原因②，高中阶段职业教育的比例也有所降低。世界银行甚至早在 1998 年就试图说服发展中国家政府，应把普通教育作为首要任务，减少职业教育的公共支出，把职业教育留给个人、企业

① UNESCO. Education for all 2000—2015：Achievements and Challenges［R］. Paris：UNESCO Publishing，2015：126.

② El-Hamidi，F . General or vocational schooling? Evidence on school choice，returns，and “Sheep-skin” effects from Egypt 1998［J］. The Journal of Policy Reform，2006（2）：157－176.

和私营培训机构。①

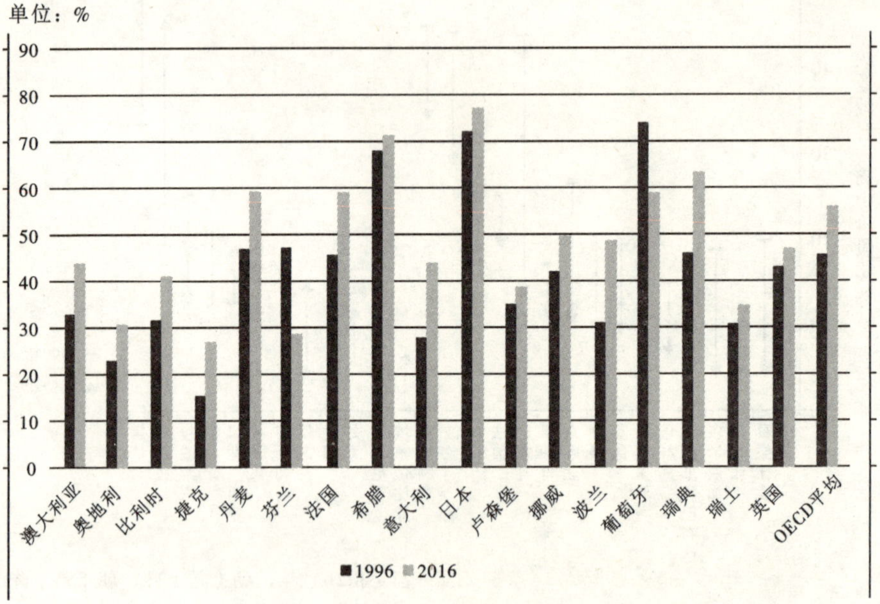

图 1－16　OECD 国家 1996 年、2016 年高中阶段普通教育占比变化情况②

高中阶段普职比例的升降变化，可能涉及以下几个方面的原因：其一，从个体来看，就短期内的就业率提升和满足劳动力市场需求而言，职业教育因为侧重于特定技能培养与职业训练，职业教育毕业后的学生能够更快就业并迅速适应劳动力市场的需求，它在解决青少年失业问题上无疑扮演着至关重要的角色，其就业短期回报率和市场适应性明显高于普通教育。尤其是在 16～25 岁这个年龄段，接受职业教育的男性就业率明显高于普通教育，但进入 26～35 岁年龄段后，接受普通教育与职业教育的个体就业率基本持平，而从 36～45 岁来看，普通教育的优势开始显现，且这一优势随着年龄的增长而越发明显，进入 46 岁后，职业教育的优势急剧下降（见图 1－17）。这在一定程度上说明，从个人的生涯周期来看，职业教育的优势更多在生涯早期，而随着年龄的增长，普通教育的优势则不断凸显。

---

① Bennell P, Segerstrom J. Vocational education and training in developing countries: Has the World Bank got it right? [J]. International Journal of Educational Development, 1998 (4): 271－287.

② OECD. Education at a glance 1998: OECD indicators [R]. Paris: OECD Publishing, 1998: 169. // Education at a glance 2018: OECD indicators [R]. Paris: OECD Publishing, 2018: 161.

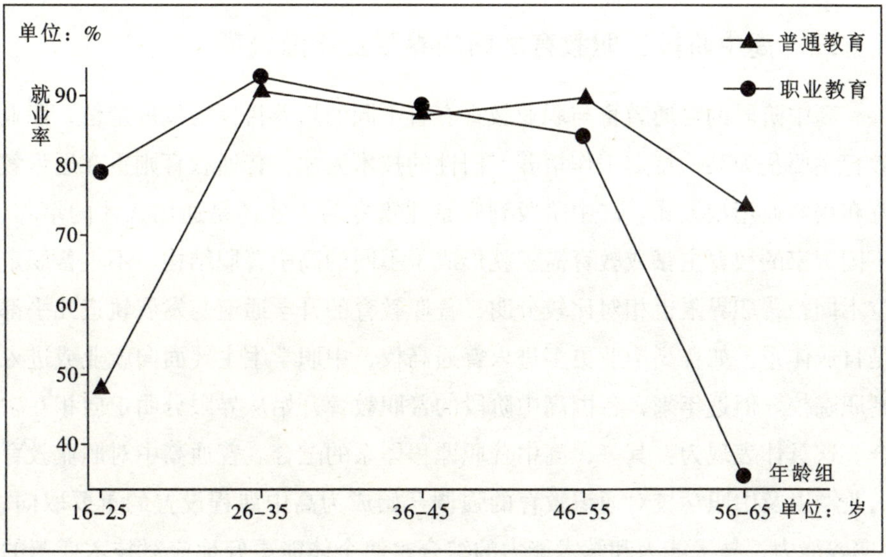

图 1－17　学徒制国家中等教育类型与不同生涯期的就业率①

其二，从技术变化来看，在技术变化相对缓慢的大背景下，一国投资于职业教育比投资于普通教育不仅能带来更快的经济增长，而且能较大程度地避免经济衰退。如 2008 年经济萧条期间，德国、奥地利和瑞士等国的职业教育优势就得到了很好的体现。但在技术更新加速、工作转换频繁的时代，投资于普通教育的优势开始大于职业教育。有学者对欧洲与美国的经济增长进行对比研究后发现，在 20 世纪六七十年代，欧洲对职业教育的强调与倚重带来了经济的大发展，但进入 20 世纪八九十年代的信息时代后，随着技术更新速度的加快，美国重视普通教育的优势开始显现，而欧洲以职业教育为主导的教育优势在逐渐下降。该研究甚至指出，美国经济快速稳定的增长，一定程度上与美国对于普通教育的重视有关。② 因为技术更新越快，工作转换频率越高，对个体通用能力的要求会更高，而职业教育因为与特定职业或岗位的高匹配性，导致工作的转换性较差，这是高中阶段普通教育占比有所提升的一个重要因素。

---

① Hanushek E A, Woessmann L, Zhang L. General education, vocational education, and labor-market outcomes over the life-cycle [J]. Journal of Human Resource, 2017 (1): 48 -87.

② Krueger D, Kumar B K. Skill-specific rather than general education: A reason for US-Europe growth differences? [J]. Journal of Economic Growth, 2004 (2): 167 -207.

三、高中阶段普职教育之间的界限正逐渐模糊

高中阶段的普通教育与职业教育有着不同的培养目标与发展定位，职业教育主要是为某一特定工作培养专门性的技术人才，普通教育则重在通识教育和培养通用型人才。高中阶段到底是注重专门人才还是通用人才的培养，不同国家的教育主张或教育需求就形成了不同的高中普职结构。不仅普职定位不同，普职界限也相对比较分明，普职教育的升学通道与发展轨道几乎都是自成体系，如普高毕业更多进入普通高校，中职学生主要面向就业或进入高职院校。但近年来，各国高中阶段的普职教育开始从界限分明走向相互融合。这具体表现为：其一，高中普职课程体系的融合。普通高中对职业教育的兼顾以及中职学校对通识教育的强调开始成为高中课程设置的重要取向。“实践能力、技术能力和学术能力的综合，使个体能更好地应对技术变革的挑战”①。因此，“高中阶段的课程逐渐地从以往普通教育与职业教育完全独立的课程体系，转变为学校提供包括了这两种类型的、更为综合的课程体系，从而为接受高等教育或进入劳动力市场提供更坚实、更灵活的基础”②。其二，综合高中的出现。高中普通教育与职业教育的融合，产生了除普高与中职之外的一种新型学校——综合高中。在一些国家，如瑞典、西班牙和英国，普通教育和职业教育逐渐靠近。在 16 岁之前，大多数学生都在综合性学校接受教育。③ 其三，普职升学通道的相互打通。在大多数国家，高中阶段普通教育与职业教育的升学通道是泾渭分明、自成体系的，职业教育越发达的国家，普职之间的界限一般越分明。但近年开始出现一种混合式教育通道（mixed education pathways），并开始日渐普遍。瑞士的实践证明了这种混合式教育路径的积极意义，而德国的研究也认为，这将带来更高的工作满意

---

① Fazekas M，S Field. A skills beyond school review of Germany，OECD reviews of vocational education and training［R］. Paris：OECD Publishing，2013：49.

② OECD. Education at a glance 2018：OECD indicators［R］. Paris：OECD Publishing，2018：161.

③ Beblavy M，Veselkova M et al. Lessons from the expansion of upper secondary education for the expansion of tertiary education［EB/OL］.（2012－07－20）［2019－01－18］. http：//www. neujobs. eu/sites/default/files/publication/2013/02/4. 4. 1%20NEUJOBS%20Working%20.

度和工作安全感①。

高中阶段普职界限的逐渐模糊，很大程度上源于技术变革对劳动者素养提出的新要求，由此导致高中教育定位发生相应变革。经合组织在 2013 年所进行的国际成人能力评估方案（Program for the International Assessment of Adult Competencies，PIAAC）就表明：基础技能（如语言与数学技能）更能提升就业竞争力；而中等职业教育学生的基础技能要低于普通高中教育学生；不仅如此，那些普职分流越早、高中普职教育之间越缺乏融通与转换的国家，职业教育与普通教育在基础技能方面的差距就越大。这意味着，中等职业教育一方面要加强通识内容的渗透和基础技能的培养，另一方面必须打破普职之间的森严壁垒，走向普职融通。这需要我们重新认识职业教育，如何通过更高的学业标准、更多的学科融合和更为密切的机构连接，逐步夯实受教育者的学术基础，促进其继续学习能力和综合素质的提升②，这成为新时代背景下职业教育的主旨追求。这意味着，今天的技能培训并不是独立的，它本身就是通识教育的内在组成部分，学校在教给学生工作和生活技能的同时要提供基础知识和可转移技能。③ 因此，当前对职业教育的关注，不再局限于其经济功能或就业意义，而开始侧重对人的关注。换而言之，职业教育的目标不仅是带来收入，而是如何创造有意义的生活，提升未来成长的能力。④ 在这种背景下，技能的定位从狭窄走向宽泛，职业教育的目标从特定技能的培训走向对通用能力的重视，普职之间的绝然界限在悄然打破。

技术的发展要求高中阶段的普职教育走向融通，这是高中教育普职融通的必要性所在，而普职之间的融通之所以从必要走向可能，在很大程度上也是因为高中的普职融通重点已经上移到高等教育，或者是高中的普职融通正向高等教育延伸和拓展，这既是高中普职融通的一种趋势，也是高中普职融通走向可能的一个至关重要的因素。这种趋势在英美等国都较为明显。在美

---

① Fazekas M，S Field. A skills beyond school review of Germany，OECD reviews of vocational education and training［R］. Paris：OECD Publishing，2013：49.

② 贺国庆，荣艳红．当代美国职业教育观念的转向及挑战［J］．比较教育研究，2019（10）：97－104.

③ UNESCO. Education for all 2000—2015：Achievements and challenges［R］. Paris：UNESCO Publishing，2015：127.

④ McGrath S. Vocational education and training for development：A policy in need of a theory?［J］. International Journal of Educational Development，2012（5）：623－631.

国，《帕金斯法案Ⅳ》要求在州提交的计划中，应“纳入中等教育和高等教育要素……包括使中学生有机会同时参加中学或中学后计划或其他获得中学后课程学分的方法；获得行业认可的中学后水平的证书或副学士或学士学位证书”。此外，该法案推出的学习项目要求包含“双学分课程”或与大学“衔接协议”课程。① “双学分课程”是让高中生提前修读高等教育阶段课程，进入大学之后根据中学和大学衔接协议，免读已修课程。《加强21世纪的生涯与技术教育法》继续促进中学与大学的衔接，扩大资助范围，除了继续支持“学习项目”，还将“双学分课程”或“双注册”项目、“有衔接协议的大学预科”项目列入资助范围。② 而在英国，高中普职融通向高等教育阶段延伸的迹象更加显著。《沃尔夫报告》发布不久，英国政府资格证书的列表中删除数以千计低层级、低劳动力市场价值的资格证书（1～2级），创办了一批大学技术学院（University Technology Colleges，UTC）取代低质量的技术学院，由地方龙头企业和当地大学合作运作UTC，传授高质量的职业技术课程，提供紧缺的高信誉的技术或职业资格。③ 显然，政府通过加强与大学的联系，让14～19岁学生能够学习高质量职业技术和学术课程。而《16岁后技能计划》更是明确提出，“采取新的职业路径，延伸高水平的技能性就业”，创建“国家学院”。国家学院具备两大功能：一是使用熟悉行业最新发展的师资以及准确模拟工作场所的环境，教授最高水平的学生，授予其从事专业领域的资格；二是为一些战略性行业，如核能、数字技能、高速铁路、陆上石油和天然气等新的产业开发高层级、高水平技能（4～6级）。④

---

① Carl D Perkins. Carl D. Perkins career and technical education improvement act of 2006 [R/OL]. (2006-11-20)[2018-11-20]. https://s3. amazonaws. com/ PCRN/uploads/perkins_ iv. pdf.

② The Senate and House of Representatives of the US. Strengthening career and technical education for the 21st Century Act [R/OL]. (2017-06-26) [2018-11-26]. https://www. congress. gov/115/bills/hr2353/BILLS-115hr2353rfs. pdf.

③ Department for Education. Educational excellence everywhere [R]. London: His Majesty Stationary Office, 2016: 61-64.

④ Department for Bussiness Innovation and Skills, Department for Education. Post 16 Skills Plan [R]. London: His Majesty Stationary Office, 2016: 15-17, 26, 36.

第二章
新中国成立以来我国高中普职教育的结构调整与发展脉络

高中阶段是学生个性形成和自主发展的关键时期，对提高国民素质和培养创新人才具有特殊价值。它作为义务教育的延续，既是基础教育的高级阶段，又是高等教育的准备阶段，在整个国民教育体系中处于承上启下的地位。其上影响高等教育，下影响基础教育，横向上联系职业教育，又联系学习型社会建设，是教育分流的关键阶段，处于国民教育体系健康运转的“枢纽”位置。① 高中阶段教育的重要性是毋庸置疑的，但高中教育究竟如何推行，高中教育的性质与教育任务是什么，高中教育作为整个教育系统的“腰”应该如何发挥枢纽作用，如何在就业和升学之间寻求平衡与发展，这些是各国高中教育改革的永恒话题。在我国，很长一段时间以来，普通高中教育主要面向升学，为升学作准备；而中等职业教育②（以下简称中职）主要面向就业，主要实施就业预备教育，高中教育宏观上基本都保持双轨运行的发展格局。但随着时代的发展，尤其随着高中阶段教育走向普及，高等教育走向大众化，高中阶段双轨并行的发展格局面临挑战，高中普职之间如何协调发展成为新时期高中阶段教育改革与发展的新命题。

---

① 刘复兴，刘丽群．明确定位、多样发展、体制创新——我国普通高中教育发展的战略选择[J]．教育科学研究，2013（4）：34－37.

② 在我国，中等职业教育包括普通中等专业学校、职业高中、技工学校和成人中等专业学校，若无特殊说明，本书均在此约定下使用中职这一概念。

第一节　高中教育从单轨向双轨转变阶段（1949—1977 年）

新中国成立初期，百废待兴。国家为大力促进经济建设和发展，十分重视发展职业教育，在国家多项政策文件和领导人讲话中均可体现出来。“有计划、有步骤地实行普及教育，加强中等和高等教育，注重技术教育……”① 1950 年 6 月 8 日，在全国高等教育工作会议上周恩来明确指出：“现在我们国家的经济正处在恢复阶段，需要人‘急’，需要才‘专’，这是事实。”“为了适应需要，可以创办中等技术学校。”② 1952 年 3 月 31 日，以周恩来的署名发布的《关于整顿和发展中等技术教育的指示》明确指出：“我们的国家正在积极地准备进行大规模的经济建设。培养技术人才是国家经济建设的必要条件，而大量地训练与培养中级和初级人才尤为当务之急。”③ 同时，中共中央批转劳动部党组报告所提要求：“今后技工学校还须大力发展。”为此，全国的技工学校由 1957 年的 144 所发展到 1960 年的 2179 所。与此同时，部分省、市、地区也大力兴办技工学校。如河南省充分发挥区、县、厂办学的积极性，短短几月，全省技校由原来的 9 所发展到 85 所，后调整到 63 所；湖南省原来只有 4 个市兴办技工学校，1957 年仅有 9 所技校，到 1958 年，兴办技校的市已发展到 33 个，技校发展到 63 所；黑龙江省也从 1950 年只有一所技工学校发展到 1959 年 3 月的 17 所。为了促进技工教育进一步发展，1960 年 3 月，劳动部在郑州召开全国技工培训工作现场会议，总结交流了湖南省兴办技工学校的经验。

为保持中等学校的普职合理比例和规模，国家召开了一系列会议对中等学校的结构进行规划和部署。1961 年 7 月 3 日召开全国高校及中等学校调整工作会议，其主要内容是“调整招生指标，中专在校生人数减 48%。压缩城镇学生，城乡区别对待。家在农村的一年级学生动员回乡生产，二年级

---

① 刘英杰．中国教育大事典［M］．杭州：浙江教育出版社，1993：1.

② 中央教育科学研究所．周恩来教育文选［M］．北京：教育科学出版社，1984：9－10.

③ 中央教育科学研究所．周恩来教育文选［M］．北京：教育科学出版社，1984：66.

以上学生可提前毕业或动员参军。面向农村的中专，条件允许，迁近农村”。紧接着，1961 年 12 月 17 日召开第二次同类调整工作会议。对现有中专保留 1670 所（中央部属 269 所、地方 1401 所），较 1960 年减少 2591 所。1962 年 4 月 21 日召开全国教育会议，进一步调整教育事业并精减教职工人数，尽可能动员较多人力下乡参加农业战线，减少城市人口（中等学校共减学生 34 万人），大量裁并中专中 1958 年后设立的差校和布局不合理、专业重复的老校，计划保留 1265 所，又减少 405 所（前后两次减幅达 70%），保留学校从 1962 年起五年内停止外招学生。同时，1962 年为了进一步贯彻中央关于缩短工业、文教战线的精神，全国技工学校调整、压缩到仅保留 155 所，在校生 5.95 万人。

国家经过大量缩减各类职校，促使城市普通中学和学生人数增加之后，又开始出现学生升学难的问题，由于普通中学缺乏生产知识的教育内容和必要的就业准备，中学毕业生既无一技之长，又不愿下乡，城乡劳动技术后备资源的配置趋于失调。为进一步调整中等教育中普通中学与职业学校的比例，国家出台相关政策文件进行调控。1963 年 3 月 28 日，党中央在《关于讨论试行全日制中小学工作条例（草案）和对当前中小学教育工作几个问题的指示》中强调要认真贯彻执行普通教育与职业教育、技术教育并举，要求举办各种类型的职业学校，同时“每年还要有计划地组织城市和农村中一部分不能升学的初、高中毕业生，给以短期的职业、技术训练，以便在农村劳动就业”①。同年 5 月 13 日，教育部和劳动部在京联合召开城市职教座谈会，时任部长杨秀峰除了肯定职教是我国学制中一个重要组成部分外，首次提出要“逐步地建立起完备的职业教育体系”这个重要议题，并指出：“在中等教育事业中，必须进一步贯彻两条腿走路的方针，全面合理安排普通教育与职业教育。在职业教育中，全面合理安排培养技术人才与实施一般劳动就业训练两个方面。且有必要对现有的普通中学，主要是初级中学进行适当的调整，调整一部分为实施劳动就业训练的各类职业学校，同时在普通中学中也要加强劳动教育和劳动锻炼，加强生产知识的教育。”② 同年 8 月

---

① 张晋藩，海威，初尊贤，等．中华人民共和国国史大辞典［M］．哈尔滨：黑龙江人民出版社，1992：490.

② 中央教育科学研究所．中华人民共和国教育大事纪（1949—1982）［M］．北京：教育科学出版社，1984：334.

底，全国各省市和中央业务部门举办的城市职业学校共320所。其中，旧有的265所，新办的52所，由普通中学改办的3所。10月18日周恩来召集有关部委、共青团中央、全国妇联讨论中小学教育和职业教育问题，再一次强调：职教十分重要，必须努力办好。大中城市不能升初中的高小毕业生，每年大约有110万人，到农村劳动就业年龄太小，怎样解决是个大问题，要好好计划一下，逐年发展一批职业学校。近几年内，大中城市不宜发展过多的普通初中，主要发展职业学校。此后，国民经济全面好转，教育开始恢复发展，1963年11月教育部编制了中小学、中等专业教育和职业教育七年规划。此时，调整工作基本结束，全国技工学校共220所，在校生7.8万人。再经过三年的整顿和调整，全国技工学校增至400所。

1966年“文化大革命”开始，技工学校与普通中学均受到严重破坏，中等教育几乎处于停顿状态。其中，中等职业学校在校学生占高中阶段学生总数的比重，由1965年的53.2%迅速降为1970年、1976年的1.8%和5.8%（高中阶段普职比例仍低，是由于农业中学、职业中学被“四人帮”破坏殆尽，一时还无力恢复）。同时，全民所有制工业系统中技术人员职工总数的比重也由1965年的4.1%，下降为1975年的2.9%，使中等教育结构退回到基本上以普通中等教育为主的单一状态。这种单一化的中等教育结构与国民经济的发展需要严重脱节，不能适应“四化”建设对人才多方面的需要。因此，单一化的中等教育格局必须改变，中等教育结构改革势在必行。经过十年的停顿之后，我国中等教育从1977年开始又逐渐恢复发展，与此同时，中等教育的结构开始进入另一个调整和整顿时期。

总体来看，这一时期的中等教育由单轨向双轨发展有其现实必要性与可能性：

其一，经济发展催生职业技术教育。改革开放政策的提出，为我国的经济社会发展指明了一条光明的道路，同时，也对教育提出了更多新的要求。由于农村地区开始实行联产承包责任制以及城市经济水平依旧不高的现状亟待改变，我国经济体制由之前的社会主义计划经济开始逐渐转向社会主义市场经济，原来管得过死的经济缺乏活力，无法达到世界发达国家的水平，更缺乏与之竞争的能力。而世界范围内兴起的以电子信息为代表的新技术革命，使得全球经济活力不断增强，出现了很多新兴的企业和行业。这也需要我国的经济具有“吸收当代最新科技成就，推动科技进步，创造新的生产力的更加强大的能力”①。随着中共中央关于经济体制改革和科学技术体制改革意见的出台，为经济和科学技术发展提供人才支撑的教育行业也得到越来越多的关注。具体而言，就是要培养“面向现代化、面向世界、面向未来，为九十年代以至下世纪初叶我国经济和社会的发展，大规模地准备新的能够坚持社会主义方向的各级各类合格人才”。《中共中央关于教育体制改革的决定》提出，为满足我国不断增长的经济，“既需要各行各业有文化、懂技术、业务熟练的劳动者；也要具有现代科学技术和经营管理知识，具有开拓能力的厂长、经理、工程师、农艺师、经济师、会计师、统计师和其他经济、技术工作人员；还要能够适应现代科学文化发展和新技术革命要求的教育工作者、科学工作者、医务工作者、理论工作者、文化工作者、新闻和编辑出版工作者、法律工作者、外事工作者、军事工作者和各方面党政工作者”。

而在当时，由于“文革”期间出现人才培养的断层，改革开放初期，不少具备一定知识水平和能力的人才已经进入老龄化，中青年人才严重缺失。② 社会上的人才供需严重失调。1980 年全国有 9960 万名职工，受过系统职业教育的只有 525 万人，急需加强职业培训和输入大批人才。而在学校里能够进入高中学习的初中毕业生少之又少，大部分在还未进入高中学习以前就进入了社会。这一大量的知识水平不高的学生已然不能满足逐渐从农业社会向工业社会转型的社会需求。因而，如何打破“文革”以来现有的单一的教育制度，为各行各业提供广泛的人才成为了人们讨论的焦点。于是，能快速提供合格人才的职业教育进入了人们的视野，大力兴办职业教育成为了我国当时教育领域的一大热门话题。

其二，单轨教育无法满足经济对人才的多元需求。发展生产，搞现代化建设，不仅需要高级专门人才，而且需要大批初、中级技术、管理人才和大批有文化、有技术知识的劳动后备力量。而普通高中的教学计划、课程设置和教材内容基本上是为升大学、培养少量高级专门人才服务，这种高中教育结构无法满足改革开放以来对技术熟练的劳动者、熟悉现代科学知识和技术

① 中共中央关于经济体制改革的决定［EB/OL］.（2008－06－26）［2021－08－20］. http://www.gov.cn/test/2008－06/26/content_1028140.htm.

② 中共中央关于经济体制改革的决定［EB/OL］.（2008－06－26）［2021－08－20］. http://www.gov.cn/test/2008－06/26/content_1028140.htm.

的各行各业从业人员的巨大需求，无法适应社会主义现代化建设多方面的需要，无法适应经济体制、产业结构、劳动就业等变化的需要。有数据显示，1979 年，我国高中阶段教育的毕业生中，有普通高中毕业生 726.5 万人，而职业教育仅有中专毕业生 18.1 万人，技工学校毕业生 12 万人，约占当年高中阶段的 4%，由于此时我国高等学校招生规模较小，造成了千军万马过独木桥的局面，当年普通高中毕业生升学率仅有 3.8%。[①] 一方面是经济发展对人才尤其是技术人才需求旺盛，高中教育因结构性的缺失无法满足经济对人才的需求；另一方面，高中教育的单一化格局，也使整个高中教育完全陷入了千军万马过独木桥的发展格局。

第二节　高中普职分轨体制基本成型阶段（1978—1984 年）

我国中等教育经过十年停顿之后，从 1977 年开始又逐渐恢复发展。1976 年时，中等职业学校主要由中专和技校构成，各类中等职业学校（含中师）共计 3710 所，在校生 91 万多人，占高中阶段学生总数的比重由 1965 年的 52.6% 降至 6.1%，高中阶段普职比为 15.4∶1。[②] 普高毕业生除少量升入大学外，每年有数百万人需要劳动就业，但又没有任何专业知识和技能，各行各业急需大量技术人才，但却需要对新招的工人进行 2 年～3 年的学徒培训，极大地影响了劳动生产率的提高和经济的发展。因此，要适应和促进国家经济建设发展，中等教育单一化的结构必须改变。

1978 年全国教育工作会议指出，应该考虑扩大农业中学、中专、技校的比例。由此，调整中等教育结构、发展职业教育被提到政策制定的日程上来。1978 年 6 月 6 日教育部出台《关于 1978 年高等学校和中等专业学校招生工作的意见》；6 月 23 日又与国家计委合发《中等专业学校跨省招生来源方案》；11 月 11 日教育部转发经国务院批准的《关于改革部分中等专业学

① 许丽丽．建国后我国中等职业教育发展研究［D］．长春：东北师范大学，2009.

② 国家教育委员会职业技术教育司．中国职业技术教育简史［M］．北京：北京师范大学出版社，1994：151.

校领导体制的报告》，将“文革”时期下放到地方的某些中专改为部门与有关省市双重领导。1979 年 4 月 9 日发布《关于加强高等学校、中等专业学校统计工作的规定》；同年 6 月 28 日颁发《中等专业学校学生学籍管理的暂行规定》；8 月 13 日印发《关于中等专业学校工科二年制教学计划安排的几点意见》。

1980 年教育部、国家劳动总局联合出台了《关于中等教育结构改革的报告》，该报告指出，“中等教育结构改革，主要是改革高中阶段的教育。要使高中阶段的教育适应社会主义现代化建设的需要……应当实行普通教育与职业、技术教育并举，可适当将一部分普通高中改办成为职业（技术）学校、职业中学、农业中学……经过调整改革，要使各类职业（技术）学校的在校学生数在整个高级中等教育中的比重大大增长”①。1980 年 2 月 7 日颁布《关于中等专业学校确定与提升教师职务名称的暂行规定》，11 月 5 日出台《关于确定和办好全国重点中等专业学校的意见》，这些文件保证了教育结构改革工作的正常进行。1981 年四川省人民政府贯彻国务院批转教育部、国家劳动总局《关于中等教育结构改革的报告》的通知中指出“要根据‘六五’计划对高级中等教育事业的规划，从全市、县通盘考虑，统筹安排，合理调整各类学校的布局和规模，有计划、有步骤地增长职业技术教育在整个高级中等教育中的比重”②。山东省率先迈出兴办职教的新步伐，省委书记苏毅然亲自抓职教，山东省职教蓬勃发展，1982 年 8 月 28 日教育部印发《关于转发山东省委批转省中等教育结构改革领导小组〈关于加速农村中等教育结构改革问题的报告〉的通知》，支持该省中等教育结构改革工作。到 1985 年，山东省职业学校已有 387 所，在校生 6.7 万人。上海市加快改革中等教育结构的步伐，市政府批准市教育卫生办公室《关于进一步改革中等教育结构，发展职业技术教育若干问题的报告》，1984 年 9 月，中专、职高和技校三类学校招生总数与普通高中招生总数相比，已达到 50.79%（中专 12.6%，技校 15.43%，职业高中 22.76%），1985 年初全市已有 285 所普通中学改办为职业高中或设置了职高班，在校生已达到 3 万

---

① 国家教委职教司．职业技术教育文件选编［M］．北京：生活·读书·新知三联书店，1989：36－38．

② 四川省人民政府贯彻国务院批转教育部、国家劳动总局《关于中等教育结构改革的报告》的通知［EB/OL］．(2019－07－16)［2021－08－20］．http：//law. lawtime. cn/d594158599252. html.

人。同年秋，全市中等职教招生人数已占整个高中阶段招生人数的52.7%，扭转了中等教育结构不合理的局面。①

国家颁布这一系列政策文件之后，职业教育在短期内迅速壮大和发展。尤其是1980年教育部、国家劳动总局联合颁发的《关于中等教育结构改革的报告》（以下简称《报告》），是中等教育普通分轨体制形成的关键节点。该报告特别就中等教育结构改革的内容和途径作了明确阐述：①改革普通高中的课程。普通高中要逐步增设职业（技术）教育课，学习科目可由学生自己选择；②将部分普通高中改办成为职业（技术）学校、职业中学、农业中学。职业（技术）学校招收初中毕业生，学制2年~3年，主要进行职业（技术）教育，同时开设有关普通文化课。这类学校由教育部门和业务部门联办，隶属关系不变。农业中学、职业中学是普通教育与职业技术教育相结合的中等学校。将部分普通高中改办为职业（技术）学校，必须注意合理布局普通中学，适当改善办学条件，统筹安排，有计划地进行。已基本普及九年义务教育的大、中城市和厂矿企业办的普通高中可以多改一些；③各行各业举办职业（技术）学校要根据法治生产和服务性行业的需要，广开学路，举办各种职业（技术）学校。主要招收初中毕业生，办学形式灵活多样。这类学校除由各行各业举办外，集体和个人也可以办。各地还可以利用一些适合办学的关停的工厂厂房及设备举办职业（技术）学校或作为学校的实习场所，也可留用一部分技术人员和老工人作教师或实习指导。有条件的大、中城市还可试办职业技术教育中心，开设若干职业技术教育科目，提供专业教师、设备和实习场所；④积极发展和办好技工学校。技工学校是培养中级技术工人的学校，要办好现有技工学校，并根据生产建设的需要，稳步地、有计划地发展，现行的领导管理体制不变；⑤努力办好中等专业学校。中等专业学校是培养中级技术管理人才的学校，应保持现行的领导管理体制不变。②《报告》同时对毕业生的安排、经费和编制、教师的配备、开办和审批等具体事项作出了明确的规定与要求，为中等教育结构改革的具

---

① 闻友信，杨金梅．职业教育史［M］．海口：海南出版社，2000：97.

② 国家教委职教司．职业技术教育文件选编［M］．北京：生活·读书·新知三联书店，1989：38-39.

体实施与推进指明了方向。此文件的出台标志着我国高中阶段开启了普通教育与职业教育双轨并行发展的新格局。

1983年，中共中央、国务院针对农村地区出台了《关于加强和改革农村学校教育若干问题的通知》（以下简称《通知》）①，《通知》共分八部分，主要精神是：①中国普遍实行了多种形式的农业生产责任制，农村经济迅速发展，传统农业向现代化农业转变的过程加快，迫切要求广大农民掌握文化科学知识，这种形势向农村学校教育提出了新的更高的要求；②农村学校的任务，主要是提高新一代和广大农村劳动者的文化科学水平，促进农村社会主义建设，适应广大农民劳动致富、渴望人才的要求，引导广大农民热爱农村，纠正目前社会上片面追求升学率的倾向；③普及初等教育，是培养现代化人才的奠基工程。力争1990年前在我国的山高林深、人口特别稀少的地区外，基本普及初等教育；④改革农村中等教育结构，发展职业技术教育，是振兴农村经济、加速农业现代化建设的一项重要战略措施；⑤有关高等学校为农村培养和输送专门人才，为农村各类学校培训师资；有关高等学校要加强农业科技的研究和推广工作，为农村提供更多的技术服务；⑥建设一支稳定、合格的教师队伍，是农村学校发展的关键，必须及早抓好这项基本建设，教育投资要着重保证这方面的需要；⑦办好农村学校教育，要坚持"两条腿走路"方针，通过多种渠道切实解决经费问题。地方每年要增加教育经费，厂矿、企业单位、农村合作组织都要集资办学，还应鼓励农民在自愿基础上集资办学和私人办学；⑧办好农村学校教育，是落实党的十二大精神，抓好农业和教育科学这两个战略重点、促进"四化"建设的一件大事，各级党委和政府必须把它列入重要议事日程，加强政治思想领导，并从人力、物力上切实予以支持。

自20世纪80年代初开始，湖南着手进行中等职业教育结构调整，大力发展职业教育。湖南中等职业教育从发展到壮大只经历了一个短暂的时期。1981年首先在株洲市、湘潭市、郴州市试点，随后于1982年提出要"扎扎实实抓基础，积极稳妥搞改革"的方针，全省各地陆续将一些普通中学改

---

① 中共中央、国务院关于加强和改革农村学校教育若干问题的通知［EB/OL］.（2019-07-16）［2021-08-20］. http：//www.people.com.cn/item/flfgk/gwyfg/1983/112701198305.html.

办成职业中学。1983年10月，原省教委下发《关于加强和改革普通教育的决定》，进一步明确了大力发展职业教育的决心。同时，对农村职业教育进行了改革，其根本目的在于使教育同农村经济建设和社会发展的需要结合起来，把发展农村教育的需要从单纯为升学服务中解脱出来，实行基础教育、职业教育、成人教育“三教统筹”,[①] 把文化教育与技术教育结合起来，不断发展壮大农村职业教育。

1983年，教育部、劳动人事部、财政部、国家计委联合颁布《改革城市中等教育结构、发展职业技术教育意见》（以下简称《意见》）进一步明确了改革中等教育结构、确立职业技术教育应有的地位以及发展职业技术教育的方向、途径和要求。发展职业技术教育从根本上说是使教育如何更好地为以经济建设为中心的各项事业服务的问题，职业技术教育应发展成为与普通教育并行的体系。城市中等教育结构改革，主要是改革高中阶段教育，实行普通教育与职业技术教育并举，全日制学校与半工半读学校、业余学校深造并举，国家办学与业务部门、厂矿企事业单位、集体经济单位办学并举的方针，鼓励民主党派、群众团体以及个人办学。学制、结构、办学形式应多样化。改革的主要途径是，将部分普通高中改办为职业中学、职业（技术）学校或在普通高中设职业班；各行各业办学，举办职业技术培训班；普通高中要有计划地增设职业技术教育课，还可举办职业技术教育中心；改革和办好中等专业学校和技工学校。《意见》指出，职业技术教育要发展，就必须逐步做到先培训后就业。国家不包分配，毕业生按“三结合”的原则就业，或由劳动部门介绍就业，鼓励学生自谋职业。各单位要实行公开招工、自愿报名、全面考核、择优录用、办学单位对毕业生有优先录用权的办法。用人单位对毕业生要实行不少于一年的见习期。《意见》还对办好职业技术教育的经费、师资、教材做了具体规定，并强调各级政府要加强对改革中等教育结构、发展职业技术教育的统一领导，明确分工，各负其责，搞好协作。[②] 可见，《意见》进一步明晰了实行普通教育与职业技术教育并举是高中阶段职业教育改革的重要目标。

---

① 陈拥贤．湖南农村职业教育发展研究［M］．长沙：湖南科学技术出版社，2008：56.

② 国家教委职教司．职业技术教育文件选编［M］．北京：生活·读书·新知三联书店，1989：98－100.

总体而言，1978—1984 年期间，国家从开始的重新恢复教育教学秩序环境，到作出大办职业高中、恢复中专与技校等几项重大决策，比较成功地促成了高中阶段普职分轨体制的成型。

第三节　高中普职沟通体系逐步建立阶段（1985—1993 年）

中等教育结构经过 80 年代初的整顿，中等职业学校规模有了较大提升。到 1985 年，高中阶段的中等专业学校、技工学校和农业职业高中的在校生总人数达到 415.6 万人。高中阶段接受职业教育的学生人数占高中阶段学生总数的 35.9%，比 1980 年提高了 17.2 个百分点。

1985 年 5 月 27 日万里在全国教育工作会议上的讲话指出，职业技术教育是现代教育制度的一个重要组成部分。在中国，职业技术教育发展缓慢，是中等教育结构很不合理的一种表现。随着现代化建设的进展，随着新技术、新工艺的应用，这个问题将越来越严重。再不大力抓这个问题，将影响经济和社会发展。职业技术教育发展缓慢的原因是多方面的，劳动就业制度不合理是重要的原因，不改革有关的劳动就业制度，职业技术教育就发展不起来，必须要改变不经过职业和技术教育也可以就业、也可以成为好职工的传统观念，这种传统观念是同现代社会化生产的要求不相适应的。

1985 年 5 月 27 日《中共中央关于教育体制改革的决定》（以下简称《决定》）的颁布，对职业教育发展的定位、路径以及相关政策进一步系统化，提出了“调整中等教育结构，大力发展职业技术教育”的内容，明确要求各单位招工应优先录用职业教育毕业生的倾斜政策，并且确定了学校教育从中学阶段开始分流的方针。《决定》的出台，标志着我国职业教育进入了大发展时期。《决定》指出，“社会主义现代化建设不但需要高级科学技术专家，而且迫切需要千百万受过良好职业技术教育的中、初级技术人员、管理人员、技工和其他受过良好职业培训的城乡劳动者”①。为此，《决定》

① 国家教委职教司．职业技术教育文件选编［M］．北京：生活·读书·新知三联书店，1989：1－14.

提出了几点具体要求：①广大青少年一般应从中学阶段开始分流。发展职业技术教育要以中等职业技术教育为重点，同时积极发展高等职业技术院校，优先对口招收中等职业技术学校毕业生以及有本专业实践经验的在职人员入学，逐步建立起一个从初级到高级、行业配套、结构合理又能与普通教育相互沟通的职业技术教育体系。②改革教育体制的同时改革有关的劳动人事制度，实行“先培训，后就业”的原则。今后各单位招工，必须首先从各种职业技术学校毕业生中择优录取。《决定》首次使教育与就业相连接，职教与普教相沟通，并增加了高等层次，使内部既有重点又有骨干，高、中、初三者既有所区别，又相互结成一体。从而使得这一政策的出台，大大提升了职业教育的地位，在政策上大力支持职业教育，逐渐形成了一个完整的、上下衔接的职业教育体系，同时，“先培训、后就业”的原则更直接推动了中等职业教育的发展。

为贯彻《中共中央关于教育体制改革的决定》，1985 年 6 月 29 日江西省委、省政府召开了学习、贯彻《中共中央关于教育体制改革的决定》动员大会，时任省委书记万绍芬在讲话中表示：“大力发展职业技术教育，是我省教育体制改革的一个重点。要破除各种陈旧观念，改革劳动就业制度，解决师资、经费等问题，争取到 1990 年各种高中阶段的职业技术学校招生数略高于普通高中招生数……”① 同年，湖南省委、省人民政府贯彻《中共中央关于教育体制改革的决定》指出：“用五年左右时间，改变中等教育结构单一化的状况，使高中阶段的各类职业技术学校招生数大体相当于普通高中的招生数……要有计划地调整初中毕业生的分流比例，适当控制普通高中的规模，努力提高教育质量；积极扩大中等职业技术学校的招生人数，力争到 1990 年前后，高中阶段各类职业技术学校招生数与普通高中的招生数大体相当，各省辖市、地辖市和县城关镇应提前实现这一要求。”②《中共湖北省委、湖北省人民政府关于贯彻落实＜中共中央关于教育体制改革的决定＞的意见》明确提出要“采取切实有效的措施，大力发展职业技术教育”“大

---

① 省委、省政府召开学习、贯彻中共中央关于教育体制改革的决定动员大会 要像抓好经济工作那样抓好教育工作［J］．江西教育，1985：9.

② 湖南省人民政府．湖南省委、省人民政府贯彻《中共中央关于教育体制改革的决定》［EB/OL］．（2019－07－22）［2021－08－20］．http：//www. 110. com/fagui/law_ 209841. html.

力发展中等职业技术教育。到1990年，全省高中阶段（含普高、职高、中专、技校）在校学生总数达60万人，高中阶段职业技术学校与普通高中招生数大体相当，省属中专和技校在1985年的基础上平均每年递增6.5%左右”“必须加快中等教育结构改革步伐，使职业技术教育有一个大的发展。逐步建立起一个从初级到高级、行业配套、结构合理又能与普通教育相互沟通的职业技术教育体系”①。

1986年7月6日国务院副总理李鹏在全国职业技术教育工作会议闭幕式上的讲话指出：（1）“七五”期间，职业技术教育以发展为主，在职业技术教育已经发展到相当程度的地区，则可以重点进行调整，在巩固的基础上加以提高，发展职业技术教育的奋斗目标到1990年在全国大多数地区，高中阶段职业技术学校的招生数达到与普通高中的招生数大体相当。（2）坚持贯彻“先培训、后就业”的原则。这是教育体制改革与劳动人事制度改革互相配套的一项重要措施，其根本目的在于提高劳动者的素质，建立劳动者在就业前必须接受一定的政治文化和技能准备教育的制度。如果专业和工作对口，招工单位和劳动部门应优先录用各类职业技术学校的毕业学生。②

通过政策调整和实践探索，这一段时期内，中等职业教育在校学生数明显提升，由1985年占高中阶段在校生的35.3%发展到1990年占高中阶段在校生的46%。③ 到1990年年底，各类职业技术学校已发展到1.6万多所，在校生超过600万人，同时全国建有就业训练中心2100余所，每年培训待业人员90多万人；高中阶段各类职业技术学校和普通高中的招生数之比已接近1:1，中等教育结构单一的状况得到了较大改观。④ 同时，高中教育普职双轨制度逐渐被打破，并逐步探索中等教育与普通高中相互沟通衔接的教育体系。

---

① 武汉教育年鉴编纂委员会．武汉教育年鉴（1986—1990）［M］．武汉：湖北教育出版社，1994：404-407.

② 国家教委职教司．职业技术教育文件选编［M］．北京：生活·读书·新知三联书店，1989.

③ 王伟．我国中等职业技术教育历史发展轨迹透析（1985—2000）［D］．上海：华东师范大学，2002：5.

④ 国务院关于大力发展职业技术教育的决定［EB/OL］．（1991-10-17）［2021-08-20］．http：//www.moe.gov.cn/s78/A07/s8347/moe_732/tnull_816.html.

尽管中等职业教育的规模有较大提升，但其质量还不能适应经济建设和社会发展的需要，在整个教育事业中仍然处于薄弱的环节，中等职业教育发展面临的困境亟须解决。为此，1991 年国家劳动和社会保障部颁布《国务院关于大力发展职业技术教育的决定》（以下简称《决定》）再次强调，在 20 世纪 90 年代要逐步做到使大多数新增劳动力基本上能够受到适应从业岗位需要的、最基本的职业技术训练，在一些专业性、技术性要求较高的劳动岗位，就业者能较普遍地受到系统的、严格的职业技术教育。初步建立起有中国特色的，从初级到高级、行业配套、结构合理、形式多样，又能与其他教育相互沟通、协调发展的职业技术教育体系的基本框架。《决定》提出的具体要求是：（1）努力办好现有各类职业技术学校。要有计划地对现有各类职业技术学校加强规范化建设，并集中力量办好一批起示范和骨干作用的学校。要挖掘现有学校的潜力，扩大招生规模，特别是扩大中等职业学校的招生规模，使全国高中阶段职业技术学校的在校生人数超过普通高中的在校生人数。（2）在普通教育中积极开展职业指导，因地制宜地在适当阶段引进职业技术教育因素，在不同阶段对学生实行分流教育。城市可在高三分流，对一部分人进行定向性、预备性的职业技术教育。农村可根据各地情况，分别采取“三加一”（即三年初中教育再加一年普通职业技术教育）、初三分流、四年制渗透职业技术内容或创办职业初中等多种形式发展初中阶段的职业技术教育。①《决定》的颁布，为扩大中等职业教育规模、完善职业教育体系以及建立高中阶段教育普职沟通体系提供了有力保障。

1985—1993 年期间，中等职业教育的规模逐渐与普通高中规模大体相当，到 1990 年年底，高中阶段各类职业技术学校和普通高中的招生数之比接近 1∶1，普通高中与中等职业教育互相连接和沟通，这一时期，高中阶段普职沟通体系逐步建立。

---

① 关于贯彻《国务院关于大力发展职业技术教育的决定》的通知［EB/OL］.（1991－10－17）［2021－08－20］. http：//www.110.com/fagui/law_ 162394.html.

第四节　高中阶段普职合理比例的逐步形成阶段（1993—2002 年）

到 20 世纪 90 年代初，中等职业教育的规模已经基本达到《国务院关于大力发展职业技术教育的决定》所确定的目标。但是，由于受到国家经济、社会、人口数量等因素变动的影响，90 年代中等职业教育在中等教育中所占比例不断调整而达到合理的比例，从而促进高中阶段普通教育和职业教育协调发展。

1994 年，国务院关于《中国教育改革和发展纲要》的实施意见明确提出要大力发展职业教育，逐步形成初等、中等、高等职业教育和普通教育共同发展、相互衔接、比例合理的教育系列，形成全社会兴办多形式、多层次职业教育的格局。具体内容包含：（1）90 年代，在保证必要的教育投入和办学条件的前提下，中等教育发展的具体目标是：高中阶段职业技术学校在校学生人数有较大幅度的增加，未升学的初中和高中毕业生普遍接受不同年限的职业技术培训，使城乡新增劳动力上岗前都能得到必需的职业技术训练。（2）发展职业技术教育要与当地经济发展需要相适应。基本普及九年义务教育的地区，应以发展初中后职业技术教育为重点；尚未普及九年义务教育的地区，对不能升入初中的小学毕业生应实行职业技术培训；各地要积极发展多样化的高中后教育，对未升入高等学校的普通高中毕业生进行职业技术培训。普通中学也要分不同情况，适当开设职业技术教育课程。[①] 同年，全国教育工作会议明确提出“三改一补”发展方针，即通过现有的职业大学、部分高等专科学校和独立设置的成人高校改革办学模式，调整培养目标来发展高等职业教育，甚至批准利用少数具备条件的重点中等专业学校改制或举办高职班等方式作为补充来发展高等职业教育。初步建立起有中国特色的，从初级到高级、形式多样、中高职协调发展的职业教育体系的基本框架。

---

① 中国教育改革和发展纲要［EB/OL］.（1991 - 11 - 25）［2021 - 08 - 20］. http://old. moe. gov. cn//publicfiles/business/htmlfiles/moe/moe_ 177/200407/2483. html.

注重数量和规模的同时，中等职业教育的质量也不可忽视。90 年代初，我国对中等职业学校开展了全面评估工作：1993 年劳动部门评出首届国家级重点技校 130 所；1994 年 8 月国家教委颁布 249 所国家级重点中专名单；1996 年 2 月国家教委审批认定首批国家级重点职业高中 296 所。①

为进一步促进不同层次教育衔接以及普通教育与职业教育的沟通和协调发展，1996 年4 月《全国教育事业“九五”计划和2010 年发展规划》明确提出“进一步发展各种类型的职前、职后培训和继续教育，基本形成学历教育和非学历教育并重，不同层次教育相衔接，职业教育和普通教育相沟通的职业教育制度和体现终身教育特点的现代社会教育体系”②。与此同时，职业教育的首次立法，不仅明确了职业教育在我国的法律地位，推动了中等职业教育规模和质量的提升，同时，进一步促进了高中阶段普通教育与职业教育的协调发展。1996 年 9 月《中华人民共和国职业教育法》明确规定：“国家根据不同地区的经济发展水平和教育普及程度，实施以初中后为重点的不同阶段的教育分流，建立、健全职业学校教育与职业培训并举，并与其他教育相互沟通、协调发展的职业教育体系。”“职业学校教育分为初等、中等、高等职业学校教育。”《中华人民共和国职业教育法》第一次以法律形式确立了职业教育体系的框架结构。于是，国家教委决定从 1997 年起在北京、上海等十个试点省市招收应届中等职业学校毕业生开展高等职业教育试点工作，招收应届中职毕业生的规模，按照国家教委、国家计委下发的《1997 年普通高等学校和普通中等职业学校招生计划》中省（市）属普通高等学校招生计划数的 3% 安排。但是，该计划使中等职业教育的发展空间受到严重限制，中高职衔接举步维艰。

对中等职业学校的全面评估和国家级重点中职学校的选批，以及国家颁布的第一部有关职业教育的专门法律，直接推动了中等职业教育办学的规范化和办学质量的提升。中等职业教育进一步发展，从根本上改变了高中阶段教育结构过分单一的状况。到 1996 年，中等职业学校（指中等专业学校、技工学校和职业高中）招生数和在校生数占高中阶段招生数和在校生数的

---

① 1996 第三次全国职业教育工作会议［J］. 职业技术教育，2006（9）：24－26.

② 全国教育事业“九五”计划和 2010 年发展规划［EB/OL］.（1996－04－10）［2021－08－20］. http：//www. chinalawedu. com/falvfagui/fg22598/32619. shtml.

比例分别为 57.68% 和 56.77%，达到了新时期的最高点。高中阶段职业教育的发展，一方面满足了经济建设对各类初、中级人才和劳动者的需要，促进了劳动者素质的提高；另一方面，缓解了普通高等学校招生的压力，对社会稳定作出了重要贡献。

1998 年 12 月教育部制定的《面向 21 世纪教育振兴行动计划》指出“经济比较发达的地区可发展部分综合高中，推迟到高二年级分流”①。该文件第一次明确提出发展综合高中，并提出了“城市和经济发达地区到 2010 年普及高中阶段教育”的政策，由于文件中并没有明确指出普及的是普通高中教育还是中等职业教育，人民误以为普及的是普通高中教育，从而导致普及普通高中教育成为当时的一种趋势。上海市率先试行在高中阶段的所谓“两种学籍、两种证书”的综合高中教学实践。这里的“综合高中”的提法是为了与普通高中和职业高中有所区别，而非独立设置的综合高中。综合高中是由普通高中和职业学校联合举办的，其综合学科（若干班级）以设立在职业学校的学科居多。②

1999 年，教育部、国家计委关于印发《试行按新的管理模式和运行机制举办高等职业技术教育的实施意见》的通知，特别强调要积极探索以多种途径发展高等职业技术教育。作为过渡措施，经教育部批准的极少数国家级重点中等专业学校，改办为既从事高等职业教育，又从事中等职业教育的双重任务学校，主要招收当年参加全国普通高等学校统一招生考试的考生，也可招收少量的中等职业学校应届毕业生，由省招办统一择优录取。对招收相关或相近专业的少量中等职业学校应届毕业生，其文化课和职业技能水平应由省级招生部门单独组织考试，并确定具体的录取标准。③ 同年，国家出台了《关于调整中等职业学校布局的意见》，提出了“改变分散办学、重复办学、资源配置不合理、办学效益低的状况，通过合并、共建、联办、划转等调整形式，进行资源重组，建设好一批规模大、水平高、有特色的骨干示

① 面向 21 世纪教育振兴行动计划［EB/OL］.（1998－12－24）［2021－08－20］. http://old.moe.gov.cn/publicfiles/business/htmlfiles/moe/s6986/200407/2487.html.

② 陆素菊. 中国当代职业教育——不同区域的实证研究［M］. 南京：河海大学出版社，2004：85.

③ 教育部，国家计委. 试行按新的管理模式和运行机制举办高等职业技术教育的实施意见［EB/OL］.（1999－01－11）［2021－08－20］. http://www.chinalawedu.com/falvfagui/fg22598/36743.shtml.

范性学校”① 的意见，一部分规模小、环境差、效益不高的中职学校被合并或改建，加之企业办职业学校的传统也因为办学效益、政策不明确和经费缺乏等具体问题越来越弱化，也在一定程度上造成了中职教育规模的缩小。接着，高等职业教育得到加快发展，而中等职业教育的发展受到了一定的挤压。

经国务院批准，国家教委、国家经贸委和劳动部在京联合召开第三次全国职业教育工作会议，会议提出“到2000年，中等教育普、职比例全国平均达到4:6，普及高中阶段教育的城市可达3:7。”尽管一直在提倡设定高中阶段普通教育与职业教育的合理比例，但是职业教育的质量不能满足人们对教育的需求，中等职业教育逐渐成为人们眼中的劣等教育。从1997—2001年，中等职业学校招生数从520.77万人减至397.63万人，中职与普高的招生比从62.15:37.85降至41.58:58.42。② 1999年我国中等职业教育招生数出现改革开放以来第一次下滑，其招生数占高中教育阶段招生总人数的比例从1996年的64.7%下降为1999年的53.4%，招生数减少67万人。此后几年中，全国中等职业学校招生数量持续减少，从1999年的520万人降到2001年的398万人。同时，国家对职业教育的投入也严重不足，财政预算内职业教育经费占整个财政预算内教育经费的比例呈现连年下降趋势，从1996年的11.5%下降到2000年的8.4%。职业教育事业发展陷入低谷。③

在国家政策的指导下，各省市积极回应。2001年《浙江省教育厅关于调整中等职业学校布局结构的意见》指出：“要继续坚持政府对中等职业教育投入的主渠道作用，各市、县要加大财政经费的支持力度，积极支持中等职业学校的布局结构调整；并集中财力建设好1~2所骨干示范性学校和1~2个示范专业，通过重点扶持，建设好一批规模大、水平高、有特色的骨干示范性中等职业学校，增强中等职业教育的市场竞争力。”④ 同年，广东省颁布的《关于我省中等职业教育布局结构调整的实施意见》指出：“我省

① 教育部. 关于调整中等职业学校布局结构的意见［J］. 中国职业技术教育，1999（11）：18-19.

② 和震. 我国职业教育政策三十年回顾［J］. 教育发展研究，2009（3）：32-37.

③ 刘红. 职教十年：中国特色职业教育发展之路［J］. 中国职业技术教育，2012（31）：5-13.

④ 浙江省教育厅. 浙江省教育厅关于调整中等职业学校布局结构的意见［EB/OL］.（1999-09-09）［2021-08-20］. http://law.lawtime.cn/d428824433918.html.

中等职业教育的结构调整主要是通过调整中等职业教育布局结构，整合和优化资源，改变分散办学、重复办学、资源配置不合理、办学效率不高的状况，改变中等职业教育主要靠外延发展的状况，促进中等职业教育在规模、结构、质量、效益等方面的健康协调发展，初步建立结构优化、布局合理、专业门类齐全、特色明显、办学质量和办学效益好、适应社会主义市场经济体制和现代化建设需要的中等职业教育体系……采用合并、联办、共建、划转等方式，调整中等职业学校的布局结构。在大中城市和珠江三角洲地区，以及其他有条件的地区，将中等职业学校中一些规模小、条件差、布局不合理或专业结构雷同、培养方向相近、地理位置相连的学校进行适当的撤并；经济欠发达地区的县（市）集中力量重点建设1~2所中等职业学校。省重点抓好省级以上重点职业学校和骨干专业的建设。"①

经过近20年的调整和改革，尽管中等教育的规模和质量均有了较大的提升，但是，20世纪90年代末，由于普通高等院校扩招、中等职业教育"包分配"就业制度被打破、中等职业学校生源流失、世界银行意见的干扰等多种国内外因素的影响，致使中等职业教育出现明显的滑坡，中职发展面临巨大的挑战。尽管1999年8月教育部下发文件《教育部关于积极推进高中阶段教育事业发展的若干意见》，提出"要处理好当前扩大招生规模与长远发展的关系，在积极扩大今年招生规模的同时，根据初中毕业生变化情况对今后高中阶段教育的发展进行统筹规划，保证高中阶段教育的可持续发展；要处理好普通高中的发展与中等职业教育发展的关系，各省、自治区、直辖市可以根据本地经济、社会发展实际，逐步优化高中阶段教育结构，促进普通高中教育与中等职业教育的协调发展"②，试图扭转中等职业教育发展的困局，但成效甚微。

---

① 广东省人民政府．关于我省中等职业教育布局结构调整的实施意见［EB/OL］．(2001-12-30)［2021-08-20］．http：//www.gd.gov.cn/gkmlpt/content/0/136/post_136094.html.

② 教育部．关于积极推进高中阶段教育事业发展的若干意见［EB/OL］．(2010-01-28)［2021-08-20］．http：//www.moe.gov.cn/s78/A06/jcys_left/s3732/201001/t20100128_82015.html.

第五节　高中普职沟通“立交桥”探索阶段（2002年至今）

由于受到国内外多种因素的影响，职业教育的发展在90年代面临较大的困境，高中阶段普通教育与职业教育的比例不断进行调整以趋近合理。从高中阶段普职教育结构变化历程来看，1981—1985年全口径中等职业学校占高中阶段学校数的比例不足一半，而在1986—2001年长达16年的时间里超过了一半，其中1993—1999年共7年时间里超过了55%。

21世纪初，为促进职业教育大力发展，国家于2002年出台了《国务院关于大力推进职业教育改革与发展的决定》，这是我国在21世纪关于职业教育的第一个指导性政策。该决定指出“要加强中等职业教育与高等职业教育，职业教育与普通教育、成人教育的衔接与沟通，建立人才成长‘立交桥’，要逐步扩大中等职业学校毕业生进入高等学校尤其是进入高等职业学校继续学习的比例。高等职业学校优先对口招收中等职业学校毕业生，要组织单独的招生考试，注重专业知识、职业技能的考核”①。这为高职发展提出了战略性发展思路，加大了对职业教育课程体系的理论研究力度，并在一定程度上提升了中等职业学校的吸引力。

地方也作出了积极的回应。《山东省人民政府关于大力推进职业教育改革与发展的决定》指出“以中等职业教育为主体，使初、中、高等职业教育相互衔接并与其他教育相互沟通、协调发展……重点发展中等职业教育，保持中等职业教育与普通高中教育比例大体相当”②。《江西省人民政府贯彻国务院关于大力发展职业教育决定的实施意见》提出要建立职业教育与其他教育相互沟通和衔接的“立交桥”，使职业教育成为终身教育体系的重要环节，促进学习型社会建立。《天津市人民政府关于贯彻国务院关于大力推

---

① 国务院关于大力推进职业教育改革与发展的决定［EB/OL］.（2005－11－09）［2021－08－20］. http：//www.gov.cn/zwgk/2005－11/09/content_ 94296.htm.

② 山东省人民政府关于大力推进职业教育改革与发展的决定［EB/OL］.（2006－02－20）［2021－08－20］. http：//www.edu.cn/edu/zheng_ ce_ gs_ gui/shengji_ zhce_ fagui/shandong_ zhce_ fagui/200602/t20060220_ 162460.shtml.

进职业教育改革与发展的决定的若干意见》提出要加强中等职业教育与高等职业教育、职业教育与普通教育和成人教育的衔接与沟通。《湖北省人民政府关于大力推进职业教育改革与发展的决定》明确指出要健全职业教育体系，建立人才成长的“立交桥”，加强中等职业教育与高等职业教育，职业教育与普通教育、成人教育的衔接与沟通。①

2004 年，国务院批转《教育部 2003—2007 年教育振兴行动计划的通知》再一次强调了要结合社会生产需求和实际，大力发展职业教育，加强中等职业技术学校建设。同年，国家出台《教育部等七部门关于进一步加强职业教育工作的若干意见》（以下简称《意见》），提出了“从现在起到 2007 年，在高中阶段教育中，要加大结构调整工作力度，进一步扩大中等职业教育招生规模，使中等职业教育与普通高中教育的比例保持大体相当，在有条件的地方职业教育所占比例应该更高一些……中等职业学校不再升格为高等职业院校或成人高等学校”②。该《意见》的出台，成为中等职业教育发展的转折点和关键，将中等职业教育发展上升到新的高度，从政策层面积极倡导中职毕业生应以就业为主要发展方向；同时，该政策的出台使中等职业学校招生在经历了 1999 年到 2001 年的下滑后，2002—2004 年开始止跌回升，呈现恢复性增长的趋势。“2005 年、2006 年连续两年继续扩招 100 万。2006 年招生人数在 2005 年 650 万的基础上，基本实现了招生约 750 万的目标，在校生人数达到 1800 万。”③ 全国中等职业学校的招生规模在 2007 年达到 810 万，在校生数达到 1987 万人，中等职业教育的招生规模已占高中阶段招生总数的 48.3%，占据整个高中阶段教育的半壁江山。2008 年，全国中等职业教育招生 812.11 万，较上年增加 2.09 万；在校生 2087.09 万，较上年增加 100.08 万；与普通高中招生规模大体相当，高等职业教育招生规模占高等教育招生规模的一半以上。中等职业教育在数量增长的同时，也注重内涵发展，引入学习型社会的理念，提出了职业教育要建立适应

① 湖北省人民政府关于大力推进职业教育改革与发展的决定［EB/OL］.（2006－02－20）［2021－08－20］. http://www.chinalawedu.com/falvfagui/fg22598/141854.shtml.

② 教育部等七部门关于进一步加强职业教育工作的若干意见［EB/OL］.（2004－09－14）［2021－08－20］. http://www.moe.edu.cn/srcsite/A07/moe_737/s3876_qt/200409/t20040914_181883.html.

③ 王广胜. 中等职业教育发展现状及对策［J］. 辽宁教育行政学院学报，2008（2）：12－13.

人们终身学习需要、与劳动就业密切结合、大力推行校区合作、供需结合的培养模式，职业教育走上了理念明确、支持系统逐渐成形的发展道路。2009年受初中生源下降等因素的影响，中等职业学校数又开始减少。2002—2010年期间，普通高中和中等职业学校学校数及其构成参见表2－1、表2－2。

表2－1　高中阶段教育：学校数及其构成①　（单位：所）

时间（年）	学校数合计	普通高中	成人高中	中等职业教育				
				小计	普通中专	成人中专	职业高中	技工学校
2002	32801	15400	1463	15938	2953	3473	6437	3075
2003	31799	15800	1317	14682	3065	2823	5824	2970
2004	31407	15998	955	14454	3047	2742	5781	2884
2005	31532	16092	974	14466	3207	2582	5822	2855
2006	31685	16153	839	14693	3698	2350	5765	2880
2007	31255	15681	742	14832	3801	2120	5916	2995
2008	30806	15206	753	14847	3846	1983	5915	3103
2009	29761	14607	753	14401	3789	1883	5652	3077
2010	28584	14058	654	13672	3938	1720	5006	3008
相对数（%）								
2002	100	46.95	4.46	48.58	9.00	10.59	19.62	9.37
2003	100	49.69	4.14	46.18	9.64	8.88	18.32	9.34
2004	100	50.94	3.04	46.02	9.70	8.73	18.41	9.18
2005	100	51.03	3.09	45.87	10.17	8.19	18.46	9.05
2006	100	50.98	2.65	46.37	11.67	7.42	18.19	9.09
2007	100	50.17	2.37	47.45	12.16	6.78	18.93	9.58
2008	100	49.36	2.44	48.19	12.48	6.44	19.20	10.07
2009	100	49.08	2.53	48.39	12.73	6.33	18.99	10.34
2010	100	49.18	2.29	48.55	13.78	6.02	18.21	10.54

① 根据《中国教育统计年鉴》相关年份数据整理而成。

表 2－2　高中阶段教育：招生数量及其构成①　（单位：万人）

时间（年）	合计	普通高中	成人高中	中等职业教育				
				小计	普通中专	成人中专	职业高中	技工学校
2002	1180.8	676.7	35.8	473.6	155.3	57.6	187.4	73.3
2003	1287.9	752.1	20.0	515.8	183.9	43.0	197.3	91.6
2004	1405.2	821.5	17.5	566.2	203.8	40.0	212.7	109.7
2005	1533.4	877.7	—	655.7	241.1	48.0	248.2	118.4
2006	1619.0	871.2	—	747.9	278.9	46.2	288.0	134.8
2007	1650.2	840.2	—	810.0	297.3	52.0	302.2	158.6
2008	30806	15206	—	812.1	303.8	55.8	290.7	161.8
2009	29761	14607	—	868.6	311.7	86.9	313.2	156.8
2010	28584	14058	—	870.4	316.6	116.1	278.7	159.0
相对数（%）								
2002	100	57.31	2.58	40.11	13.15	4.88	15.87	6.21
2003	100	58.40	1.55	40.05	14.28	3.34	15.32	7.11
2004	100	58.46	1.25	40.30	14.50	2.85	15.14	7.81
2005	100	57.24	—	42.76	15.72	3.13	16.19	7.72
2006	100	53.81	—	46.20	17.23	2.85	17.79	8.33
2007	100	50.92	—	49.09	18.02	3.15	18.31	9.61
2008	100	50.75	—	49.24	18.42	3.38	17.63	9.81
2009	100	48.87	—	51.14	18.35	5.12	18.44	9.23
2010	100	49.00	—	51.00	18.55	6.80	16.33	9.32

从以上提供的数据可以看出，在2002—2010年期间，高中阶段教育结构日趋合理，高中阶段普通教育与职业教育大体保持在1∶1的比例，即各占一半左右。同时，该时期国家重点强调建立高中阶段普通教育与职业教育沟通“立交桥”，在国家颁布的多个政策文件中均有所体现，并且各地也进行了积极实践。

① 根据《中国教育统计年鉴》相关年份数据整理而成。

2005 年，国家颁布的《国务院关于大力发展职业教育的决定》（以下简称《决定》）明确指出，“到 2010 年，中等职业教育招生规模达到 800 万人，与普通高中招生规模大体相当……建立职业教育与其他教育相互沟通和衔接的‘立交桥’，使职业教育成为终身教育体系的重要环节，促进学习型社会建立……重点建设高水平的培养高素质技能型人才的 1000 所示范性中等职业学校和 100 所示范性高等职业院校……2010 年以前，原则上中等职业学校不升格为高等职业院校或并入高等学校”①。《决定》指明了职业教育发展的方向和重点发展的目标任务，着重强调了建立职业教育与其他教育相互沟通和衔接的“立交桥”，且中等职业教育的地位更加突出。同年出台的《教育部关于加快发展中等职业教育的意见》（以下简称《意见》）进一步明确了中等职业教育的重要地位、发展目标和发展道路。《意见》指出“近年来，我国高中阶段教育有了很大发展，但是在高中阶段教育的发展中，出现了普通高中教育和中等职业教育发展‘一条腿长、一条腿短’的不协调现象……到 2007 年，中等职业教育和普通高中教育规模大体相当，实现中等职业教育快速健康持续发展……要稳定现有中等职业教育资源。严格执行中等职业学校不再升格为高等职业院校、不得并入高等学校或改办成其他类型的学校的政策规定”②。

为贯彻和落实 2005 年国家颁布的《国务院关于大力发展职业教育的决定》，各省市根据自身的实际情况进行了积极探索和回应。2005 年《中共山东省委、山东省人民政府关于大力发展职业教育的决定》明确提出“十一五”期间职业教育的发展目标、任务：“构建现代职业教育体系，扩大职业教育办学规模，2006 年，中等职业教育年招生要达到 56 万人，在校生达到 150 万人；力争到 2010 年，中等职业教育招生与普通高中教育招生规模大体相当……要把职业教育发展纳入‘十一五’经济社会发展的总体规划，促进职业教育与其他各类教育协调发展”③。2006 年《上海市人民政府关于

---

① 国务院关于大力发展职业教育的决定［EB/OL］.（2005－11－09）［2021－08－20］. http://www.gov.cn/zwgk/2005－11/09/content_ 94296.htm.

② 教育部关于加快发展中等职业教育的意见［EB/OL］.（2005－02－28）［2020－07－18］. http://old.moe.gov.cn//publicfiles/business/htmlfiles/moe/moe_ 1615/200708/25591.html.

③ 中共山东省委、山东省人民政府关于大力发展职业教育的决定［EB/OL］.（2005－12－14）［2019－07－25］. http://www.110.com/fagui/law_ 138889.html.

大力发展职业教育的决定》提出："到2010年，本市中等职业教育与普通高中的招生规模保持大体相当，高等职业教育占高等教育招生总规模的一半左右……优化综合高中教育教学模式，积极推进高等职业院校依法自主招收中等职业学校毕业生的改革试点"。同年《江西省人民政府关于贯彻国务院大力发展职业教育决定的实施意见》指出"到2010年全省中等职业教育招生规模达到30万人，与普通高中招生规模大体相当……建立职业教育与其他教育相互沟通和衔接的'立交桥'，使职业教育成为终身教育体系的重要环节，促进学习型社会建立"①。《黑龙江省人民政府贯彻落实国务院关于大力发展职业教育决定的实施意见》指出"大力发展中等职业教育……到2010年，中等职业教育招生规模与普通高中招生规模大体相当"②。《吉林省人民政府贯彻落实国务院关于大力发展职业教育的决定的实施意见》明确指出，"大力发展中等职业教育，优化高中阶段教育结构……""到2010年，职业教育改革与发展要实现的目标有：中等职业教育招生规模达到11.5万人，与普通高中招生比例达到4.5∶5""实施中等职业教育'百强校'建设计划，加快县级职教中心建设""促进职业教育与其他教育的沟通和衔接，使职业教育成为终身教育体系的重要环节和学习型社会的重要支撑"。《河北省人民政府贯彻落实国务院关于大力发展职业教育的决定的实施意见》指出"到2010年，全省高等职业教育在校生达到50万人左右，高等职业教育招生规模占高等教育招生规模50%以上；中等职业学校在校生总规模达到130万人，实现中等职业教育与普通高中在校生人数大体相当""各级人民政府都要切实加强对职业教育工作的领导，健全和完善职业教育工作联席会议制度，把职业教育纳入当地经济、社会发展的总体规划，及时研究和解决职业教育发展中的重大问题，确保本地区职业教育与普通教育的协调发展"③。《广西壮族自治区人民政府贯彻落实国务院关于大力发展职业教育决定的实施意见》明确提出"建立职业教育与其他教育相互沟通

---

① 江西省人民政府贯彻国务院关于大力发展职业教育决定的实施意见［EB/OL］.（2006-04-26）［2019-07-25］. http://www.kuaiji.com/fagui/1547414.

② 黑龙江省人民政府贯彻落实国务院关于大力发展职业教育决定的实施意见［EB/OL］.（2006-07-03）［2019-07-25］. http://www.hlj.gov.cn/wjfg/system/2007/08/17/000143929.shtml.

③ 河北省人民政府贯彻落实《国务院关于大力发展职业教育的决定》的实施意见［EB/OL］.（2006-04-30）［2019-07-25］. http://china.findlaw.cn/fagui/p_1/82407.html.

和衔接的‘立交桥’，使职业教育成为终身教育体系的重要环节，促进学习型社会建立”“我区2007年即将普及九年义务教育，高中阶段教育除发展普通高中外，还需大力发展中等职业教育，提高职业教育办学质量和办学水平，实现教育的合理分流。要通过大力发展职业教育有效降低初中辍学率，提高高中阶段入学率，保证每一个学生成才有路”“到2010年，全区中等职业教育在校生规模达到80万人，与普通高中在校生规模大体相当，中等职业学校共为社会输送105多万名毕业生，高等职业学校共为社会输送38万多名毕业生”“引导初中毕业生合理分流，通过大力发展中等职业教育推进高中阶段教育协调发展”①。2007年《海口市人民政府关于贯彻国务院大力发展职业教育决定的实施意见》中提出要“扩大职业教育办学规模。到2010年，中等职业教育在校生规模达到2.5万人……建立职业教育与其他教育相互沟通和衔接的‘立交桥’，使职业教育成为终身教育体系的重要环节，促进学习型社会建立”②。

2005年至2010年期间，在国家政策的引领下，全国各省市逐步重视高中阶段职业教育的发展，注重在普通高中与中等职业教育之间建立沟通的“立交桥”，促使高中阶段普通教育与职业教育能够互相融通，并实现协调发展。

2010年是国家教育改革实践的重要时期，也是国家颁布诸多重要政策文件的时间节点，更是职业教育改革和发展的关键之年。随着职业教育在经济社会发展和教育工作中的战略地位日益突出，2010年，国家出台了《国家中长期教育改革和发展规划纲要（2010—2020年）》（以下简称《纲要》），《纲要》指出：“鼓励有条件的普通高中根据需要适当增加职业教育的教学内容。探索综合高中发展模式……学历教育和非学历教育协调发展，职业教育和普通教育相互沟通，职前教育和职后教育有效衔接……根据经济社会发展需要，合理确定普通高中和中等职业学校招生比例，今后一个时期总体保持普通高中和中等职业学校招生规模大体相当……到2020年，形成

① 广西壮族自治区人民政府贯彻落实国务院关于大力发展职业教育决定的实施意见［EB/OL］.（2005-12-12）［2019-07-25］. http：//www.9ask.cn/fagui/200512/290719_1.html.

② 海口市人民政府关于贯彻国务院大力发展职业教育决定的实施意见［EB/OL］.（2007-09-03）［2019-07-25］. http：//haikou.gov.cn/xxgk/szfbjxxgk/zfgb/2007zfgb/2007nd10q/201103/t20110306_174263.html.

适应经济发展方式转变和产业结构调整要求、体现终身教育理念、中等和高等职业教育协调发展的现代职业教育体系"①。推行综合高中办学模式，是促进高中多样化发展、促进高中阶段普职融通协调发展的重要途径。

紧接着，为全面贯彻落实全国教育工作会议精神和《纲要》，深入推进中等职业教育改革创新，加快培养高素质劳动者和技能型人才，切实提升中等职业教育服务经济社会发展的能力和水平，教育部出台了《中等职业教育改革创新行动计划（2010—2012 年）》，文件强调要"构建中等职业学校学生成长发展的'立交桥'……总体保持中等职业学校和普通高中招生规模大体相当，把提高质量作为重点……完善职业学校毕业生直接升学制度，拓宽毕业生继续学习通道，扩大中等职业学校毕业生升入高等职业学校继续学习的比例"②。

当然，中等职业教育的规模也受到其他外在因素的影响而产生一定的波动。2011 年是职业教育发展具有重大意义的一年。然而，这一年中等职业学校学生数大幅减少。其主要原因在于当时初中毕业生人数大量减少；此外，由于产业结构转型升级，要求提高技术技能人才层次，高职院校加大了五年一贯制招生比例。7 月，教育部在天津召开促进中等和高等职业教育协调发展座谈会。9 月，教育部推出《关于推进中等和高等职业教育协调发展的指导意见》，这是我国第一个指导中等和高等职业教育协调发展的专门的教育政策文件，指出："中等职业教育是高中阶段教育的重要组成部分，重点培养技能型人才，发挥基础性作用"；并提出了五大对接体系，即"促进专业与产业对接、课程内容与职业标准对接、教学过程与生产过程对接、学历证书与职业资格证书对接、职业教育与终身学习对接"③，为职业教育与普通教育衔接体系的建立提供了政策依据。随后，《教育部关于推进高等职业教育改革创新引领职业教育科学发展的若干意见》指出，"要增加中等职

---

① 国家中长期教育改革和发展规划纲要工作小组办公室．国家中长期教育改革和发展规划纲要（2010—2020 年）[EB/OL]．(2010－07－29) [2019－07－18]．http://www.gov.cn/jrzg/2010－07/29/content_1667143.html.

② 教育部关于印发《中等职业教育改革创新行动计划（2010—2012 年）》的通知 [EB/OL]．(2010－11－27) [2019－07－18]．http://www.gov.cn/gongbao/content/2011/content_1836364.htm.

③ 教育部关于推进中等和高等职业教育协调发展的指导意见 [EB/OL]．(2011－08－30) [2019－07－25]．http://www.gov.cn/zwgk/2011－09/20/content_1951624.htm.

业学校毕业生对口升学比例”。这两个文件对中等职业教育在建设现代化强国中的地位和发展任务指明了方向，是两个具有指导意义和政策指向的职业教育文件。

为贯彻落实《国家中长期教育改革和发展规划纲要（2010—2020年）》和《中国国民经济和社会发展第十二个五年规划纲要》，教育部2012年6月14日印发了《国家教育事业发展第十二个五年规划》，明确提出要实现“职业教育和普通教育协调发展”“努力实现区域城乡和各级各类教育的协调发展”“建立现代职业教育体系”“大力发展中等职业教育”的教育目标，其中“建立现代职业教育体系”包含“加强职业教育与普通教育、继续教育的相互沟通，建立‘学分银行’，完善学分互认、累积制度”的重要内容；其中“大力发展中等职业教育”包含了“逐步实行中等职业教育免费制度”，这在一定程度上增强了中等职业教育的吸引力。

2012年1月20日，教育部公布“2012年教育工作重点”，再一次将“加快中等职业教育免费进程”，“加快普及高中阶段教育，保持高中阶段教育普职比大体相当”，“加快构建现代职业教育体系，推进实施国家中等职业教育改革发展示范校”等列为2012年的工作重点。2014年《国务院关于加快发展现代职业教育的决定》明确提出“加强职业教育与普通教育沟通，为学生多样化选择、多路径成才搭建‘立交桥’……巩固提高中等职业教育发展水平。各地要统筹做好中等职业学校和普通高中招生工作，落实好职普招生大体相当的要求，加快普及高中阶段教育……有条件的普通高中要适当增加职业技术教育内容”①。同年，为全面贯彻党的十八大和十八届三中全会精神，依据《中华人民共和国国民经济和社会发展第十二个五年规划纲要》《国家中长期教育改革和发展规划纲要（2010—2020年）》《国家中长期人才发展规划纲要（2010—2020年）》《国务院关于加快发展现代职业教育的决定》和各产业、行业规划，制订了《现代职业教育体系建设规划（2014—2020年）》（以下简称《规划》）。该《规划》指出“中等职业教育是职业教育发展的重点，今后一个时期总体保持普通高中和中等职业学校招生规模大体相当……建立职业教育和普通教育双向沟通的桥梁……将普及高

① 国务院关于加快发展现代职业教育的决定［EB/OL］.（2014-06-22）［2021-08-20］. http://www.jyb.cn/zyjy/zyjyxw/201406/t20140622_587161.html.

中阶段教育重点放在中等职业教育……继续探索举办职业教育和普通教育融通的综合高中"①。同时该《规划》描述了我国教育体系的基本结构，见图2-1。从图中可以看出，我国高中阶段教育实行的是普通教育与职业教育双轨并行发展的制度，但普通高中与中等职业教育相互衔接和融通，两者关系向协调发展迈进。

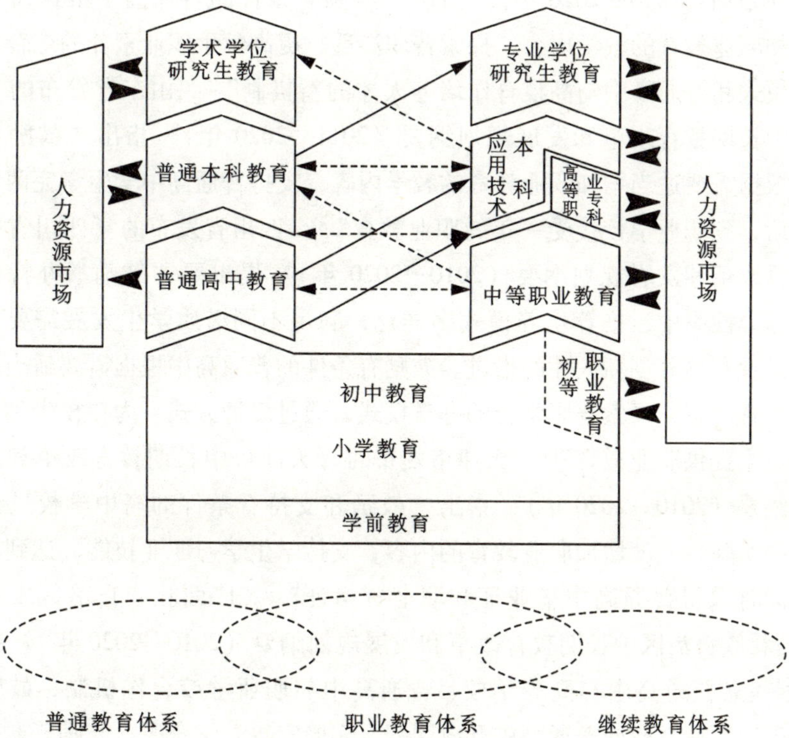

图2-1　教育体系基本结构图

2017年《国务院办公厅关于深化产教融合的若干意见》提出"鼓励有条件的普通中学开设职业类选修课程，鼓励职业学校实训基地向普通中学开放。鼓励有条件的地方在大型企业、产业园区周边试点建设普职融通的综合高中"。2018年国务院印发的《国家职业教育改革实施方案》提出"优化教育结构，把发展中等职业教育作为普及高中阶段教育和建设中国特色职业

① 教育部，等．现代职业教育体系建设规划（2014—2020年）[EB/OL]．(2014-06-16) [2021-08-20]．http://old.moe.gov.cn/publicfiles/business/htmlfiles/moe/moe_630/201406/170737.html.

教育体系的重要基础，保持高中阶段教育职普比大体相当，使绝大多数城乡新增劳动力接受高中阶段教育。改善中等职业学校基本办学条件”①。

提高中等职业教育的质量，落实高中阶段普职大体相当的比例，加强高中阶段普职融通是这一时期中等职业教育发展的重要任务。同时，地方为响应国家的政策做出了一定的回应。河北省发布的《河北中长期教育改革和发展规划纲（2010—2020 年）》指出“鼓励有条件的普通高中根据需要适当增加职业教育的教学内容，探索普职渗透、提高学生职业素养的综合高中发展模式和普通高中与高校合作培养人才的新机制”②。山东省发布的《山东省中长期教育改革和发展规划纲要（2011—2020 年）》指出“鼓励普通高中根据需要适当增加职业教育的教学内容，支持普通高中学生学完两年课程之后，到职业学校接受一年的职业教育”③。四川省发布的《四川省中长期教育改革和发展规划纲要（2010—2020 年）》提出要“鼓励举办特色高中和综合性高中，推荐培养模式多样化，满足不同潜质学生发展需要，探索、发现和培养创新人才的推进。鼓励有条件的普通高中根据需要适当增加职业教育内容，探索普职整合的办学模式，通过多种方式，为在校生和未升学毕业生提供职业教育”④。天津市发布的《天津市中长期教育改革和发展规划纲要（2010—2020 年）》指出“鼓励和支持有条件的高中学校进行综合高中实验，适度增加职业教育的内容，支持学生学习职业技能，达到标准的可同时取得普通高中毕业证和职业资格证”⑤。广西壮族自治区发布的《广西壮族自治区中长期教育改革和发展规划纲要（2010—2020 年）》指出“探索建立普通高中和高等学校、普通高中与职业学校合作机制，鼓励大学、中等职业学校向普通高中开放课程、实验室等教学资源。鼓励普通高中

① 国务院．国家职业教育改革实施方案［EB/OL］．（2019－01－23）［2019－07－20］．http：//www.gov.cn/zhengce/content/2019－02/13/content_5365341.htm.

② 河北中长期教育改革和发展规划纲要（2010—2020 年）［EB/OL］．（2011－03－01）［2019－07－25］．http：//jyt.hebei.gov.cn/col/1537864936442/2014/08/06/1410098629885.html.

③ 山东省中长期教育改革和发展规划纲要（2011—2020 年）［EB/OL］．（2011－12－30）［2019－07－20］．http：//www.jyb.cn/info/dfjyk/201012/t20101231_408883_1.html.

④ 四川省中长期教育改革和发展规划纲要（2010—2020 年）［EB/OL］．（2010－12－21）［2019－07－20］．http：//www.sc.gov.cn/10462/10464/10927/10928/2011/1/10/10148874.shtml.

⑤ 天津市中长期教育改革和发展规划纲要（2010—2020 年）［EB/OL］．（2011－02－22）［2019－07－25］．http：//www.jyb.cn/info/dfjyk/201010/t20101023_395119.html.

教育增设职业教育内容，提升学生的职业技能和创新能力”①。而湖南省颁布的《湖南省建设教育强省规划纲要（2010—2020年）》中提出“高中阶段教育全面普及，毛入学率达到93%以上，普通高中教育与中等职业教育协调发展……推动高中多样化发展，通过探索创建综合高中，推进办学模式多元化改革”②。陕西省、海南省、西藏自治区虽然没有出台本省或自治区的教育规划纲要，但是明确指出要贯彻《国家中长期教育改革和发展规划纲要（2010—2020年）》（以下简称《纲要》）并结合其发展状况进行高中阶段教育普职融通协调发展的探索工作。

从2010至今，《纲要》等诸多重要政策文件，体现了国家对中等职业教育培养高素质技能人才的重视被提到了前所未有的高度，不仅在多个重要文件中强调“保持普通高中和中等职业学校招生规模大体相当”，也突出了着力提升中等职业教育的办学质量和办学效益，增强中等职业教育吸引力的重要目标。同时，通过实施综合高中发展模式，以促进和实现高中阶段普职融通协调发展，不仅是实践科学发展观的客观要求，也是我国实现经济社会更好更快发展的内在要求。

综而述之，我国自上世纪80年代以来的普职双轨制的发展并非一帆风顺。从数量上的不断增长到90年代开始注重质量的转变，为我国中等教育结构优化以及社会经济的发展做出了贡献。但是，由于不能及时跟上社会经济的发展，以及普通高中入学热潮的出现等多种原因，90年代末期中等职业学校的发展出现了较为严重的危机，社会认可度、招生人数和在校生人数都出现了较大幅度的下降。直至21世纪，在国家政策等宏观调控下，中等职业学校与普通高中才慢慢恢复了数量上的均衡与协调。概括来说，高中普职双轨的教育体制是特定时代、特定社会、特定经济发展背景下的必然产物，它适应了当时社会经济的发展需求，为当时社会经济的发展提供了人力支持和智力支撑，进而推动了经济的发展与时代的进步。但随着时代的发展，尤其是经济与产业结构的调整改革，高中普职双轨教育体制的弊端也开始越发凸显出来，高中普职之间的融通开始变得必要和紧迫起来。

---

① 广西壮族自治区中长期教育改革和发展规划纲要（2010—2020年）[EB/OL].（2011-03-30）[2019-07-20]. https://www.gxjsxy.cn/show-506-6686.html.

② 湖南省建设教育强省规划纲要（2010—2020年）[EB/OL].（2011-01-10）[2019-07-20]. http://jyt.hunan.gov.cn/sjyt/xxgk/gzdt/tpxw/201701/t20170121_3956453.html.

第三章 我国高中教育普职“大体相当”的政策梳理与实践困境

从第二章对我国高中教育发展的脉络分析中，我们不难发现，我国高中教育自新中国成立尤其是改革开放以来所取得的成就是有目共睹甚至是举世瞩目的：仅就高中教育毛入学率来看，从1980年到1990年之间，高中阶段毛入学率基本徘徊在26%左右，1999年超过30%，2005年超过了50%。[①] 2015年达到了87.5%，2020年将达到90%。而事实上，北京、上海等一些城市的毛入学率已经达到95%及以上。[②] 当然，高中阶段教育所取得的成就显然与高中阶段普职结构的调整与改革密不可分，纵向来看，我国高中阶段的普职结构基本上是以“大体相当”政策为主线来推进，这一政策的推行，较好地推动了高中教育的改革与发展，契合了社会发展需求，回应了特定时代的经济需要。但随着时代的发展，教育改革的推进，高中阶段普职教育是否继续保持“大体相当”，高中普职规模的“大体相当”是否就意味着普职教育的协调发展，这都是需要我们探讨的问题。

第一节 改革开放以来我国高中教育政策亮点分析

1978年12月，冬日里一声春雷，党的十一届三中全会开启了改革开放的历史新时期，中国的教育也从此迎来了百花齐放的春天，进入了一个更好的历史发展时期。高中教育，作为国民教育体系承上启下的关键环节，作为青少年成长承前启后的关键时期，也取得了历史性发展：办学规模不断扩

① 闻待．高中教育发展的大众化定位［J］．上海教育科研，2011（9）：24－26.

② 任敏．2020年我国将普及高中阶段教育［N］．北京日报，2017－04－07（02）.

大，教育结构日渐协调，学校条件逐步改善，教育质量稳步提升，普及水平迈上了新台阶。回顾和梳理高中教育改革历程，我们不难发现，我国高中教育的改革基本是以规模扩充为战略重点，以效率优先为主旨路线，以简政放权为保障机制，以摆脱应试教育桎梏为最终目标，始终在普及与提高、效率与公平、数量与质量、结构与效益之间寻求平衡与突破，走出了一条既立足中国国情又体现中国特色的教育发展之路。

一、改革开放以来我国高中教育政策亮点分析

改革开放以来，就高中阶段相关的教育政策来看，重点解决了以下几个方面的问题：

（一）坚持高举“规模扩充”的改革大旗

数量的增加与规模的扩充是我国高中教育改革 40 年不变的主旋律。1986 年《义务教育法》颁布实施后，“普九”目标的全面实现和 20 世纪 90 年代中后期的高等教育扩招之潮，直接形成双向挤压，倒逼高中教育的改革。由于高中教育改革的动力更多来自于外部而非内生，于是，规模、数量、外延式发展成为此时高中教育改革的关键词和主目标。也因此，不同时期的教育政策文本，大凡涉及高中教育改革，基本都是以“普及率”“毛入学率”“在校规模”等数量指标作为重点进行阐述与部署，高中教育也就沿着普及率较低—部分普及—基本普及—全面普及的发展主线一路走来。如 1993 年国务院印发的《中国教育改革和发展纲要》就提出了“大城市市区和沿海经济发达地区积极普及高中阶段教育”的发展目标；1994 年国务院发布的《中国教育改革和发展纲要》实施意见中也强调：“大城市市区和有条件的沿海经济发展程度较高地区要在普及九年义务教育的基础上，积极普及高中阶段教育”。这一改革目标在 1998 年制定的《面向二十一世纪教育振兴行动计划》中得到再次重申与强调。而从 2001 年开始，在国务院先后印发的“十五”“十一五”“十二五”和“十三五”教育事业发展规划中，基本都是以高中教育的毛入学率作为改革目标。其中“十五”提出的高中教育毛入学率为 60% 左右，“十一五”为 80% 左右，“十二五”为 87%，“十三五”为 90%[①]，一步步向全面普及迈进。而事实上，这些分步的政策

① 数据来源于中华人民共和国中央人民政府门户网站所分别发布的“十五”“十一五”“十二五”和“十三五”教育事业发展规划。

目标基本都已如期完成甚至提前实现。在有限的时间和有限的资源背景下，较好、较快地解决了“有学上”的问题。

（二）整体贯穿“效率优先”的发展思路

虽然我国的教育政策一贯秉承“效率优先，兼顾公平”的指导思想，但由于教育资源的有限性以及区域的差异性，尤其是国家建设对“快出人才”的迫切需求，高中教育在实际发展过程中更多遵循的是效率优先的原则，试图兼顾公平但公平兼顾不够。这种效率优先的发展思路，突出表现为重点高中制度的推进与实施。事实上，重点学校政策在我国由来已久。1953年，中共中央就提出要办重点中学，这一政策一直延续到“文化大革命”。“文化大革命”一结束，邓小平同志就提出“办教育要两条腿走路，既注意普及，又注意提高。要办重点小学、重点中学、重点大学”①。1978 年 1 月，经国务院批准，教育部颁发了《关于办好一批重点中小学试行方案》，该方案指出：“切实办好一批重点中小学，以提高中小学的质量。”② 要求全国重点中小学形成“小金字塔”结构，并在经费投入、办学条件、师资队伍、学生来源等方面向重点学校倾斜，由此形成国家级、省级、地级、县级的重点学校“层层重点”的格局。1980 年 10 月，教育部作出《关于分期分批办好重点中学的决定》，并要求各级人民政府“在人力、物力、财力上对重点中学给予大力支持”。进入 20 世纪 90 年代，国家将“重点高中”的提法改为“示范高中”。1994 年《国务院关于〈中国教育改革和发展纲要〉的实施意见》提出：“每个县要面向全县重点办好一两所中学。全国重点建设 1000 所左右实验性、示范性的高中。”次年，国家教委发布《关于评估验收 1000 所左右示范性普通高级中学的通知》（以下简称《通知》），《通知》决定在 2000 年以前分期分批建设并评估 1000 所左右示范性普通高级中学。理想上看，从重点高中到示范高中的转变，意味着我国高中教育政策的

① 国家教育委员会政策法规司．十一届三中全会以来重要教育文献选编［C］．北京：教育科学出版社，1992：1.

② 袁振国．论中国教育政策的转变——对我国重点中学平等与效益的个案研究［M］．广州：广东教育出版社，1999：33.

价值取向开始从以效率为中心转向兼顾公平。① 但具体就现实而言，示范高中的发展还是深深地打上了重点高中的烙印，形成了一种“没有重点学校的重点学校制度”②。虽然在资源有限的情况下，这是一种高效的、符合国情的选择，有其历史的必然性与合理性，但其引发的教育分层问题和教育公平问题还是引起了学界和社会的广泛关注。

（三）适时推进“简政放权”的管理体制

改革开放以前，我国的教育管理体制较为集中，办学体制僵化，高中教育结构和类型都非常单一。改革开放40年以来，我国围绕着如何深化管理体制和办学体制改革；如何激活和释放地方与学校的活力，赋予学校更大自主权；如何深入推进管办评分离并推进教育治理能力和治理体系的现代化等方面，都进行了积极的探索并取得了显著成效。应该说，不同时期的教育政策文本中，都显示出了这种努力和方向。1985年的《中共中央关于教育体制改革的决定》提出：“改革管理体制，在加强宏观管理的同时，坚决实行简政放权，扩大学校的办学自主权”“基础教育管理权属于地方”“责任和权力都交给地方”。1993年的《中国教育改革和发展纲要》提出：“普通高中的办学体制和办学模式要多样化”“逐步建立以政府办学为主体、社会各界共同办学的体制”。1994年的《关于〈中国教育改革和发展纲要〉的实施意见》则进一步明确：“企事业单位和其他社会力量按国家的法律和政策多渠道、多形式办学。有条件的地方，也可实行‘民办公助’‘公办民助’等形式。”1998年《面向21世纪教育振兴行动计划》提出：“今后3～5年，基本形成以政府办学为主体、社会各界共同参与、公办学校和民办学校共同发展的办学体制。”1999年的《关于深化教育改革全面推进素质教育的决定》也提出要“积极鼓励和支持社会力量以多种形式办学，满足人民群众日益增长的教育需求，形成以政府办学为主体、公办学校和民办学校共同发展的格局”。2002年12月颁布的《中华人民共和国民办教育促进法》更是从法律的高度明确：“民办教育事业属于公益性事业，是社会主义教育事业

---

① 朱家存，王刚，段兆兵．论示范高中的使命与责任［J］．教育发展研究，2009（12）：26－29.

② 刘远碧．我国义务教育阶段重点学校制度的历史回顾及思考［J］．河南教育（基教版），2009（1）：4－5.

的组成部分。国家对民办教育实行积极鼓励、大力支持、正确引导、依法管理的方针。”而且国家鼓励民办教育事业的政策初衷其实也发生了根本性变化。早期，国家更多是基于政府投资教育的有限性来鼓励社会力量办学，而当前，则更多的是通过吸纳各种力量，推动办学模式多样化的形成。

（四）逐步摆脱“应试教育”的评价桎梏

高考改革是教育改革的关键领域，是高中教育的风向标，抓好了高考改革，就抓住了教育改革的“牛鼻子”。因此，高考制度的改革理所当然地成为各项教育政策关注的焦点与热点，这项制度因为备受关注最终也在不断的改革与发展中饱受争议。1977 年恢复高考，一个国家的光明前途在一夜之间被重新点亮，中国的教育也从此步入了改革与发展的新征程。恢复高考 40 多年来，我国历经 30 多次大大小小的改革，其中既有技术层面的改进，也有制度层面的革新①。在制度设计上不断趋于完善。以考试科目为例，1977 年确定文科考试科目为政治、语文、数学、史地；理科考试科目为政治、语文、数学、理化；1978 年增加了外语，1981 年理工科增加生物并最终固定下来。1989 年印发了《关于试行普通高中毕业会考制度和改革高考科目的通知》，提出在会考的基础上设置高考科目，旨在将水平考试和选拔考试分开；1993 年国家推行高考“3 + 2”方案；1999 年教育部提出《关于进一步深化普通高等学校招生考试制度改革的意见》并试行“3 + X”方案；2000 年，北京、上海、安徽三地开始试点春季高考；2013 年 11 月，党的十八届三中全会通过《中共中央关于全面深化改革若干重大问题的决定》，明确提出要“探索全国统考减少科目、不分文理科、外语等科目社会化考试一年多考”。2014 年《国务院关于深化考试招生制度改革的实施意见》明确将“形成分类考试、综合评价、多元录取的考试招生模式”。改革开放 40 年，我国考试招生制度不断改进完善，对提高教育质量、提升国民素质、促进社会纵向流动、服务国家现代化建设发挥了不可替代的重要作用。应试教育的桎梏逐步摆脱，但由考试制度而衍生的唯分数论、一考定终身、学生学业负担过重、城乡以及区域大学入学机会存在差异、择校、高校违规招生等问题仍不同程度、不同范围地继续存在。

---

① 周光礼，姜尚峰．高考改革 40 年：意义建构与制度变迁［J］．复旦教育论坛，2017（6）：5 – 12.

二、当前我国高中教育政策有待继续深入的问题

（一）高中教育的精准定位问题

高中教育改革的推进及相关政策的制定，都要首先明晰高中教育是什么、高中教育向何处去的定位问题，即涉及对高中教育本质、性质、任务等本源性问题的追问。如果定位不清或不准，则会导致实践层面的方向性失误和整体性坍塌。显然，我国不同时期的教育政策曾对高中教育本身有过相关的定位和描述。以普通高中教育的定位来看：1981 年教育部颁发的《全日制六年制重点中学教学计划（试行草案）》就认为：“中学教育是基础教育①。”1996 年，国家教委颁布的《全日制普通高级中学课程计划（试行）》的定位似乎更明确：“普通高中教育是与九年义务教育相衔接的高一层次基础教育。”教育部 2003 年颁布的《普通高中课程方案（实验）》也开宗明义地表达了类似观点：“普通高中教育是在九年义务教育基础上进一步提高国民素质、面向大众的基础教育。”粗略看来，政策对普通高中教育属于高层次基础教育的定位似乎是非常清晰明朗并且基本趋于一致。但高中作为高层次基础教育究竟与义务教育阶段的基础教育有何异同，高中教育如何既连接义务教育又衔接高等教育，如何实现从基础教育向专业教育的过渡，如何在坚守基础性的同时又突出学生的个性化和选择性，如何实现普通高中教育与中等职业教育的协调发展，等等。对这些问题，虽然学界也有讨论甚至有过大范围的讨论②，但整体上，关于高中教育的定位，尤其是新时代背景下的高中教育定位问题，并没有达成学术上的共识和得到社会的认可。

（二）高中教育的独特性问题

“高中阶段教育是学生个性形成、自主发展的关键时期，对提高国民素质和培养创新人才具有特殊意义”③，它既不是义务教育在基础层面的简单

---

① 何东昌．中华人民共和国重要教育文献（1976—1990）［M］．海口：海南出版社，1998：1926.

② 2012 年 3—4 月，《中国教育报》组织了来自高校、教育行政管理部门、高中校长等不同身份的专家学者，专门就高中教育的定位问题进行了热烈探讨，形成了大学预科教育说、基础教育说、基础 + 选择说、基础 + 预备说、提高综合素质说等多种不同观点。

③ 国家中长期教育改革和发展规划纲要（2010—2020 年）［EB/OL］．（2010 - 07 - 29）［2018 - 01 - 31］．http：//old. moe. gov. cn/publicfiles/business/htmlfiles/moe/info_ list/201407/xxgk_ 171904. html.

延伸，也不是单纯的大学预科教育，它无论对学生个性的形成还是国民素质的提高，都具有独特的价值和特殊的意义。但高中阶段教育的这种独特性和特殊性在政策安排和制度设计中，并没有得到充分的体现和凸显。具体表现为：其一，高中教育的边缘化。20 世纪 80 年代开始，“普九”是基础教育乃至整个教育的“重中之重”，义务教育成为这一时段教育政策的重心。进入 90 年代中后期，高等教育扩招，提高高等教育质量又迅速地成为了政策中心。高中教育基本上是在义务教育的“下推”和高等教育的“上拉”中得以被动式发展。其二，高中教育的依附性。高中教育虽然属于基础教育，但它毕竟不同于义务教育的基础教育。但高中教育经常被一般性地纳入基础教育范畴中笼统述之。有研究发现，教育部《工作要点》基本都是按照“基础教育”“高等教育”“职业技术教育”和“成人教育”这几个大的类目来分别阐述其改革发展目标与任务，高中教育几乎都是被捆绑在“基础教育”中零星论述或附带提及。① 当前，我国已经将普及高中教育上升到国家战略的高度，高中教育的独特性和特殊性需得到更多的重视和更充分的体现。

（三）高中教育的内涵发展问题

如前所述，改革开放以来，我国的高中教育改革整体上走的是一条外延式规模扩张型发展道路，因此，政策的关注点更多在于数量的扩充和规模的扩大。当然，部分政策也已经意识到内涵发展的重要性并较早地给予了关注，但政策在具体贯彻落实时还是不得不将更多的精力倾注在了解决数量的问题上。1993 年《中国教育改革和发展纲要》就提出：“高等教育的发展，要坚持走内涵发展为主的道路，努力提高办学效益。”《国家中长期教育改革和发展规划纲要（2010—2020 年）》在工作方针部分阐释“教育质量”时，也指出“树立以提高质量为核心的教育发展观，注重教育内涵发展，鼓励学校办出特色、办出水平，出名师，育英才”。2011 年胡锦涛总书记在主持中共中央政治局第 26 次集体学习时更是强调：“着力推进教育内涵式发展，坚持走以促进公平和提高质量为重点的内涵式发展道路。”进一步把“促进公平”和“提高质量”作为内涵式发展的两个维度予以明确，这指明

① 李中国，彭李．被裹挟的普通高中教育——基于近 30 年《教育部工作要点》的词频分析［J］．湖南师范大学教育科学学报，2015（2）：64－69．

了我国教育事业科学发展的战略重点与路径选择。但这更多的是政策提倡，还未转化为真正的教育实践。在教育质量方面：高中“千校一面”的局面没有根本性的改观；应试教育仍占主导；高中教育人才培养模式改革进展缓慢；高中课程的选择性仍然有限、高中办学的多样性和特色化不鲜明；等等。在教育公平方面：高中教育仍存在着“普强职弱、公大民小、城挤乡空、东快西慢”的结构性失衡，进城务工人员随迁子女高考问题、超大高中问题、学习困难及有特殊需要的学生帮扶机制等都需进一步解决和完善。

第二节　我国高中普职规模“大体相当”政策的发生与发展

高中普职比是牵动中等教育全局、监控和调整高中阶段教育的风向标，合理的普职比对中等教育乃至整个教育体系的协调发展具有举足轻重的作用。我国自 1983 年提出“使各类职业技术学校在校生与普通高中在校生的比例大体相当”（以下简称“大体相当”）后，普职规模的“大体相当”就成为了我国高中教育结构改革的一贯追求与始终目标。国务院 2017 年新印发的《国家教育事业发展“十三五”规划》（以下简称《“十三五”规划》）中，继续把“保持普通高中和中等职业教育招生规模大体相当”作为我国“十三五”期间高中教育改革的主要战略目标。与政策的旗帜鲜明相比，学界却有一些不同的声音，这其中既有对“大体相当”还能撑多久的无限焦灼①，也有对“大体相当”难以落实的深深担忧②，还有对职普 1∶1 该退场的大声疾呼③。反观现实，一个显而易见的事实是，我国中职招生规模自 2009 年、2010 年连续两年超过普高规模后（2009 年中职招生数占高中阶段教育招生总数的 51.1%，2010 年为 51.0%），2011 年开始连续 5 年呈现逐年下降的趋势（2015 年为 43.0%）。高中阶段的普职规模，是否和能否继续保持大体相当，这需要我们认真加以审视并审慎做出判断。

---

① 王蔚．普职比“大体相当”还能撑多久？[N]．新民晚报，2011-05-24（A05）．

② 周俊．“普职比大体相当”难落实，尴尬如何化解 [N]．中国教育报，2016-10-11（005）．

③ 张健．普职1∶1，该退场了 [J]．江苏教育，2015（7）：39-40．

一、政策发生

新中国成立后，我国虽参照苏联的做法兴办了一批实施职业技术教育的中等专业学校和技工学校，但在高中阶段的总体结构中比例甚微，再加上林彪、“四人帮”的破坏，大批中等专业学校和技工学校被迫停办，农业中学、职业学校被摧残殆尽，造成了普通高中一统中等教育的发展格局，与国民经济的发展需要严重脱节，“不能适应四化建设对人才的多方面需要”①。有数据显示，1979 年，我国高中阶段教育的毕业生中，有普通高中毕业生 726.5 万人，而职业教育仅有中专毕业生 18.1 万人，技工学校毕业生 12 万，约占当年高中阶段的 4%。在上海，每年有 20 万左右的普通高中毕业生，而大学招生每年不过 2 万人左右②，大量的毕业生需要安排就业，但这些毕业生因为没有任何专业知识和技能而无法胜任岗位的需求。与此同时，生产部门迫切需要中等技术人员。不少工业部门技术人员在职工总数中的比例极低，最高的不到 10%，低的甚至只占 3% ~4%。③ 进入 20 世纪 80 年代以后，我国着手进行中等教育结构的调整和改革：一方面是恢复和兴办中等专业学校、技工学校、职业中学、农业中学；另一方面是将一部分普通中学改办成职业中学，并在相当数量的普通中学开办职业班，基本形成了普教、职教分轨并行的中等教育结构类型。1980 年，中共中央《关于转发全国劳动就业会议文件的通知》中虽然提出了要以高中阶段教育作为中等教育改革的重点，实行普通教育与职业技术教育并举方针，要使各类职业（技术）学校的在校学生数在整个高级中等教育中的比重大大增长。但从全国的整体情况来看，因缺乏顶层设计与宏观统筹，进展迟缓，发展也不平衡。1981 年，职业中学招生不及 1000 人的有 10 个省，未招生的有 7 个省，农业中学招生不到 1000 人的有 7 个省，未招生的有 4 个省，职业学校仅占中等学校总数的 30%，离满足就业的要求和合理的结构比例（50% ~65%）还相差

---

① 教育部、劳动人事部、财政部、国家计委关于改革城市中等教育结构、发展职业技术教育的意见［EB/OL］.（1983 -05 -09）［2019 -01 -31］. http：//laws.66law.cn/law-16708.aspx.

② 许丽丽. 建国后我国中等职业教育发展研究［D］. 长春：东北师范大学，2009.

③ 吕型伟. 改革中等教育结构势在必行［J］. 人民教育，1979（7）：42 -43.

很远。[①] 基于此，1983 年，《教育部、劳动人事部、财政部、国家计委关于改革城市中等教育结构、发展职业技术教育的意见》提出：力争到 1990 年，使各类职业技术学校在校生与普通高中在校生的比例大体相当。这是我国在国家层面明确表述高中普职规模“大体相当”的正式开始。

二、政策特征

（一）“大体相当”是近三十年来我国高中教育结构改革的一贯追求

“大体相当”政策自 1983 年正式提出后，成为了三十多年以来我国高中教育结构改革的不变旋律，不同时期的教育政策几乎都无一例外地提出了“大体相当”的政策追求。1985 年颁布的《中共中央关于教育体制改革的的决定》就指出：“力争在 5 年左右，使大多数地区的各类高中阶段的职业技术学校招生数相当于普通高中的招生数，扭转目前中等教育结构不合理的状况。”1991 年的《国务院关于大力发展职业技术教育的决定》甚至提出要“扩大招生规模，特别是扩大中等职业技术学校的招生规模，使全国高中阶段职业技术学校的在校生人数超过普通高中的在校生人数”。2002 年 8 月，《国务院关于大力推进职业教育改革与发展的决定》提出“以中等职业教育为重点，保持中等职业教育与普通高中教育的比例大体相当”。在 2010 年发布的《国家中长期教育改革和发展规划纲要（2010—2020 年）》、2014 年发布的《现代职业教育体系建设规划（2014—2020 年）》以及国务院 2017 年 1 月印发的《“十三五”规划》中，都有类似表述：“今后一个时期总体保持普通高中和中等职业学校招生规模大体相当。”

（二）“大体相当”政策的推行有其时代的必然性与现实的可行性

众所周知，高中教育是一个承上启下、具有多重意义和性质、具有高度关联性的教育层次或阶段。因此，高中阶段教育的结构既受制于特定的时代背景对人才的特定需求，也受制于教育体系中其他层次、其他类型教育对高中教育的纵向牵制。前者构成高中教育的外部环境，具体包括经济结构、产业结构和人才结构等方面的调整与改革；后者是高中教育的内部环境，具体包括高等教育、义务教育的改革与发展等。在此意义上，也可以说，高中教

---

① 樊安群. 论中等教育结构改革与社会就业［J］. 湖南师院学报（哲学社会科学版），1984（4）：99－106.

育结构的改革（其中主要是普职规模与比例），与其说是一个重要的教育问题，不如说是一个重大的社会问题，它不仅直接影响着人才培养的数量和规格，更影响着劳动就业、经济发展甚至政治安定。但无论从外部还是内部环境来看，高中普职规模“大体相当”政策的推行有其必然性，也具备其可行性。从高中教育的外部环境来看，经济发展对初、中等技术人才的旺盛需求是高中普职大体相当的核心驱动力和源动力。20世纪八九十年代对初、中等技术人才的急切需求理所当然地要求高中阶段教育必须打破普高一统天下的局面，即使到2005年，我国第一产业的劳动力占整个劳动力的比重仍然高达44.8%，第二、三产业的劳动力的比重分别为23.8%、31.4%，甚至不及一般发展中国家的水平。[①] 显然，“大体相当”政策的推行契合了这一时期经济发展的需求。再从教育的内部环境来看，在1999年高等教育大规模扩招以前，高等教育的规模始终非常小。有数据显示，1977年的高考录取率为4.8%，1978年为6.6%，1979年为6.1%。[②] 如果最终跨入高等教育的学生少之又少，那么扩大中职的规模并实现普职规模的大体相当就是必要的。而且当时中职毕业生工作有保证，再加上生产力发展对技术水平的要求还不是很高，中职毕业能比较好地胜任工作，因有较广阔的就业空间，不少初中毕业生愿意进入中职学习，这使得普职规模“大体相当”的推行在变得非常必要的同时也变得十分可能。

第三节　我国高中普职规模“大体相当”政策面临的新形势与新挑战

毫无疑问，“大体相当”政策的实施，极大地推动了高中阶段教育的发展，也在一定程度上解决了高中普职结构失衡的问题。但在具体实施过程中，政策本身的实施也存在一些需要关注的问题，即在政策推行近40年后的今天，我们仍然不得不回到这一政策最基本也是根本性的问题来重新审

① 谢维和．从基础教育到大学预科——新时期高中教育的定位及其选择［N］．中国教育报，2011-09-29（003）．

② 谢维和．从基础教育到大学预科——新时期高中教育的定位及其选择［N］．中国教育报，2011-09-29（003）．

视：究竟何谓大体相当？不同省份是否都应该保持大体相当，应该保持何种程度就是大体相当？该政策在推行近40年后是否还需要继续保持大体相当、能否以及如何实现大体相当？

一、“大体相当”政策目标与指向不清晰

（一）何谓大体相当

1980年国务院批转教育部、国家劳动总局《关于中等教育结构改革的报告》，要求经过调整改革，使各类职业（技术）学校（中专、技校、职高）的在校生数在整个高级中等教育中的比重大大增长；1983年《教育部、劳动人事部、财政部、国家计委关于改革城市中等教育结构、发展职业技术教育的意见》提出，力争到1990年，使各类职业技术学校在校生与普通高中在校生的比例大体相当。这是相关文件首次提出两类学校在校生数的比例大体相当。此后，“大体相当”成为我国高中教育改革与发展的主旨追求和基本旋律。但究竟何谓大体相当，国家政策层面并不特别明晰。问题的焦点集中于：

1. 究竟是在校生数大体相当、招生数大体相当还是在校生与招生数都大体相当？

梳理自上个世纪80年代以来的相关政策文本，有关高中普职关系的论述虽然基本沿用“大体相当”的主旋律，但不同时期政策文本的表达与定位不尽相同：1985年《中共中央关于教育体制改革的决定》提出“力争在5年左右，使大多数地区的各类高中阶段的职业技术学校招生数相当于普通高中的招生数”；1994年发布的《国务院关于〈中国教育改革和发展纲要〉的实施意见》提出“逐步做到50%～70%的初中毕业生进入中等职业学校或职业培训中心”；2002年为扭转职业教育下滑而专门出台的《国务院关于大力推进职业教育改革与发展的决定》要求“保持中等职业教育与普通高中教育的比例大体相当”；2004年发布的《关于进一步加强职业教育工作的若干意见》要求“到2007年中等职业教育与普通高中教育的比例保持大体相当，在有条件的地方职业教育所占比例应该更高一些”；而《国家中长期教育改革和发展规划纲要（2010—2020年）》（以下简称《纲要》）和《现代职业教育体系建设规划（2014—2020年）》比较一致的表达是：“今后一个时期总体保持普通高中和中等职业学校招生规模大体相当。”可见，关于

高中普职大体相当至少有三种不同的表述，即在校生数大体相当、招生数大体相当、在校生与招生数大体相当。显然，招生数大体相当是从高中普职的增量来谈的，而在校生数则是其存量，至于“中等职业教育与普通高中教育的比例保持大体相当”到底说的是增量还是存量更是不得而知。

2. 普职大体相当是否意味着普职比为1∶1？

从字面意义来看，“大体”的意思是指“就多数情形或主要方面而言”①；“相当”是指（数量、价值、条件、情形等）“差不多”②。大体相当也就是普高与中职规模差不多，显然，大体相当并不完全等同于1∶1。但在具体实施层面，基本上把大体相当等同于1∶1。如青岛市教育局2011年提出高中职、普招生比例为1∶1③；《纲要》提出到2020年的高中阶段教育在校生达到4700万，其中中职在校生规模为2350万，也是精确按照1∶1的比例来拟定发展目标的；2012年教育部发布的《中等职业教育督导评估办法》中有关高中阶段招生普职比的评价标准是“基本达到1∶1”。那么，普职大体相当是否就意味着普职比为1∶1？如果大体相当就是1∶1，为什么政策不直接提1∶1，如果政策提大体相当是给地方留出一定的弹性空间与回旋余地，那各地在具体推行中为什么又精确执行？④《教育部办公厅关于做好2014年高中阶段学校招生工作的通知》明确提出要对职普比低于45∶55的地区进行重点督查，是不是意味着低于55∶45就不是大体相当了？

（二）何以大体相当

在我国，普高一直是社会的“香饽饽”，中职一直“低人一等”，在这种普职反差如此之大的宏观背景和传统观念下，高中阶段普职规模大体相当的政策提倡显然是很难真正落地的。一方面是国家强硬推进，而另一方面社会对中职的认可程度明显不高，这使得政策在具体推行过程中出现种种乱象。

---

① 中国社会科学院语言研究所词典编辑室．现代汉语词典（第6版）［M］．北京：商务印书馆．2012：245，1419．

② 中国社会科学院语言研究所词典编辑室．现代汉语词典（第6版）［M］．北京：商务印书馆．2012：245，1419．

③ 青岛市教育局关于做好2011年全市中等职业学校招生工作的通知［EB/OL］．（2011-04-07）［2019-09-08］．http：//www.qingdao.gov.cn/n172/n24624151/n24625415/n24625429/n24625443/110411092820706180.html．

④ 戴林东．“1:1”意味着什么？［J］．职业教育研究，2006（1）：125-126．

1. 强硬推行下的违规操作

为实现普职比例的大体相当，国家采取了一系列强硬举措。早在2005年，时任教育部部长在职成教工作会议上就特别强调：“教育部将把中等职业学校扩招100万的计划分解到各省……此项工作任务的完成情况要与年度工作业绩考核和奖励结合起来。”① 为完成任务和指标，各级层层施压，福建某县在其年度招生工作方案中就明确提出：中职招生任务完成率低于50%的学校校长、毕业班领导小组成员、年段长、班主任当年度均不得评优评先和晋升职称，绩效工资定为末等。② 这些举措一定程度上推进了普职规模“大体相当”政策的有效落实，但也出现了许多与民主自由、公平竞争等现代理念相背离的强制性措施，如禁止外省、外地学校来本省、本地招生，争抢生源、买卖生源、弄虚作假、虚报数字等招生乱象层出不穷。有调研发现有些中职院校的负责人甚至谎报学额的10倍数字，以完成上级领导下发的指标。③

2. 任务驱动下的学生“被分流”

各地为完成摊派指标，要么虚报数字，要么强制执行，学生被迫分流到中职。在一些地方甚至出现极端事件：H县数百名初中生还没有毕业，就被县教育局强行“保送”上了职业中专。县里为此专门下指标摊派到各个中学，引起部分被保送学生和家长不满。当地教育局局长解释称“保送初中生读职专，是为了发展职业教育”。引发普高与中职招生比1∶1是行政强制的质疑④，也引发家长追问：“为什么是我们家的孩子去上中职，而不是别人家的孩子?”

（三）何时大体相当

众所周知，普职比与产业结构调整、人才需求结构以及社会经济发展状况密切相关。在高中普职大体相当政策提出的近40年时间里，中国的社会、经济、产业结构、劳动力结构、人口结构等众多因素都发生了根本性甚至颠

---

① 周济．以科学发展观为指导　实现中等职业教育快速健康发展——周济部长在2005年职业与成人教育年度工作会议上的讲话［J］．中华人民共和国教育部公报，2005（5）：3－9.

② 南靖县教育局．关于印发南靖县2010年中职招生工作方案的通知［EB/OL］．（2010－09－26）［2021－08－20］．http：//www.fujian.gov.cn/ggfwpt/jy/zyjx/zyjy/bszn_ 273/sjyt/201009/t20100926_298426.htm.

③ 民进中央．普高职高招生比例亟须调整［J］．民主，2015（1）：24－25.

④ 李剑平．普高与中职招生比为何要1∶1［N］．中国青年报，2010－03－08.

覆性的变化，但高中普职关系却一直维持着“大体相当”的发展格局不变。有学者通过分析世界银行数据发现：“职业教育在校生数与普通教育在校生数之比”和经济发展水平（人均 GDP）之间存在倒 U 形关系。即在一定的经济发展阶段，职业教育相对于普通教育发展更快；但是在更高的经济发展阶段，普通教育获得优先发展。① 虽然我们很难测算职业教育与人均 GDP 从正相关到负相关的转折点，但至少，职业教育的比重应随经济发展与人均 GDP 的变化而动态调整。因此，如果说普职“大体相当”政策适应了一定时期经济发展的特定需要，那么当前及未来一段时间是否继续延续这一政策导向，确实是一个值得深究的话题。有数据显示，2011 年中职占高中阶段教育的比例为 47%，2012 年这一比例为 46%，2013 年为 43%，2014 年为 42.7%，2015 年为 41%②，中职招生在 2009 年、2010 年达到顶峰后，连续 5 年呈现逐年下降的趋势，在这种背景下，《纲要》提出中职 50% 比例还是否合适、能否实现？对此，学术界也有两种针锋相对的声音，一种认为普高职高招生比例亟须调整③，职普 1∶1 该退场了④。另一种则认为普职 1∶1 政策的废除应该缓行⑤，也有学者就普高与中职招生比为何要 1∶1 提供了比较官方、权威的解释⑥。

（四）何地大体相当

区域性发展不平衡，既是中国教育发展的客观事实，也是教育改革必须面对的基本现实。这种不平衡至少表现在三个方面：一是地方经济发展对高中普职结构的需求有差异。各地产业结构、人口情况、教育实际和城镇化进程不同，其普职结构的需求也不同；二是各地对高中阶段教育的供给能力有差别。高中阶段教育经费直接来源于地方财政，但各地财政能力不一、水平悬殊，一些县域教育财政承受能力薄弱，根本无力支撑普职比“大体相当”所需的教育经费投入。湖南 Y 县在 2007 年就实现了普职比大体相当，然而

---

① 王姣娜．普通教育还是职业教育？——经济转型时期中国高中阶段教育选择［D］．北京：中国社会科学院研究生院，2015.

② 根据教育部年度教育数据统计而整理。

③ 民进中央．普高职高招生比例亟须调整［J］．民主，2015（1）：24－25.

④ 张健．普职 1∶1，该退场了［J］．江苏教育，2015（7）：39－40.

⑤ 梁卿．普职 1∶1 政策的废除应该缓行［J］．江苏教育，2015（7）：40－41.

⑥ 李剑平．普高与中职招生比为何要 1∶1［N］．中国青年报，2010－03－08.

职业学校建设经费每年至少在600万以上，而近三年来县级财政实际投入职业教育建设经费共计210万元①，经费缺口大。三是各地高中教育改革与发展的基础不一。仅以2013年为例，广西中职在校生占高中阶段在校生比例达到了50.1%，吉林省这一比例为29.8%，西藏的更低，为24.8%。在各地发展基础如此悬殊的前提下，要求各地都“一刀切”地达成大体相当是否合适与可能？

二、“大体相当”政策推行的实践困境

“大体相当”政策是我国高中阶段教育发展的指导性政策。但是，各地区在普职“大体相当”的实施过程中出现了片面追求数量、缺失质量、各地机械执行“一刀切”以及现实发展趋势不明朗等一系列问题，高中普职招生规模“大体相当”政策的继续推行面临深层困境。

（一）片面追求数量，中职教育质量堪忧

自2001年以来，教育部每年发布《关于做好××年中等职业学校招生工作的通知》，中等职业学校计划招生数量连年上升，2010—2012年虽有下降，但计划招生规模仍达800万人以上。2008年普通高中和中职学校招生人数分别为837.01万人和812.11万人，2011年分别为850.78万人和813.87万人。2008年以来，中国高中阶段教育的整体招生规模基本保持稳定，普通高中和中等职业学校的发展也趋于平衡。在政策引导下，中等职业教育在整个高中阶段教育中所占比重不断提高，中等职业教育的发展规模已接近普通高中。

尽管，普高与中职教育在招生规模即数量上实现了二者比例的“大体相当”，但是，我国职业教育的一个现状却是教育质量低下，远远落后于普通高中。一方面，从生源来说，中等职业学校的生源往往是中考成绩差、文化课基础薄弱而无法进入普高的学生，并且他们大部分来自农村与城镇困难家庭，在义务教育阶段接受的教育质量也相对差一些；另一方面，职业教育必须要有相应的教学设备、实训场所以及普职兼具的师资队伍作保障，所需

① 莫丽娟，王永崇．普职规模结构政策的困境与反思［J］．职业技术教育，2011（7）：5－11．

的投入自然要比普通教育高得多。然而，现实情况则是教育资源在两类教育之间的分配并不均衡，中等职业教育无论是在师资还是经费投入上都无法获得与普通高中同样的保障。据教育部统计数据显示，2015 年全国普通高中学校 1. 32 万所，在校生 2374. 40 万人，专任教师 169. 54 万人；中等职业教育学校 1. 12 万所，在校生 1656. 70 万人，专任教师 84. 41 万人。① 中职教育在学校数量和在校生数量上略少于普高，但在专任教师的数量上，中职却远远落后于普高，占普高的一半还不到。“大体相当”作为中等教育结构调整的“理想”目标一直被定格于招生数、在校生数、扩大规模，而对于提升中职教育质量的关键性教育条件（如学校规模、师资队伍、经费投入等）的发展上，却没有给予足够的关注。

（二）行政“命令”驱动，各地不顾实际，机械执行

自 2001 年起，教育部每年都会下发《关于做好 × × 年中等职业学校招生工作的通知》，并且连续几年发布关于中职学校招生工作的指导性意见。《国家中长期教育改革与发展规划纲要（2010—2020 年）》也提出“根据经济社会发展需要，合理确定普通高中和中等职业学校招生比例”。虽然中央政府只是对招生工作做了纲领性的规定，各个地方政府也出台了各省指导意见与办法等，但从各省的执行与实施情况来看，地方政府并未根据当地经济社会发展需要来确定其合理的中等职业学校招生规模，而是作为中央政府的代理机构，机械地执行中央政府的政策与决定。以江苏省为例，江苏省教育厅向各市教育局下发的《关于做好 2012 年中等职业学校招生工作的通知》中指出“各地要建立健全招生工作目标管理机制，出台实施性措施和问责制度，将中职招生计划完成情况作为政府教育工作的一项重要考核指标。各级教育行政部门要逐级分解中职招生任务，签订职教责任状”②。另外，湖北省教育厅向各市教育局下发的《关于进一步做好 2010 年中等职业学校招生工作的通知》中将中职招生任务的完成情况与中央、省级职教项目、资

① 中华人民共和国教育部政府门户网站 . 2015 年全国教育事业发展统计公报［EB/OL］.（2016 - 07 - 06）［2019 - 02 - 09］. http：//www. moe. edu. cn/srcsite/A03/s180/moe_ 633/201607/t20160706_ 270976. html.

② 江苏省教育厅关于做好 2012 年中等职业学校招生工作的通知［EB/OL］.（2012 - 06 - 21）［2019 - 02 - 09］. https：//wenku. baidu. com/view/10ba8ca13868011ca300a6c30c2259010302f34e. html.

金，评选国家级、省级、示范中职学校、重点中职学校挂钩，并对任务完成好的地方和学校给予重点倾斜。① 不只是江苏省、湖北省，全国多个省份都采取了招生问责制度、签订责任状以及将招生任务与项目、资金、评优等挂钩的奖惩办法。甚至有的欠发达地区为了追求中职教育的跨越式发展，不顾中职在师资、设备、投入、规模等多方面赶不上普高的事实，无视这些关键性要素，用行政命令的方式在高中阶段强行划分普职招生1∶1。在这种行政压力与利益驱使的情况下，各地方政府不得不督导其下级教育行政部门机械执行来自上级的“命令”。由于，在中国的政治结构模式中，上下级政府之间是一种“科层式的逐级递进的隶属关系，下级行政机关的权利来自于上级并受上级监督，其政绩考核等关乎切身利益的问题也由上级决定”②。这样就使得地方政府在中等职业学校招生政策的执行过程中主要负责贯彻与执行中央政府的政策与决定，完成招生任务主要受行政压力驱动，甚至在有些地方还出现了执行敷衍、执行偏差、选择性执行等现象。由于自身没有特殊的利益诉求，不同地区在政策实施过程中自然也缺乏结合自身实际进行自主调节的动力，以致经济发展水平不同的地区均按照教育部指定任务追求大体相当，未结合地方实际来确定合理的普职比。

（三）中职比例回落，“大体相当”难以实现

自1983年提出“大体相当”的政策以来，该政策已推行了将近40余年之久。改革开放之初，中国的职业教育规模相对较小，不到普通高中的四分之一。20世纪90年代之后，中等职业教育规模一路攀升（中途1998—2001年略有下降，尤其是2002年以来，在国家政策的大力推进下，使中等职业教育很快从连续几年的滑坡中恢复过来）。2005年后，中等职业招生比例基本呈上升趋势，最高达到2009年的51.12%，中职招生人数超过了普高；2010年中职招生人数也略高于普高。自2009年与2010年中职招生比超过50%之后，2011年后逐年呈下滑态势，2015年降到43.0%（见图3－1）。从我国普职招生比例的发展历程来看，2009年左右，我国普职招生规

---

① 湖北省教育厅关于进一步做好2010年中等职业学校招生工作的通知［EB/OL］.（2010－07－20）［2019－02－09］. http：//www.jyb.cn/zyk/jyzcfg/201007/t20100730_ 54702.html.

② 杜连森，庄西真. 中等职业教育招生政策的利益相关者分析［J］. 河北师范大学学报（教育科学版），2014（3）：92－96.

模“大体相当”的目标已基本实现。但近年来中职招生比重逐渐下滑。按这种发展态势来看，中职招生比例会继续降低，中职要从招生规模上与普高继续保持“大体相当”恐怕难以实现。

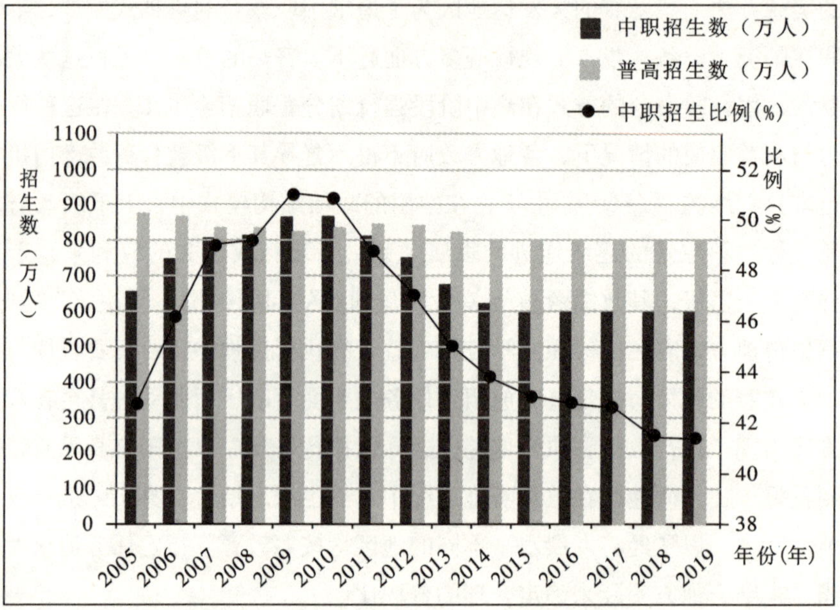

图 3－1　2005—2019 年普职招生情况统计①

另外，从 2005 年以来中职在高中阶段教育的在校生人数及其比例情况（见图 3－2）来看，一方面，中职历年的在校生人数比例要低于其招生比例；另一方面，中职在校生人数比例在 2010 年达到最高，为 47.9%，之后也呈逐年下降的趋势。2017 年 1 月国务院发布的《国务院关于印发国家教育事业发展“十三五”规划的通知》（以下简称《通知》）显示，2010 年制定的“十二五”期间中职在校生达到 2250 万人的目标并未实现，至 2015 年，中职在校生人数只达到了 1657 万人。之后，基本呈现逐年下降的趋势，其中：2016 年为 1599 万人，2017 年为 1592 万人，2018 年为 1555 万人，2019 年为 1576 万人。②

① 中华人民共和国教育部政府门户网站．2005—2019 年全国教育事业发展统计公报［EB/OL］．(2020－11－20)［2020－12－19］．http：//www. moe. edu. cn/jyb_ sjzl/sjzl_ fztjgb/.

② 国务院关于印发国家教育事业发展“十三五”规划的通知［EB/OL］．（2017－01－10）［2020－07－19］．http：//www. moe. edu. cn/jyb_ sy/sy_ gwywj/201701/t20170119_ 295319. html.

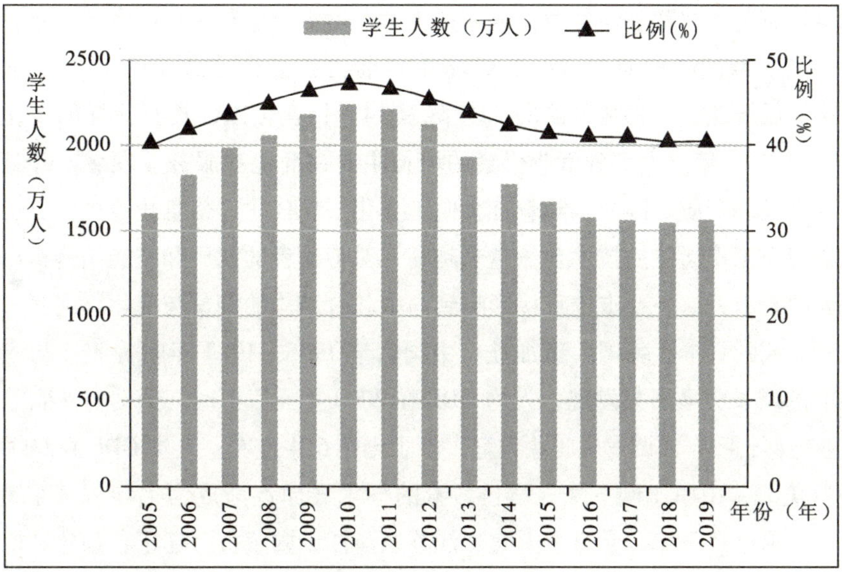

图 3－2　2005—2019 年高中阶段中职学生人数（在校生）构成①

三、我国高中普职规模“大体相当”政策面临的新形势与新挑战

如果说“大体相当”政策满足了特定时期对人才的特定需求，是特定社会背景和教育发展水平的特定反映。那么，在新的时代背景下，当我们将高中教育置于新的社会经济与教育发展形势下加以考虑，高中教育则面临着新的挑战。

（一）经济发展水平提升与产业结构调整等对高中阶段教育的横向制约

时代的发展、经济的变革、产业的调整与转型升级等所带来的人才需求的变化，这是我国高中阶段教育改革与发展面临的最大挑战。中国在跨越了刘易斯转折点和第一次人口红利消失之后，以往依靠无限供给廉价劳动力获得经济高速增长的传统比较优势将难以为继，调整产业结构、转变经济发展方式、寻求新的经济增长点成为当前宏观经济发展的战略重点，这必然对人才的结构与人才的素质等都提出了新的要求。那些低科技含量的传统产业部门和业态将被高科技含量的新兴产业部门和业态所替代，这个过程中需要大

① 中华人民共和国教育部政府门户网站．2005—2019 全国教育事业发展统计公报［EB/OL］．(2020－11－20)［2020－12－19］．http：//www. moe. edu. cn/jyb_ sjzl/sjzl_ fztjgb/.

量科学研究人才和创新创业型人才作支撑。据世界银行提供的资料显示，到2025年，欧洲高技能工人的比例将由目前占技能人才总量的31%增加到38%，低技能工人将从目前的22%降至14%；在美国，具有同样的变化趋势，到2025年，大部分就业机会的增长主要在商业和服务业领域，并且都需要高技能资质。因此，随着社会向工业化、现代化、信息化迈进，分工越来越细，工作岗位的技术含量越来越高，对劳动者的素质和技能结构提出了更高的要求，这一要求也直接影响到高中教育结构的调整与变化。阿兰·曼盖对亚洲的日本、韩国、新加坡、中国台湾1955—1993年间普职比与人均GDP的增长关系研究发现，人均GDP在2000美元以下时，劳动力从农业向工业转移，政府强调发展职业教育，普职比在6∶4左右；人均GDP在6000~8000美元，中职比例下降，学校教育的学术导向逐渐成为主导。① 而2014年，我国已有天津、北京、上海、江苏、浙江、内蒙古、辽宁、福建和广东等9个省市人均GDP超过一万美元，到2020年，全国实现人均GDP一万美元的目标。②

（二）义务教育普及与高等教育大众化对高中阶段教育的纵向牵制

高中既是义务教育的高级延伸，又是高等教育的准备阶段，在整个国民教育体系中处于承上启下的地位。如果把义务教育比作“脚”，把高等教育比作“头”，那么高中阶段教育无疑就是“腰”，既连接上下，又上下受限，义务教育和高等教育的发展将直接影响到高中阶段。一是我国普及九年义务教育目标实现后，普及高中阶段教育成为了当前我国高中教育改革的重要战略目标。《国家中长期教育改革和发展规划纲要（2010—2020年）》以及《高中阶段教育普及攻坚计划（2017—2020年）》都提出到2020年，我国将普及高中阶段教育，全国各省份高中阶段教育毛入学率都要达到90%以上。而实际上，教育部2015年的统计数据就显示，全国已有22个省份高中阶段教育毛入学率超过90%，北京、上海等都达到95%。③ 而早在1993年之前，高中阶段的毛入学率未超过30%。二是我国高等教育大众化进程的推

---

① 周满生，李韧竹．国际职业教育发展的若干趋势及对我国的启示［J］．教育研究，1996(11)：8-16.

② 王红茹．发改委专家：2020年全国人均GDP一万美元能实现［J］．中国经济周刊，2015(30)：44-45.

③ 任敏．2020年我国将普及高中阶段教育［N］．北京日报，2017-04-07（02）.

进。1981—1998 年，普通高校本专科招生数由 28 万人增加到 108. 36 万人，增长了 2. 87 倍；本专科在校生数由 127. 9 万人增加到 340. 87 万人，增长了 1. 66 倍。到 2015 年，全国共有高等学校 2852 所，高等教育在学总规模达 3647 万人，比 2010 年增长 17. 5%；毛入学率达到 40%，比 2010 年增长 13. 5 个百分点，超过中高收入国家平均水平。① 而且，我们完全可以预见，在不久的将来，高中阶段教育将越来越普及，高等教育将越来越走向大众化。

（三）高中阶段教育从精英到大众的根本转型

无论是经济的飞速发展还是教育改革的整体推进，使得高中阶段教育从精英向基础、从专业向通识进一步转型。高中阶段教育的性质、定位和任务等都将发生相应的变化与调整。具体表现为：（1）高中阶段教育的性质：凸显基础。我国各个时期的政策文本中都比较一致地把高中教育定位为基础教育。比较早期的政策表述有“中学教育是基础教育”② “高中是九年义务教育后的高层次的基础教育”③；比较近期的政策表述是“普通高中教育是在九年义务教育基础上进一步提高国民素质、面向大众的基础教育”④。但应该说，随着经济增长方式的转变和产业结构的转型升级，劳动力市场对初次入职者的教育水平要求将不断提升，高中阶段教育的基础性将进一步凸显。（2）高中阶段教育的定位：面向大众。随着我国高等教育大众化和普及高中阶段教育进程的推进，高中阶段将从“面向少数人的高中”转变为“面向多数人的高中”到“面向所有人的高中”转变。显然，面向大众不仅是指入学人数在数量上的增加，更意味着高中阶段教育的价值取向、教育体制、办学目标、课程设置以及教育评价等方面的系统变革与结构性调整。（3）高中阶段教育的任务：注重通识。高中教育一旦走向基础、面向大众，其教育的任务就从原来的面向升学和就业的双重任务走向三重，即高中要为

---

① 陈宝生. 国务院关于高等教育改革与发展工作情况的报告［EB/OL］.（2016 - 08 - 31）［2020 - 07 - 20］. http：//www. npc. gov. cn/zgrdw/npc/zxbg/node_ 30915. htm.

② 教育部. 全日制六年制重点中学教学计划（试行草案）［EB/OL］.（1981 - 04 - 17）［2019 - 03 - 10］. http：//www. 110. com/fagui/law_ 352329. html.

③ 何东昌. 中华人民共和国重要教育文献（1991—1997 年）［Z］. 海口：海南出版社，1998：3829.

④ 教育部. 普通高中课程方案（实验）［EB/OL］.（2003 - 03 - 31）［2019 - 03 - 10］. http：//www. moe. gov. cn/srcsite/A26/s8001/200303/t20030331_ 167349. html.

今后的继续教育做准备（升学）、为未来的生活做准备（就业）、培养完全人格的人（全人）。如何更多地注重通识教育，如何更多地推行“人格教育”“公民教育”进而培养合格的公民、提升国民素质，为终身发展做准备、打基础，这将成为未来高中教育的主旨追求。

可以说，当我们将高中阶段教育置身整个社会、置身经济发展的背景（包括经济发展、产业调整、人才结构等）、置身整个教育体系（包括高中阶段教育的普及和高等教育的大众化等）来理解，高中阶段教育所处的内、外部环境等都发生了根本性的变革，“大体相当”政策运行的基础也发生了根本性的变化，所以需要因时和适时调整。

第四章
我国高中教育普职失衡的现实表征与原因分析

普高与中职是我国高中阶段两种不同类型的教育，两者在培养目标、教育功能、课程结构、升学路径等方面存在着差异（见表4－1）。我国自20世纪80年代中等教育结构改革以来，高中阶段一直推行的是普高与中职双轨运行的发展机制。对于高中阶段这两翼的发展，也呈现出比翼双飞的发展格局，但很多情况下，两者更多地处于发展失衡的状态，这种失衡状态整体表现为普高与中职之间的此消彼长，其典型特征则是普高的门庭若市和中职的门庭冷落。尤其是2010年普高与中职基本实现了普职大体相当的目标后，中职无论是发展规模还是教育质量，都呈现出逐年下降的趋势，这既影响着我国普及高中阶段教育这一战略目标的达成，也影响着整个教育体系生态环境的平衡。

表4－1　高中阶段普通教育与职业教育的比较①

项目	普通教育	职业教育
培养目标	升学为主，就业为辅	就业为主，升学为辅
教育功能	学历教育	学历教育＋非学历教育
人才类型	学科型、知识型	操作型、实践型
与社会、市场、经济的关系	间接联系	直接联系
办学形式（公办学校）	教育内部办	教育办、行业企业办、联办
课程结构	各科文化课	文化课＋专业课
教育教学特点	知识性、学科性强	技能性、实践性强

① 邢晖．试论高中阶段职普教育关系及其协调发展策略［J］．河北师范大学学报（教育科学版），2001（4）：78－84.

（续表）

项目	普通教育	职业教育
对教师要求	文化知识型	“双师型”教学＋职业技能
毕业证书	普通高中学历证书	“双证书”高中＋职业资格证书
升学路径	与各类高校直接接轨	纵向衔接、横向沟通不顺畅
服务体系	机构完善，内容丰富	教科研、教材、信息薄弱
办学历史	历史悠久，基础雄厚	后发性教育、历史短、底子薄
社会的认可程度	比较了解、认可	不十分了解、认可度不高
人均财政拨款	高于职教	低于普教

第一节 改革开放以来我国高中阶段普职教育的此消彼长

1978 年邓小平在全国教育工作会议上指出，应该考虑扩大农业中学、各种中专、技校的比例。由此，调整中等教育结构、发展职业教育被提到政策制定的日程上来。1980 年教育部、国家劳动总局联合出台了《关于中等教育结构改革的报告》（以下简称《报告》）。《报告》指出①，“中等教育结构改革，主要是改革高中阶段的教育。要使高中阶段的教育适应社会主义现代化建设的需要，应当实行普通教育与职业、技术教育并举……可适当将一部分普通高中改办为职业（技术）学校、职业中学、农业中学。经过调整改革，要使各类职业（技术）学校的在校学生数在整个高级中等教育中的比重大大增长”。从此，我国高中阶段开始了普通教育与职业教育双轨并行发展的新格局。自此，高中阶段普职结构有过三次比较大的调整与变革：第一次是 20 世纪 80 年代中等教育结构大调整，普高压缩，中等职业教育大发展；第二次是 1998 年后，高校扩招，普高迅速升温，中等职业教育大滑坡；第三次则是 2005 年以来，国家为适应社会经济发展对初、中级技术人才的需求，通过国家政策有针对性地引导，基本实现了高中阶段普通教育和职业

① 国务院批转教育部、国家劳动总局关于中等教育结构改革的报告的通知［EB/OL］.（1980 -10 -97）［2019 -04 -10］. http：//www. people. com. cn/item/flfgk/gwyfg/1980/112701198003. html.

教育招生规模的大体相当。

一、中等职业教育的大发展（1978—1985 年）

从 1978 年邓小平在全国教育工作会议上提出要调整中等教育结构到 1980 年发布《关于中等教育结构改革的报告》，我国普职双轨并行的高中教育发展格局基本形成。由于此次中等教育结构改革主要是把单一的普通教育转向普通教育和职业教育并举的双轨发展，部分普通高中被改办成职业技术学校。因此，职业教育在这一时期得到了迅速壮大和发展。到 1985 年，高中阶段的中等专业学校、技工学校的在校生分别比 1980 年增长了 26.4%、9.1%，总人数达到 415.6 万人。高中阶段接受职业教育的学生人数占高中阶段学生总数的 35.9%，比 1980 年提高了 17.2 个百分点。

这一时期，最为标志性的事件是 1980 年发布的《关于中等教育结构改革的报告》（以下简称《报告》），这是新时期职教改革发展的先声，是中国职教发展史上的重大事件。该报告特别就中等教育结构改革的内容和途径作了明确阐述：（1）改革普通高中的课程。普通高中要逐步增设职业（技术）教育课，学习科目可由学生自己选择。（2）将部分普通高中改办为职业（技术）学校、职业中学、农业中学职业（技术）学校，招收初中毕业生，学制二年至三年，主要进行职业（技术）教育，同时开设有关普通文化课。这类学校由教育部门和业务部门联办，隶属关系不变。农业中学、职业中学是普通教育与职业技术教育相结合的中等学校。将部分普通高中改办为职业（技术）学校，必须注意搞好普通中学的合理布局，适当改善办学条件，统筹安排，有计划地进行。已基本普及九年义务教育的大、中城市和厂矿企业办的普通高中可以多改一些。（3）各行各业举办职业（技术）学校要根据发展生产和服务性行业的需要，广开学路，举办各种职业（技术）学校。主要招收初中毕业生，办学形式灵活多样。这类学校除由各行各业举办外，集体和个人也可以办。各地还可以利用一些适合办学的关停的工厂厂房及设备举办职业（技术）学校或作为学校的实习场所，也可留用一部分技术人员和老工人作教师或实习指导。有条件的大、中城市还可试办职业技术教育中心，开设若干职业技术教育科目，提供专业教师、设备和实习场所。（4）积极发展和办好技工学校。技工学校是培养中级技术工人的学校。要办好现有技工学校，并根据生产建设的需要，稳步地、有计划地发展。现行的领导管理体制不变。(5) 努力办好中等专业学校。中等专业学校是培养中级技术管理人才的学校，应保持现行的领导管理体制不变。《报告》同时对毕业生的安排、经费和编制、教师的配备、开办和审批等具体事项作出了明确的规定与要求，为中等教育结构改革的具体实施与推进指明了方向。

1983 年，中共中央、国务院针对农村地区出台了《关于加强和改革农村学校教育若干问题的通知》；同年，教育部、劳动人事部、财政部、国家计委出台了《关于改革城市中等教育结构、发展职业技术教育的意见》(以下简称《意见》)，进一步明确改革中等教育结构、发展职业技术教育的方向、途径和要求。《意见》明确指出要实行普通教育与职业技术教育并举，全日制学校与半工半读学校、业余学校并举，国家办学与业务部门、厂矿企事业单位、集体经济单位办学并举的方针。民主党派、群众团体以及个人办学，应给予鼓励。城市高中阶段教育的学制、结构和办学形式都要实行多样化。其改革的具体途径包括：(1) 将部分普通高中改办为职业中学、职业(技术) 学校或在普通高中设职业班，这类学校和班，可由教育部门自己办，也可以与其他业务部门、企事业单位联合办，隶属关系不变。(2) 发动各行各业举办职业中学、职业 (技术) 学校或举办学制长短不一的职业技术培训班。(3) 普通高中要有计划地增设职业技术教育课。努力使今后的中学毕业生不仅具有一般的普通文化知识，还能初步掌握一点建设本领。还可举办职业技术教育中心。(4) 改革和办好中等专业学校和技工学校。普通高中保留多少、改多少，要从教育事业发展的全局考虑，根据改革中等教育结构的目标，从各地的实际情况出发，作好人才需求和各级各类学校发展中普通高中应有比重的预测工作，全面规划，统筹安排。力争到 1990 年，使各类职业技术学校在校生与普通高中在校生的比例大体相当。可见，这一时期，普职双轨制的主要目标就是中等职业教育在 1990 年能赶上普通高中教育的规模，基本形成普职双轨的整体格局，实现普职两条腿走路。

二、高中双轨体制迅速发展阶段的普职结构 (1985—1996 年)

1985 年《中共中央关于教育体制改革的决定》(以下简称《决定》) 正式颁布，《决定》对职业教育的定位、发展路径以及相关政策进一步系统化，提出了“调整中等教育结构，大力发展职业技术教育”的方针，明确要求各单位招工应优先录用职教毕业生的倾斜政策，并且确定了学校教育从中学阶段开始分流的方针。《决定》的发布，标志着我国职业教育进入了大发展时期。《决定》指出，“社会主义现代化建设不但需要高级科学技术专家，而且迫切需要千百万受过良好职业技术教育的中、初级技术人员、管理人员、技工和其他受过良好职业培训的城乡劳动者。”为此，《决定》提出了几点具体要求：（1）广大青少年一般应从中学阶段开始分流。逐步建立起一个从初级到高级、行业配套、结构合理又能与普通教育相互沟通的职业技术教育体系。（2）改革教育体制的同时改革有关的劳动人事制度，实行“先培训，后就业”的原则。今后各单位招工，必须首先从各种职业技术学校毕业生中择优录取。

这一政策的出台，大大提升了职业教育的地位，逐渐形成了一个完整的、上下衔接的体系，同时，“先培训，后就业”的原则更直接推动了中等职业教育的发展。中等职业教育在校学生数明显提升，由1985年占高中阶段在校生的35.3%发展到1990年占高中阶段在校生的46%。① 到1990年底，各类职业技术学校已发展到1.6万多所，在校生超过600万人，同时全国建有就业训练中心2100余所，每年培训待业人员90多万人；高中阶段各类职业技术学校和普通高中的招生数之比已接近1∶1，中等教育结构单一的状况有了较大改变。高中教育普职双轨体系基本趋于常态。1990年12月30日中国共产党第十三届中央委员会第七次全体会议通过《关于制定国民经济和社会发展十年规划和“八五”计划的建议》，针对当时我国职业教育中存在的“数量上仍不能适应经济建设对于数以亿万计高素质劳动者的需要；在质量上还有不少学校缺乏必要的投入和师资设备，有的甚至仍按普教模式办学；职教发展局限在教育系统居多；各种配套政策和制度建设不够完善；办学方式还不够灵活多样”等问题，提出要“大力发展职业技术教育”，“今后十年，要使多种形式的职业教育得到较快发展。要统筹规划普通高中、中等专业学校、职业高中、技工学校等，调整科类结构，提高教学质量。1995年各类中等职业技术学校在校生人数占高中阶段在校生的比重，要由现在的45%提高到50%以上”②。

---

① 王伟．我国中等职业技术教育历史发展轨迹透析（1985—2000）［D］．上海：华东师范大学，2002．

② 中共中央关于制定国民经济和社会发展十年规划和“八五”计划的建议［EB/OL］．（1990－12－30）［2021－08－20］．http：//www.people.com.cn/GB/other4349/4456/20010228/405430.html．

但职业技术教育无论规模、规格和质量都还不能适应经济建设和社会发展的需要，在整个教育事业中仍然是很薄弱的环节。社会上乃至一些部门和地方的领导中还存在着鄙薄职业技术教育的现象；职业技术教育的有关法规和配套政策不健全，管理体制尚待进一步理顺，资金投入不足，办学条件差，支持职业技术教育发展的服务体系很薄弱；教育内部的改革和建设亟须加强，高水平的示范性骨干学校数量还太少，职业技术教育的专业设置和专业结构在有些方面与社会需要结合得不够紧密；等等。这些困难和问题亟待认真研究解决。基于此，1991 年国务院颁布了《关于大力发展职业技术教育的决定》再次强调我国 90 年代的职教目标："要有计划地对现有各类职业技术学校加强规范化建设，集中力量办好一批起示范和骨干作用的学校……使全国高中阶段职业技术学校的在校生人数超过普通高中的在校生人数。"① 为落实这一计划，各省都出台了地方职业教育发展规划，以推进国家政策的具体落实。如山西省就提出：省政府要求全省 6 个省辖市今年要先行一步，要求这 6 市城区今年未能升入高中的初中毕业生能有 80% 以上进入职业中学、技工学校、中等专业学校或接受其他形式的职业技术教育。有条件的县、市、区，也要努力办好一两所示范性骨干学校或培训中心，对于至今还没有一所职业中学，或虽有牌子但名不副实的县，要督促其抓紧兴办、解决问题，到今年底要消灭职业技术学校空白县。② 可以说，这一时期我国对于中等职业教育改革的目标定位，除了要求继续扩大数量之外，也开始强调职业教育的质量和内涵式发展。

表 4-2 1985 年、1990 年中职教育发展对比

时间＼项目	学校类型	学校数（所）	毕业生数（万人）	招生数（万人）	在校生数（万人）
1985 年	中等专业学校	3557	42.9	66.8	157.1
	农业、职业中学	8070	41.3	116.1	229.6
1990 年	中等专业学校	3782	49.6	67.6	175.7
	农业、职业中学	8187	57.9	112.8	256.0

注：中等专业学校含中师。

① 国务院关于大力发展职业技术教育的决定［J］．人民教育，1992（1）：3-5.

② 张维庆．加速发展职业技术教育推动山西经济上新台阶［J］．中国职业技术教育，1993（1）：24.

表4-3　我国1991—1996年普高与中职学校招生情况　（单位：万人）

时间 项目	1991年	1992年	1993年	1994年	1995年	1996年
普高招生数	243.8	234.73	228.34	243.4	273.6	282.23
中职招生数	270.3	273.34	316.12	340.29	368.95	386.47
普高在校数	722.9	704.89	656.91	665.4	713.16	769.25
中职在校数	685.5	682.69	762.2	846.77	939.25	1010.35

注：表格数据来源于1991—1996年教育事业发展统计公报。

从表4-2有关1985年与1990年职业教育发展的对比中，不难发现，中等职业教育无论在学校数、毕业生数、招生数和在校生数等方面都发展迅速。表4-3显示从1991年到1993年，普通高中无论是招生人数还是在校生人数都呈下滑状态，1994年、1995年招生人数开始有所回升，这一定程度上是受全国受教育人口这一总基数不断提升和1995年国家教委颁布的《关于大力办好普通高级中学的若干意见》等方面因素的拉动。到1998年，普通高中无论是招生人数还是在校生人数都只占到了整个高中阶段的45%左右。可以说基本达成了《关于大力发展职业技术教育的决定》和《中国教育改革和发展纲要》所设定的目标。

在数量不断增长的同时，为提高中职学校的办学质量，1991年到1994年间，我国对中等职业学校进行了全面评估工作："1993年劳动部门评出首届国家级重点技校130所；1994年8月国家教委颁布249所国家级重点中专名单；1996年2月国家教委审批认定首批国家级重点职业高中296所。"①通过一系列评估工作，以国家级重点中职学校的评估带动全国各地的中职学校努力提升自己的办学水平，加之1996年出台的《中华人民共和国职业教育法》，直接推动了中等职业学校办学质量的提升和办学的规范化。1996年，中等职业学校招生数和在校生数分别占高中阶段招生数和在校生数的57.68%和56.77%，达到了新时期的最高点。从1987—1992年，职业教育经费从0.603亿元上升到14.21亿元，年平均递增18.7%，在全国地方教育事业费支出中的比重由3.05%提高到3.65%，职业教育基本建设投资从

① 1996第三次全国职业教育工作会议［J］. 职业技术教育，2006（9）：24-26.

1.27 亿元上升到 736 亿元。①

三、中等职业教育的大滑坡（1997—2001 年）

经过近 20 年的改革，中等职业教育得到了极大的发展与改善。时任国家教委主任朱开轩在第三次全国职业教育工作会议上甚至提出了“到 2000 年，中等教育普职比例全国平均达到 4∶6，普及高中阶段教育的城市可达 3∶7”② 的目标。然而，90 年代末期开始，由于多种原因，中等职业教育出现了明显的滑坡。不仅在数量上有了明显的下滑，更为主要的是，由于职业教育的质量不能满足人们对于教育的需求，中等职业教育逐渐成为了低人一等的二流教育。尽管普职双轨的高中教育体制仍然持续，仍然是两条腿走路的高中教育发展格局，但中等职业教育的发展开始每况愈下。从 1997—2001 年，中等职业学校招生数从 520.77 万人减至 397.63 万人，中职与普高的招生比从 62.15∶37.85 降至 41.58∶58.42。之所以出现 90 年代末的中等教育普职结构大震荡，既有职业教育自身内部的问题，也和这一时期国家教育政策的调整包括国际环境变化等有着密切的关系。

首先，职业教育自身的问题。80 年代以来，我国职业教育主要由中等职业学校和高等职业院校来承担，尤其是中等职业技术教育是我国职业技术教育最重要的组成部分。而中等职业学校的学生毕业后主要以直接进入社会工作为主，只有极少数的中职学生能在毕业后顺利升入普通高等院校。比如在《国家教委关于高考改革有关问题的通知》表明：“中专、技校、职业高中的毕业生，工作满两年者，经所在单位批准，可直接参加高考。但职业高中的应届毕业生应按 5% 左右推荐（具体办法另定），直接报考高等院校。”③ 这些政策直接限制了中职学生以后的发展方向，导致了职业教育所培养出来的人才只能适应劳动密集型产业为主导的经济需求，而 21 世纪高新技术产业和第三次科技革命所带来的新兴产业大量缺乏优秀的、高端的职业技术人才，职业教育不能很好地适应社会不断变化的需求，因而其自身的

① 和震．我国职业教育政策三十年回顾［J］．教育发展研究，2009（3）：32－37.

② 1996 第三次全国职业教育工作会议［J］．职业技术教育，2006（9）：24－26.

③ 国家教委关于高考改革有关问题的通知［EB/OL］．（1991－01－22）［2020－06－09］．http：//www.pkulaw.cn/fulltext_form.aspx？gid＝36514.

吸引力有所下降。同时，包括“先培训，后就业”等就业准入制度和配套措施一直没有得到很好的执行；加之国家于1999年出台了《关于调整中等职业学校布局的意见》，提出了“改变分散办学、重复办学、资源配置不合理、办学效益低的状况，通过合并、共建、联办、划转等调整形式，进行资源重组，建设好一批规模大、水平高、有特色的骨干示范性学校”① 的意见，一部分规模小、环境差、效益不高的中职学校被合并或改建，加之企业办职业学校的传统也因为办学效益低、政策不明确和经费缺乏等具体问题越来越弱化②，也在一定程度上造成了中职规模的缩小。

其次，高校扩招热的兴起。80年代普通高中不断缩招，一部分学校被改办成了中职学校，以促使中等教育结构进行改革和调整。这一时期的普通高中规模有一定程度减小，但是随着90年代末国家提出“扩大高中阶段教育和高等教育规模，拓宽人才成长的道路，减缓升学压力。通过多种形式积极发展高等教育”③ 这一要求，高等教育进入了扩招阶段。“普通高等院校扩招22.7万，高等职业院校扩招10万”④，使得普通高中受到了更多的青睐。普通高中在这一时期得到了急速的发展。而因为中职学校进入普通高等院校的机会十分渺茫，普通高中在历经十几年的消沉期后得到了快速发展的同时，中等职业学校开始锐减。

再次，世界银行意见的干扰。1998年世界银行在《中国二十一世纪教育发展战略目标》中建议中国修改既有的中等职业教育招生数占高中阶段60%的政策，降低中等职业教育的比例，在未来20年里，把中学阶段的纯职业学校数量按照地方的条件进行缩减，逐渐以2年制中学后职业教育机构来取而代之。⑤ 这也一定程度上削减了中等职业教育的改革动力。

最后，再加上生源减少、国家支持力度减弱以及宏观政策的摇摆不定等

---

① 关于调整中等职业学校布局结构的意见［J］. 中国职业技术教育，1999（11）：18－19.

② 苏敏. 我国企业办职业院校存在的主要问题与对策建议［J］. 中国职业技术教育，2012（27）：63－66.

③ 中共中央、国务院关于深化教育改革　全面推进素质教育的决定［J］. 人民教育，1999（7）：4－7.

④ 王明嵘. “普高热”的成因分析及对策思考［D］. 武汉：华中师范大学，2001.

⑤ World Bank. Human Development Sector Unit East Asia and Pacific Region［J］. Strategic Goals for Chinese Education in the 21St Century，November 30，1999：37－41.

多种因素，使得中等职业教育的发展陷入困境。尽管1999年8月，教育部下发文件《关于积极推进高中阶段教育事业发展的若干意见》，提出“要处理好普通高中的发展与中等职业教育发展的关系……促进普通高中教育与中等职业教育的协调发展”，试图扭转发展格局，但收效甚微。

四、中等职业教育的恢复性增长（2002年至今）

2002年颁布了《关于大力推进职业教育改革与发展的决定》（以下简称《决定》），这是我国在二十一世纪关于职业教育的第一部指导性政策。《决定》为中等职业学校毕业生对口升学、五年制高职建设、中等教育普职课程相沟通、中高职教育课程体系相衔接、职业教育资格证书和技能考核等多方面指明了方向，在一定程度上提升了中职学校的吸引力；2004年，国务院批转《教育部2003—2007年教育振兴行动计划的通知》也再一次强调了要结合社会生产需求和实际，大力发展职业教育；2005年《教育部等七部门关于进一步加强职业教育工作的若干意见》指出：“从现在起到2007年，在高中阶段教育中，要加大结构调整工作力度，进一步扩大中等职业教育招生规模，使中等职业教育与普通高中教育的比例保持大体相当，在有条件的地方职业教育所占比例应该更高一些。”这一系列政策的出台和实施，使中等职业学校招生在经历了1999年到2001年的下滑后，2002年开始止跌回升，恢复性增长的势头开始呈现。全国中等职业学校的招生规模在2007年达到810万，在校生数达到1987万人，中等职业教育的招生规模已占高中阶段招生总数的48.3%，占据整个高中阶段教育的半壁江山。2008年，全国中等职业教育招生812.11万，较上年增加2.09万；在校生2087.09万，较上年增加100.08万。① 在数量增长的同时，中等职业教育也注重内涵发展，引入学习型社会的理念，提出了职业教育要建立适应人们终身学习需要、与劳动就业密切结合、大力推行校企合作、工学结合的培养模式，职业教育走上了理念明确、支持系统逐渐成形的发展道路。

① 中华人民共和国教育部．2008年全国教育事业发展统计公报［EB/OL］．（2009-07-17）［2020-02-03］．http：//www.moe.gov.cn/s78/A03/ghs_left/s182/moe_633/201002/t20100205_88488.html.

第二节　当前我国高中阶段普职结构性失衡现状

我国高中阶段普职教育的失衡，既表现在普职教育发展规模与数量的失衡，也表现在两者教育质量的失衡。

一、高中阶段普职教育发展规模与数量的失衡

无论从全国的整体情况、省域之间还是省域内部来看，高中阶段普职教育在发展规模与数量上的失衡都是非常明显的。

（一）全国高中普职结构的整体性失衡

教育部统计数据显示，2019 年，全国普通高中学校数 13964 所，全国职业高中学校数 3315 所。① 根据时间纵向发展来看，自 2012 年以来，两类教育的发展也表现出了不同的趋势（见图 4－1）。其中普通高中学校数量整体而言较为稳定，波动幅度不大；而中等职业学校数量自 2012 年以来呈逐年下降趋势。

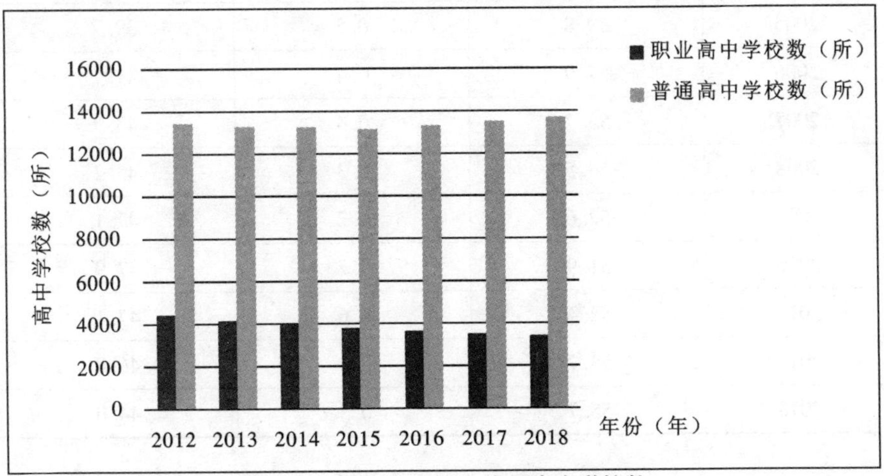

图 4－1　2012—2018 年全国高中学校数

进一步分析中等职业学校在校生数，2015 年全国教育事业统计公报显

① 中华人民共和国教育部．2018 年教育统计数据［EB/OL］．（2019－07－24）［2020－02－03］．http：//www. moe. gov. cn/s78/A03/moe_ 560/jytjsj_ 2018/.

示，中职在校生 1656.7 万人，占高中阶段教育在校生总数的 41%。尤其一些发达城市，中职学生的比例更低。① 2017 年全国教育事业发展统计公报数据显示，2017 年，中职在校生 1592 万人，占高中阶段教育的比例为 40.01%，② 呈继续下降趋势。2018 年全国中等职业教育共有学校 1.02 万所，中等职业教育在校生 1555.26 万人，占高中阶段教育在校生总数的 39.5%。2019 年为 1.01 万所，中等职业教育在校生为 1576.47 万人。由此可见中等职业学校的学生人数占比也随着学校数量的下降呈现出下降的态势。

由表 4－4 可见，我国中职教育的发展规模在 2010 年达到最高峰，2010 年高中阶段普职比保持在 1∶1 左右，但自 2010 年后，普职结构开始失衡，而且这种失衡现象有越来越严重的趋势，即中职在整个高中教育阶段所占比重在逐年下降，且下降趋势明显。

表 4－4 1985—2019 年我国高中阶段普职比变化

时间（年）	普通高中（%）	成人高中（%）	中职教育（%）
1985	57.2	10.7	32.1
1990	46.9	3.1	49.9
2000	49.1	1.3	49.6
2005	59.8	0.5	39.7
2006	57.9	0.4	41.7
2007	55.7	0.4	43.9
2008	54.5	0.3	45.2
2009	52.6	0.2	47.1
2010	51.9	0.2	47.9
2011	52.4	0.6	47.1
2012	53.7	0.3	46.0
2013	55.7	0.3	44.0

① 中华人民共和国教育部．2015 年全国教育事业发展统计公报［EB/OL］.（2016－07－06）［2020－02－03］. http://www.moe.gov.cn/srcsite/A03/s180/moe_633/201607/t20160706_270976.html.

② 中华人民共和国教育部．2017 年全国教育事业发展统计公报［EB/OL］.（2018－07－19）［2020－02－03］. http://www.moe.gov.cn/jyb_sjzl/sjzl_fztjgb/201807/t20180719_343508.html.

（续表）

时间（年）	普通高中（%）	成人高中（%）	中职教育（%）
2014	57.6	0.4	42.1
2015	58.8	0.2	41.0
2016	59.6	0.1	40.3
2017	59.8	0.1	40.1
2018	60.4	0.1	39.5
2019	60.4	0.1	39.5

高中普职结构的失衡，直接导致了人才结构的失衡，教育无法为社会经济发展提供数量足够、规模相当、结构合理、质量较高的人才队伍，进而导致高中教育与社会经济发展的不协调。数据显示（如图 4－2），2010—2014 年间东部十省的地区生产总值呈持续增长趋势，2014 年较 2010 年平均增长了 3.4 倍，而东部地区职业教育的人才培养规模整体呈现递减趋势，东部十省 2014 年较 2010 年职业教育在校生人数平均减少了 15.16 万人。GDP 总和与在校生人数总和呈负相关。

表 4－5　2010—2015 年我国中职教育招生数所占比重变化①

下降超过 10 个百分点的省份			下降 5～10 个百分点的省份		
区域	省份	幅度（%）	区域	省份	幅度（%）
中部	吉林	－15.69	东部	北京	－9.89
西部	陕西	－14.88	西部	宁夏	－9.85
中部	黑龙江	－13.56	中部	湖北	－8.96
西部	云南	－13.56	西部	内蒙古	－8.53
中部	江西	－13.19	东部	山东	－8.18
中部	河南	－12.5	西部	青海	－7.93
西部	甘肃	－12.3	东部	上海	－7.58
东部	河北	－12.1	东部	海南	－7.45
西部	广西	－11.33	中部	湖南	－7.22
中部	山西	－10.79	东部	福建	－5.77
西部	西藏	－10.58	—	—	—
东部	广东	－10.28	—	—	—

① 朱益明．中国高中阶段教育发展报告（2016—2017）［M］．上海：华东师范大学出版社，2018：8．

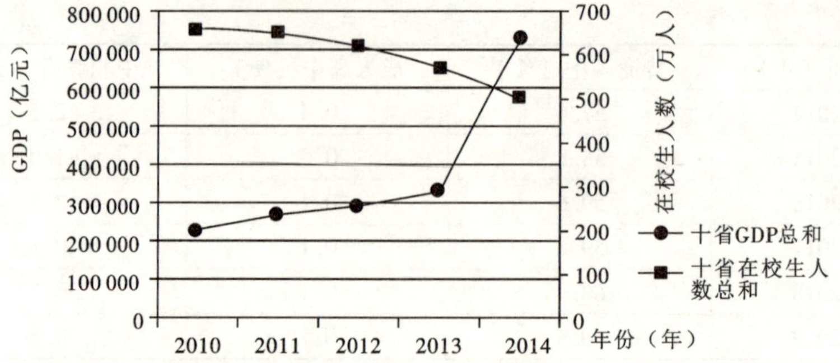

图 4－2　东部地区十省职业教育人才培养规模与 GDP 规模协调性①

（二）各省高中阶段普职结构的区域性失衡

我们再来看不同省份高中阶段的普职结构，以在校生数和招生数两个数据来看，不同省份高中普职结构呈现出省域差异，但普职结构的失衡却是各省较为普遍的现象，而失衡的典型表现就是各省中职教育比例的普遍下降。以下是根据教育部统计数据对各省 2014 年高中阶段普职教育在校生和招生数的比重情况的展示。

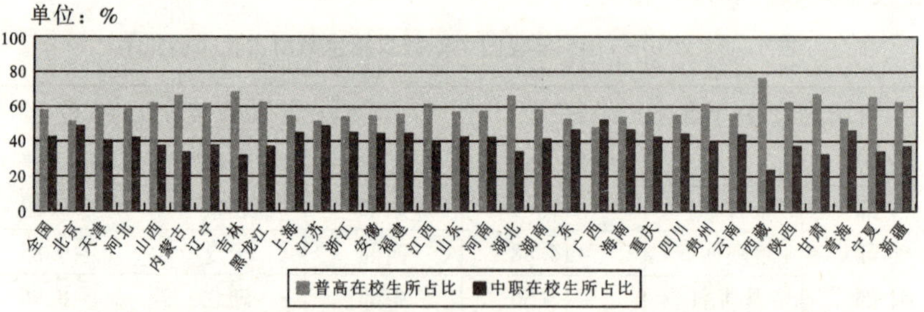

图 4－3　我国各省份（直辖市）2014 年高中阶段教育在校生数普职比

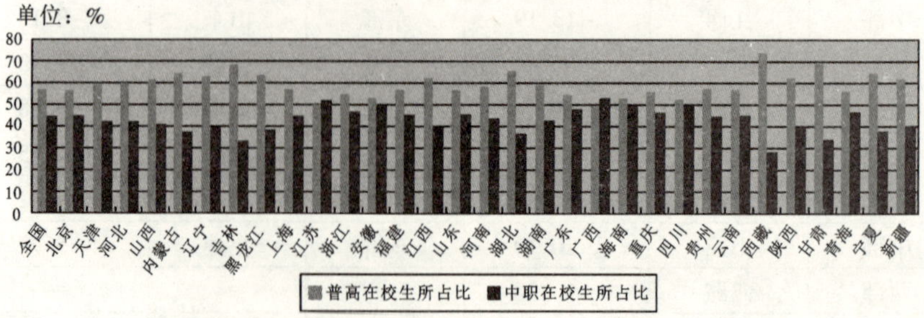

图 4－4　我国各省份（直辖市）2014 年高中阶段教育招生数普职比

---

① 樊燕，韩永强．东部地区职业教育与区域经济协调发展探究［J］．职业教育研究，2017（1）：17－21．

仅就湖南来看，近年来，无论是招生人数还是在校生人数，中职在整个高中阶段教育中所占比例均呈下降趋势。从招生比例来看，2010 年中职招生 30.29 万人，占高中阶段招生总人数的 44.98%；到 2013 年中职招生 22.87 万人，所占比例降到了 37.96%；2013 年以后有所增加，但增长幅度很小。而在校生比例呈逐年下滑态势，2010 年中职在校生为 76.48 万人，占高中阶段教育在校生人数的 42.88%；到 2016 年在校生人数为 66.09 万人，仅占高中阶段教育在校生人数的 37.34%。

不仅省域之间的普职结构失衡，省域内部也存在着较为严重的普职失衡情况。仍然以湖南为例，2016 年，湖南省各行政区域中，长沙市（45.8%）、永州市（41.92%）中职招生比达到 40% 以上，岳阳市也要求中职所占比例达到 40%，基本达到“大体相当”；邵阳市（38.00%）和娄底市（38.18%）中职所占比例在 38% 左右，接近“大体相当”；湘潭（32.04%）、益阳（29.63%）、郴州（33.24%）、湘西自治州（35.34%）等地中职比例偏低。[①] 因此，对于长沙、永州、岳阳这些普职结构已基本“大体相当”的地区，普高规模可适当高于中职，让普高成为高中阶段教育发展的重点，职业教育的中心可以从中职向高职延伸。相反，对于中职比例偏低、发展缓慢的益阳、郴州、湘潭以及湘西等地区，尤其是贫困地区、民族地区，应该让中职成为高中阶段教育的重心，加强中职与地方产业的对接，提升其服务地方经济的能力水平。有关我国高中阶段普职结构区域失衡的情况，我们将在第六章进行详细的分析。

二、高中阶段普职教育基础性条件失衡

国家财政性教育经费是中央和地方各级政府及其所属企业、学校等投入各级教育的经费总额，是全国教育经费的主要构成部分。统计显示，2005—2011 年国家财政性教育经费占教育经费总投入的比重平均为 70.5%[②]。由此来看，各级教育获取财政性教育经费的多少，一定程度上体现出国家对该级教育的重视程度。近年来，教育经费投入增长迅速，仅从中等职业学校的

① 刘丽群，周立芳．普及高中阶段教育的关键环节与攻坚策略——以湖南省为例［J］．湖南师范大学教育科学学报，2018（3）：92 - 96．

② 韩永强．职业教育经费投入及其国际比较［J］．职业技术教育，2014（28）：48 - 54．

教育经费投入来看，从 2003 年的 364.084 亿元迅猛增加到 2013 年的 1948.752 亿元，累积增幅达 535%①。随着国家对中职教育的重视和经费投入的增加，中职学校的办学条件等有了极大的改善，但高中阶段普职学校在基础性办学条件上的差异或失衡仍然十分严重。以下我们以涉及基础性办学条件相关的教育投入、设施设备、专业教师等三个核心指标来对高中阶段普高学校与中职学校的基础性办学条件差异进行简要对比与分析。其中，以生均教育经费衡量教育经费投入，以生师比衡量师资资源配置情况，以生均计算机台数作为重要的硬件资源投入要素来具体展开分析，具体数据来源于国家统计局已公布的《中国教育统计年鉴》《中国教育经费统计年鉴》等官方数据。

（一）普高与中职在生均教育经费方面的差异

近年来，国家对中职教育越来越重视，对中职的投入也在不断加大，与国家对普高的投入相比，其相对增长速度更快。数据显示，中职教育经费总投入 2007 年为 851.8 亿元，2016 年则增长到 2223 亿元，年均增速达到 13.1%，高于同期普高教育经费的增速（10.4%），侧面反映出国家对中职教育财政经费的支持和重视度在不断提高。但就同一时期中职教育经费所占比重来看，远低于普高所占比重。仍然以 2016 年为例，国家对高中阶段教育经费的总投入为 6155 亿元。其中，中等职业教育的经费投入为 2223 亿元，占该阶段教育经费总投入的 36.1%；而普通高中教育经费投入占该阶段教育经费总投入的比例则达到 63.9%，是中职教育经费投入的近两倍（见图 4-5）。在重庆渝东南地区，“十二五”期间对普高的投入和中职的投入比例都较低，2015 年某区县财政对普通高中教育经费拨款占市级财政拨款的 14.95%，而对中职教育经费拨款仅占市级财政拨款的 3.53%。在渝西地区，2015 年某区县财政对普通高中教育经费拨款占市级财政拨款的 10.24%，而对中职教育经费拨款仅占市级财政拨款的 2.59%。② 中职教育依旧面临经费投入严重不足的问题。这不仅意味着中职在教育投入上与普高存在失衡现象，由经费而导致的其他条件的相对不足，也将使中职教育的发展陷入困境。

---

① 教育部，统计局．中国教育经费统计年鉴（2003—2013 年）[Z]．北京：中国统计出版社．

② 程艳霞，李永梅．普及高中阶段教育的历史逻辑与供给侧改革路径 [J]．中国教育学刊，2019（2）：34-41．

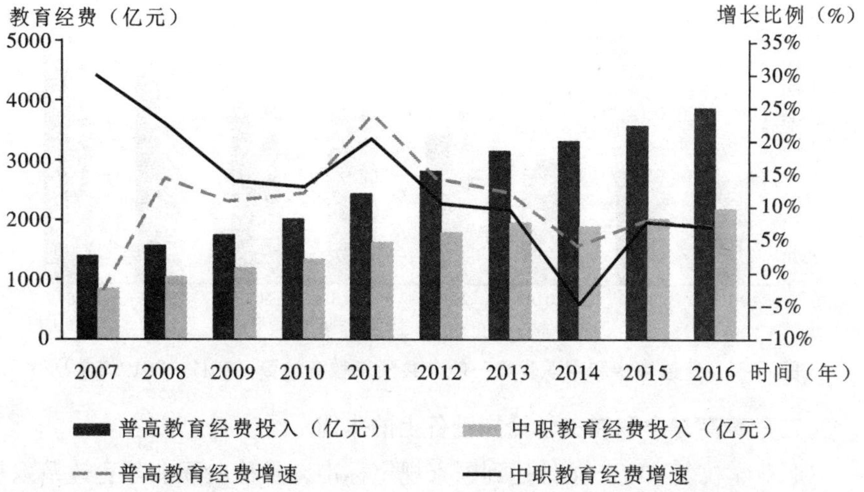

图 4－5　2007—2016 年中等职业教育和普通高中教育经费投入增长情况①

以上是从总教育投入的角度来看高中普职教育在办学经费上的失衡，如果从生均经费来考察，高中普职之间的失衡状况同样存在。生均经费是学校教育经费保障的重要部分，直接影响到教育发展状况。从图 4－6 中我们不难发现，两类教育生均预算经费均呈逐年增长趋势，且增长幅度比较明显。但中职因更多侧重技能培养和培训，其对软硬件设施的要求更高，办学成本也比普高要高。世界银行早在 1988 年研究认为，发展中国家职业教育生均成本通常比普通中学生均成本要高 153%。② 这意味着中职生均教育经费应该是普高生均经费的 1.53 倍，但事实上，与普通高中相比，我国中职教育预算内生均经费投入比例还很低，且绝对数量也不能满足其办学需要。以 2019 年为例，全国普通高中生均一般公共预算教育经费为 17821.21 元，比上年的 16446.71 元增长 8.36%，全国中等职业学校生均一般公共预算教育经费为 17282.42 元，比上年的 16305.94 元增长 5.99%。③

① 数据来源于：教育部 2007—2016 年《中国教育经费统计年鉴》；教育部关于 2016 年全国教育经费统计快报。

② 何晓芹，鄂世举，赵忠平．社会转型背景下的中职教育资源承载力省思［J］．职业技术教育，2018（12）：50－54.

③ 教育部，国家统计局，财政部．关于 2019 年全国教育经费执行情况统计公告［EB/OL］．（2020－10－23）［2021－08－19］．http：//www.gov.cn/zhengce/zhengceku/2020－11/04/content_5557135.htm.

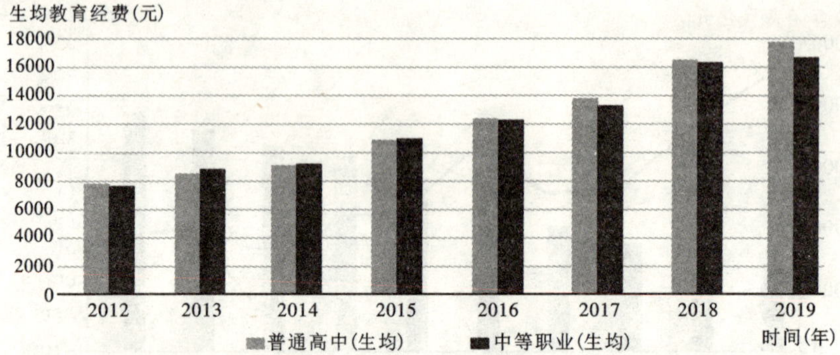

图4-6 普通高中和中职生均一般公共预算教育经费（2012—2019年）①

（二）普高与中职在办学设施设备上的失衡

“职业学校基本办学条件达到国家规定标准，是检验职业教育改革发展成果的底线要求。”② 仅以基本办学条件这一指标来看，中等职业教育办学条件达标情况总体较差。研究显示，全国31个省份中等职业学校基本办学条件的6个监测指标中，大部分省份（21个）的达标率没有超过半数；全国没有一个省区全部达标，甚至没有5项指标全部达标的。4项监测指标平均达标的有3个省市，且都集中在东部地区，分别是上海、广东和浙江。3项监测指标平均达标有的7个省区，分别是北京、天津、江苏、辽宁、山东、西藏和宁夏。两项指标达标的省份有15个，一项指标达标的省份有5个，另外，还有1个省份全部指标均未达标，主要集中在中、西部地区。从具体监测指标的达标情况看，中职学校生均校舍面积全国没有一个省份平均达到20平方米/生，有29个省份双师型教师比例占专任教师比例指标没有达到30%，27个省份生师比指标没有达到20:1，23个省份生均仪器设备值指标没有达到2500元，每百生拥有计算机数量指标有23个省份未达到15台。达标情况相对较好的是在校生规模这一指标，全国只有8个省份平均未达到每校1200人标准，东部省份全部达标，中部和西部各有4个省份不达标（见表4-6）。仅从这些检测指标的比较情况来看，目前我国中职学校在发展规模和数量这方面，比其他指标达标的情况要好，证明了我国近年来在

① 教育部，统计局，财政部．关于2012—2019年全国教育经费执行情况统计公告［EB/OL］．(2013-20-20)［2021-08-19］．http：//www.gov.cn/zhengce/zhengceku/2020-11/04/content_5557135.htm.

② 张晨，马树超．我国职业学校办学条件评价和预警机制研究［J］．中国高教研究，2011(8)：78-82.

扩大中职教育规模方面的努力取得了明显的成效。

表4－6 中等职业学校基本办学条件达标监测指标及未达标省区分布（2009年）①

国家标准（中职）			未达标省区			
			东部	中部	西部	全国合计
1	在校生数	每校1200人以上	—	黑龙江、吉林、山西、湖南	内蒙古、甘肃、云南、新疆	8个
2	生师比	20:1	除天津、北京、辽宁外，全不达标	除吉林外，全不达标	全部不达标	27个
3	双师型教师占专任教师比例	30%	全部不达标	全部不达标	除宁夏、新疆外，全不达标	29个
4	生均校舍建筑面积	20平方米	全部不达标	全部不达标	全部不达标	31个
5	生均仪器设备价值	2500元	海南、福建、河北	全部不达标	除西藏外，全不达标	26个
6	每百生拥有计算机数	15台	江苏、福建、山东、河北、海南	除湖南外，全部不达标	除新疆外，全部不达标	23个

由此可见，从全国范围来看，中职办学条件整体性低于普高，不仅如此，这种失衡现象还表现为各省域之间差异较大，普高与中职在办学条件上存在着整体性（全国性）失衡和省域间失衡并存的现象。以2014年各省教学条件指数为标准，上海指数值最高且优势非常明显，贵州指数值最低，且上海是贵州的4.48倍。② 排名前十的省份中有7个是东部省份，而排名后十的省份则均为中西部省份，呈现出东部显著优于中西部的区域特征。根据教育部2010年颁布的《中等职业学校设置标准》，2014年仍有23个省在“生均校舍建筑面积”上不达标，8个省在“学生拥有教学用计算机数量”上未达标，3个省在“生均教学仪器设备价值”上未达标。

我们再进一步以生均计算机拥有量为标准来考察中职办学条件。一般而言，生均计算机拥有量是学校拥有计算机台数与在校生数的比例，一定程度上反映出教育机构硬件资源配置的情况，代表了学校的现代信息技术条件及

① 张晨，马树超．我国职业学校办学条件评价和预警机制研究［J］．中国高教研究，2011（8）：78－82．

② 林克松．我国省际中等职业教育发展水平的测度与比较［J］．西南大学学报（社会科学版），2018（1）：84－90．

与社会接轨的程度，对培养学生的信息素养尤其重要。① 中职由于需要更多的实训教学，对计算机需求量要高于普通高中教育。有研究就 2003—2014 年间，普高与中职教学用计算机台数进行测算后发现，中职学校生均计算机拥有量是普通高中拥有量的 1.1~1.4 倍，整体上，中职的数据要高于普高。② 并且从2008 年以来差距一直扩大，已由1.13 倍扩大到1.27 倍，表明中等职业学校计算机等教学设备的投入力度在持续加大，这是可喜的一面。但进一步看，2014 年中等职业学校人均计算机拥有量平均约 0.18 台（见表 4-7）。在31 个省市中，生均教学用计算机超过0.18 台的有13 个（其中西部地区有2 个，中部地区有2 个，东部地区有9 个）。生均教学用计算机拥有量最多的是上海市，达到生均0.52 台，最少的是贵州省，仅为0.11 台，前者是后者的4.73 倍。2019 年的最新统计数据显示，普高生均教学用计算机为0.199 台，中职为0.236 台③。

表 4-7　中等职业教育与普通高中平均生均计算机拥有量情况（单位：台）

年份（年）	中职学校生均计算机拥有量	普通高中生均计算机拥有量	中职生均计算机与普高生均计算机比值
2003	0.1298	0.0923	1.41
2004	0.1311	0.0961	1.36
2005	0.1253	0.1004	1.25
2006	0.1244	0.1058	1.18
2007	0.1279	0.1110	1.15
2008	0.1343	0.1188	1.13
2009	0.1235	0.1041	1.19
2010	0.1279	0.1093	1.17
2011	0.1319	0.1099	1.20
2012	0.1420	0.1175	1.21

① 汤林春，徐士强．发达地区义务教育均衡程度测评：综合基尼系数［J］．上海教育科研，2014（1）：5-10.

② 王奕俊，王婧遐．基于教育基尼系数的我国中等职业教育资源配置效率评价［J］．现代教育管理，2017（12）：51-57.

③ 教育部．2019 年全国教育事业发展情况［EB/OL］．（2020-08-31）［2021-08-19］．http：//www.moe.gov.cn/jyb_sjzl/s5990/202008/t20200831_483697.html.

（续表）

年份（年）	中职学校生均计算机拥有量	普通高中生均计算机拥有量	中职生均计算机与普高生均计算机比值
2013	0.1625	0.1292	1.26
2014	0.1823	0.1440	1.27
2015	0.24	0.159	1.51
2016	0.212	0.171	1.24
2017	0.218	0.181	1.20
2018	0.231	0.192	1.20
2019	0.236	0.199	1.19

（三）普高与中职在教师队伍质量上的失衡

教师队伍，作为中职教育重要的人力资源投入，其数量和质量不仅会直接影响教学质量，对其他教育资源的配置也会产生连带影响。近年来，国家和地方不仅努力扩大师资数量，更着力提升师资质量，中职教师队伍水平在不断提升。一般可以通过生师比、班师比、专任教师比例、高级职称教师比例、教师专业对口率、教师流动率、双师型教师比例以及专业课与文化课教师比例等多项指标来进行考察。这里我们主要以生师比和双师型教师比例作为观察指标，来考察中职教师队伍现状。

生师比一方面能够反映师资的充裕程度，另一方面，在某种程度上也能作为衡量教育质量的重要指标。理论上看，生师比越小，每位教师面对的学生数量越少，花费在每位学生身上的时间也就相应增多，教学质量可能更高，因而生师比既可以反映教育的条件，也可以反映教育的质量。那么，与普高相比，中职的生师比情况如何？我们以2007年以来的数据来具体分析。整体来看，普通高中的生师比呈持续下降状态，而中职学校的生师比则经历了由升到降的过程。2010年是中职的顶峰时期，中职学校的生师比持续减小，但与普通高中的生师比相比，依然处于高位（见图4－7）。同样，中职由于其特殊性，对师资的需求比普高更高，生师比应该更小。这意味着，即便中职学校和普通高中的生师比持平，中职学校的师资力量也是比较薄弱的。而事实上，中职的生师比远没有与普高持平。普高与中职在生师比上的失衡现象由此可见一斑。

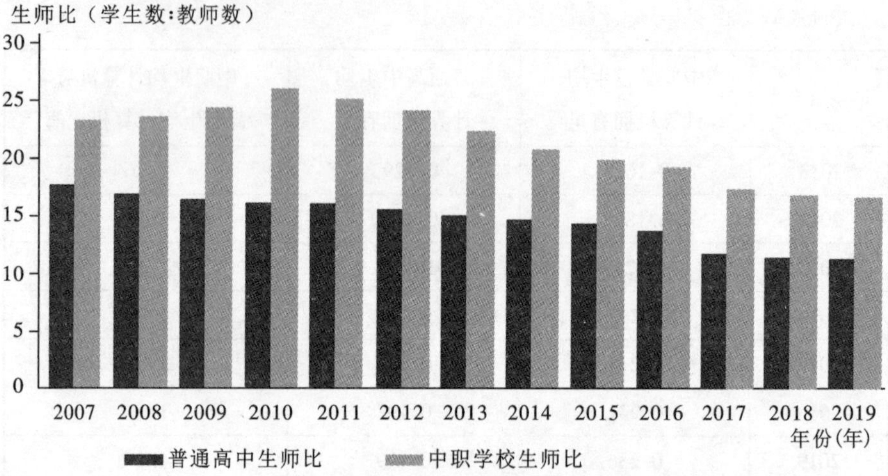

图 4－7　2007—2019 年中等职业教育生师比和普通高中教育生师比对比①

再看各省域的具体情况，以 2014 年各省情况为例②。2014 年，吉林中职师资力量指数值最高，而江西最低。排名前十位的省份中有 7 个是东部省份，排名后十位的省份中有 9 个是中西部省份，同样呈现出东部优于中西部的特征。就“生师比”来看，吉林比国家规定的 20∶1 的标准低出近十个百分点，创全国最低值。而桂、宁、贵、青 4 个省的生师比均在 30∶1 之上，师资数量明显不足。再看“双师型教师比例”，只有皖、浙、鲁、桂、粤、苏、青、津、闽、京等 10 个省高出国家规定的 30% 的标准（双师型教师占专任教师比例的 30%），而藏、晋、甘、黑、蒙、冀、赣等 7 省的双师型教师比例则不足 20%，即便是与“红线标准”相比，仍存在较大差距。同样，根据《中等职业学校设置标准》的规定，2014 年有 17 个省在“生师比”指标上不达标，22 个省在“双师型教师比例”指标上不达标。

看某个省份的具体情况，我们以 2016 年西藏情况为例③，有研究统计了西藏十所中职院校的双师型教师情况后发现，专任教师总数为 1295 人，双师型教师仅 344 人，双师型教师占专任教师的比例约为 27%，低于 30%

① 数据来源：教育部 2007—2019 年全国教育事业发展情况，http://www.moe.gov.cn/jyb_sjzl/s5990/.

② 林克松．我国省际中等职业教育发展水平的测度与比较［J］．西南大学学报（社会科学版），2018（1）：84－90.

③ 孟凡东．西藏中等职业教育发展困境及对策研究［D］．拉萨：西藏大学，2018.

的标准，总量较小，而且不同学校在双师型教师的占比率上差异较大，分布不合理（见图4－8）。如西藏自治区体育运动技术学校、山南市第二中等职业技术学校，无一双师型教师，而西藏林芝市职业技术学院双师型教师占比达到了58%（详见表4－8）。

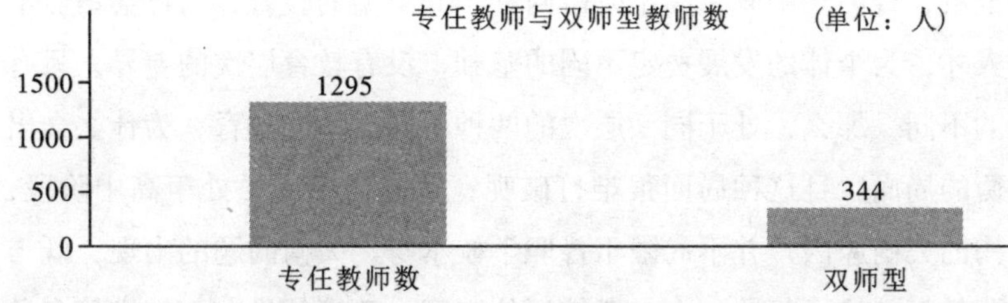

图4－8　2016年西藏专任教师、双师型教师情况

表4－8　2016年西藏十所中职院校“双师型”教师情况

院校名称	专任教师数（人）	“双师型”教师数（数）	“双师型”教师占比（%）
西藏自治区体育运动技术学校	34	0	0
拉萨市第一中等职业技术学校	115	18	16
拉萨市第二中等职业技术学校	353	87	25
西藏山南市职业技术学校	140	54	39
山南市第二中等职业技术学校	161	0	0
西藏林芝市职业技术学校	114	66	58
西藏阿里地区中等职业技术学校	44	2	5
日喀则市职业技术学校	181	50	28
西藏那曲地区职业技术学校	101	44	44
昌都市职业技术学校	52	23	44

注：数据来源于西藏教育厅职教处。

第三节 我国高中阶段教育普职失衡的原因分析

理论上看，普高与中职是高中阶段两种不同类型的教育，为社会培养不同类型的人才，为个体的发展奠定不同的基础，没有教育层次的差异，只有教育类别的不同。那么，处于同一层次的两种不同类型的教育，为什么会出现发展失衡的局面，且这种局面很难打破呢？普高与中职虽处于高中阶段，但普职结构的失衡原因，并不局限于普职学校本身，失衡问题的出现，既与社会对普职教育的认可相关，也与考核评价制度、政策的导向与推进等多种因素相关，是各种因素综合作用的结果。

一、普职不等值，社会对职业教育认可度低

高中阶段普职教育的等值是普职协调发展的首要前提，只有在普职等值的基础上，普职之间的协调才成为可能。所谓普职等值，主要是指普高生、中职生在获得的毕业文凭、拥有的升学空间、赢得的发展机会、享受的自我成功等方面基本应该是等值或近似的。在我国，普高一直热闹若市，中职却门庭冷落，普职的严重不等值是导致高中普职发展失衡的根本原因。受我国“仕而优则学，学而优则仕”“万般皆下品，唯有读书高”等传统思想文化的影响，社会上普遍推崇普通教育和学术道路，职业教育大受冷落。人们普遍把普通教育看成是正规教育、精英教育，是改变个体命运、提升自身社会地位的必然选择，要发展、要成才必须走普通教育之路；而职业教育是非正规教育、末流教育，是被普通教育挤兑后的无奈选择。正因为如此，在各级学校教育中，一直都把学生学历教育、考试成绩和升入高一级优质学校的百分比，作为衡量学校教育质量的重要标准，在各级学校教育特别是中小学教育以及社会民众的心目中占有十分重要的地位。随着人口年龄结构变化和产业结构调整带来的社会就业和竞争压力，特别是独生子女家庭普遍存在“望子成龙”的心态，更进一步加剧了学校和社会以中考和高考为重点的、片面追求升学率的倾向，对于实施以提高职业技能为主旨的职业教育至今仍未形成普遍的共识，职业教育在学校教育中尚未占据重要地位。最近，全国

政协委员、国家语委主任、教育部副部长李卫红在接受记者采访时也说道："我们中国人说到'技'的时候，就是'雕虫小技'，这其实是不重视技能教育的表现。老百姓教育孩子要读名牌大学，进入政界、商界，望子成龙不是和'技'联系在一起，说明我们职业教育的问题还很多。"① 尽管国家层面在不断强调职业教育的重要意义，2014 年 6 月，习近平总书记就职业教育改革发展作出重要批示，提出要"弘扬劳动光荣、技能宝贵，创造伟大的时代风尚，营造人人皆可成才、人人尽展其才的良好环境"。李克强总理强调，"要把职业教育放在实现中国经济升级、促进充分就业大局中重要的位置，要用改革的办法把职业教育办好、做强"②。教育部部长也期待能对职业教育"高看一眼、厚爱一分"③，但社会对职业教育的认可程度不高，仍然是显而易见的事实。

有研究者在宁夏的调研发现④，尽管宁夏各类职业院校就业率高达 90% 以上，却不得不面对低入学率的尴尬，被许多人认为是"二流教育"的职教问津者寥寥。与普通中等教育相比，职业教育的地位是由其较低的社会地位决定的，而不是由其较强的就业倾向决定的。在宁夏轻纺技工学校，有服装制作、羊绒加工、印刷技术、纸浆造纸等 15 个专业，就业率近 100%。2007 年该校羊绒加工专业仅有 1 个班不到 50 人，但是灵武羊绒工业园区就需要 2000 多人。宁夏中银绒业多次来校招人，学校却"无生可给"。而 39 名尚处实习期的服装制作班学生，早在 4 月份就被上海市一家大型企业全部招走。该校校长算了一笔账，技校学生一年学费仅 1200 元，学 3 年免 1 年学费。该校学生在第 3 年实习期就开始拿工资，平均每月 900 元，实习期满后平均工资涨至 1200 元。因此，学生实习 3 个月即可将学费赚回。即便如此，中职学校招生仍然面临着人数年年滑坡、生源质量不断下降的局面，学校不得不主动出击，通过各种方式和途径，"求人"上职校。

---

① 吴哲．"雕虫小技"不可小觑［N］．南方日报，2014－03－05.

② 李冬玉．发展现代职业教育　服务"三个陕西"建设大局［N］．陕西日报，2015－01－17.

③ 陈宝生．陈宝生两会答问：对职业教育要高看一眼、厚爱一分［N］．法制日报，2017－03－13.

④ 赵翔宇．甘宁青民族地区职业教育研究［D］．兰州大学，2009.

即使在我国大力提倡职业教育发展的背景下，也并没有改变职业教育社会认可度低这一事实。2010 年《国家中长期教育改革和发展规划纲要(2010—2020 年)》虽然明确提出“根据经济社会发展需要，合理确定普通高中和中等职业学校招生比例，今后一个时期总体保持普通高中和中等职业学校招生规模大体相当”，近年来，我国基本实现了高中阶段普通教育和职业教育招生规模的大体相当，但这也仅是一种数量上的平衡，在这种看似协调的表象下，依旧蕴藏着通高中教育和中等职业教育发展“一条腿长、一条腿短”的问题。职业教育社会认可度低依然是毋庸置疑的社会现实，对很多职校学生而言，他们当初选择进入职校学习，并不是出于对职业技能的兴趣，而是他们无法在现有条件下顺利进入普高，选择职校都是在普高无望之后退而求其次的结果。因此职业教育被认为是“末流教育”、职业学校是二流学校，上职业学校意味着“低人一等”的观念依旧浓厚。再加上，社会上也客观存在着重普教、轻职教，重学历、轻技能，重升学、轻就业的现象，导致职业学校被严重边缘化，普职失衡就不可避免。

二、高考相关改革滞后，尚未建立灵活转换的考核评价制度

高中阶段普职之所以不等值，之所以社会认可度低，从具体表现来看，归结于高中阶段没有建立起四通八达、畅通无阻、双向贯通的教育“立交桥”，相匹配的考核评价制度并没有建立起来，从而使中职教育变成了穷途末路：升学无望、发展无门、成长受限，一旦选择中职，就选择了一条“没有未来的断头路”。长期以来，普通高中专注于向升学预备，走知识学术型评价体系；而中职定位成以培养某一专门技能为目的的终结性教育，走就业技能型评价体系。选择普通高中，就意味着走入了一条“阳光大道”，而选择中职，则陷入了“穷途末路”，因为中职的升学通道几乎是“断的”。各地安排高职院校对口招收中等职业教育应届毕业生的规模一般不得超过当年本省（区、市）中等职业学校应届毕业生的5%，而普通高校对口招收中职应届毕业生和五年制高职教育的总规模均在国家确定的计划限额以内安排且比例非常低。以 2009 年为例，中等职业学校毕业生为 608. 68 万人，而《教育部、国家发展改革委关于编报 2009 年普通高等教育分学校分专业招生计划通知》提出对中职校招生规模控制在26. 06 万人的限额，这意味着只有3. 4% 的中职生可以升入普通高校。可见，升学通道对于中职生来说几乎

是封闭的。[①] 升大学无望，进入更高阶段学习更加不可能。目前我国职业教育绝大多数为专科办学层次，本科寥寥无几，研究生办学层次几乎没有。2014 年，教育部等六部门联合印发《现代职业教育体系建设规划（2014—2020 年）》，但真正意义上的职业教育体系建设将是一个漫长的过程，短期来看，中职教育的上升通道仍然是非常有限的。如果没有从考试评价制度的层面来确保高中教育阶段普高与中职的等值，社会对普高的无限推崇以及对中职的现实无奈，也就在所难免。而纵观世界高中教育改革，都特别注重通过评价制度的改革与完善，来推动高中阶段普职教育的协调发展；通过促进普通教育与职业教育在证书或学分之间的转换来推动普职教育的等值，从而为推动高中阶段普职教育的协调发展提供制度保障。

这方面英国最具代表性。1986 年，政府首次推行“国家职业证书”（NVQ），初步形成了系统化的国家职业证书体系；1992 年开始推行“普通国家职业证书”（GNVQ），与“国家职业证书”体系并行，以促进职业教育领域学历教育与在职培训的均衡发展；1997 年，“国家证书框架”（NQF）的推行将职业与普通教育证书纳入同一体系内，促进了两类证书之间的融通；此后经过十几年的发展与调整，英国政府于 2011 年 10 月推出了“资格与学分框架”（QCF），取代了先前的“国家证书框架”，成为当前英国普通与职业教育证书体系的基本框架。该证书框架体系有两个特点：一是相同级别的普通与职业教育证书具有水平上的对等性。在升学时，学生所获得的同等级普职教育证书往往能够互通使用。以大学申请为例：一些大学和专业将第 3 级职业证书与普通教育 A-Level 证书一同纳入申请条件，由此，职业教育课程体系中取得第 3 级证书的学生获得了申请大学的资格。在 2009 年，英国大学所招收的学生中有 11.4% 所凭借的是国家职业证书，而非 A-level 成绩。[②] 此外，普职结合的“拼盘式课程”也被纳入一些大学和专业的申请条件，约 1.7% 的学生正是凭借这一渠道进入大学。二是普通教育与职业教育课程的学分能够进行互认与转换。普职学分的互认与转换机制是“资格与学分框架”下促进普职协调发展的一种重要机制，有助于促进不同类型

① 刘丽群．高中阶段普职沟通的问题反思与政策建议［J］．教育研究，2015（9）：92－98.

② Wolf A. Review of vocational education：The Wolf report［R］. UK：Department for Education and Department for Business，Innovation & Skills，2011：68.

普职证书之间的融通，并能够促进学生跨越普职界限进行升学：通过信息平台为每一位学生建立档案，记录其在各学段普职课程中所获得的学分，而相同的学分可以在不同的普职证书与普职学校间进行互认与转换。

表 4－9 英国“资格与学分框架”（QCF）

证书等级	普通教育证书	职业教育证书
第 8 级	博士	—
第 7 级	硕士	（无）
第 6 级		
第 5 级	学士	基础学位 高级国家证书（NHD）
第 4 级		
第 3 级	A-Level（AS/A2）	第三级高阶国家证书 第三级国家证书
第 2 级	GCSE（A-C 级）	第二级证书
第 1 级	GCSE（D-G 级）	第一级证书
入门级	第三学段（KS3）	E3 级证书

表 4－10 英国“资格与学分框架”中第 1～3 级普通与职业教育证书的对应关系

证书等级	职业教育证书	普通教育证书
	1x 学业证书（Certificate）	1xAS Level 证书
	1x 子职业证书（Subsidiary Diploma）	1xA Level 证书
	1x 职业证书（Diploma）	2xA Level 证书
第 3 级	1x 高级职业证书（Extended Diploma）	3xA Level 证书
	优秀	A 等
	良好	C 等
	及格	E 等
	1x 学业证书（Certificate）	1xGCSE A*-C 级证书
	1x 高级职业证书（Extended Certificate）	2xGCSE A*-C 级证书
第 2 级	优秀	A*/A 等
	良好	B 等
	及格	C 等
第 1 级	1x 学业凭证（Award）	1xGCSE D-G 证书
	1x 职业证书（Certificate）	2xGCSE D-G 证书

德国在促进普职之间的互认与转换等方面也有一些得力举措。联邦德国

1972年《关于改组中等教育第二阶段中完全中学高级阶段的协定》专门就评价提出了非常细致且具操作性的建议①：在完全中学高级阶段修业过程中取得的成绩是用传统的分数（1至6分）评定的。确定12/13学级阶段成绩的分数化为总成绩是借助一个积点体系来实现的。1分按不同的分数趋势（每一档次的分数有三个分数趋势，即1分包括1、1+、1-，2分包括2、2+、2-，以此类推）相当于15/14/13积点；2分按不同的分数趋势相当于12/11/10积点；3分按不同的分数趋势相当于9/8/7积点；4分按不同的分数趋势相当于6/5/4积点；5分按不同的分数趋势相当于3/2/1积点；6分相当于0积点。而1982年的《关于互相承认一体化综合中学毕业生的总纲协议》② 则进一步强调按照规定的标准，互相承认在一体化综合中学所取得的毕业和资格。具体包括在一体化综合中学可以获得毕业和资格，它们与下列的毕业和资格具有同等的地位：

——最早在第9学级期末才可达到的主要学校毕业；

——在一些州里，在第10学级期末可达到学制已延长了的主要学校毕业；

——在第10学级期末可达到的实科学校毕业；

——在第10学级期末可获得的转入完全中学高年级的资格。

三、政策多停留于提倡，缺乏具体的实施建议和强有力的推进策略

应该说，目前高中阶段普职协调发展的短板在中职，但中职要在短期内提高社会的认可度，是不太现实的。在此情形下，为了促进高中普职协调发展，国家曾提出一些政策主张，如推动高中阶段普职之间的融通、适当发展普高与中职之外的另一种高中教育发展模式——综合高中等，这些主张在不同时期的政策文本中都有提及与倡导。如《国家中长期教育改革和发展规划纲要（2010—2020年）》（以下简称《纲要》）强调“中等发展程度的地区要通过多种形式加快高中阶段教育发展步伐，积极探索和推广普通高中课程与职业技能教育相结合的综合性教育形式”。2001年5月，国务院《关于

① 瞿葆奎．联邦德国教育改革［M］．北京：人民教育出版社，1991：611-612.

② 瞿葆奎．联邦德国教育改革［M］．北京：人民教育出版社，1991：655-656.

基础教育改革与发展的决定》指出，“保持普通高中与中等职业学校的合理比例，促进协调发展。鼓励发展普通教育与职业教育沟通的高级中学”。《纲要》提出“鼓励有条件的普通高中根据需要适当增加职业教育的教学内容。探索综合高中发展模式。采取多种方式，为在校生和未升学毕业生提供职业教育”等。可见，国家为推进普职协调发展，提出过一系列政策主张，但这些政策更多停留于文件层面，还缺乏实质性和强有力的推动举措，最终使得一种美好的政策愿望因为缺乏推进举措而流于形式。众所周知，高中阶段无论是推进普职融通，还是发展综合高中，这对于传统高中阶段教育都是一个极大的挑战，这必然涉及传统观念障碍、课程设置、评价制度建立、师资队伍建设等一系列问题。如果国家政策层面并没有颁布相关的具体指导性文件来解决上述问题，政策的切实推进与具体落实就会落空。各个试点省份和学校最后只能是“摸着石头过河”。

就高中普职融通的试点与推进来看，目前，我国多数省市已经开始了普职融通相关试点，据笔者初步统计，约有 20 个省市或自治区颁布了普职融通试行方案。如：湖南省教育厅发布的《湖南省综合高中建设标准（试行）》、天津出台《普通高中教育与中等职业教育融合贯通试点工作方案》、河北出台了《石家庄市普通高中教育与中等职业教育融合贯通试点工作方案》、2014 年北京发布的《关于在职业高中开展综合高中班试点的通知》、山东省潍坊市公布的《潍坊市普通高中教育与中等职业教育融合贯通实施方案》等。就一些省市已颁布的试行方案和文件来看，绝大多数都是响应国家政策的号召。如果说国家层面有关高中普职融通的政策更多停留于“提倡”层面，那么，一些省市的地方性政策主要就是“响应”号召。尽管也有个别地方锐意创新，进一步出台了普职融通的推进方案，如《南海区 2013 年“普职融通”转学考试方案》《朝阳区职业高中向普通高中派送选修课程工作方案》以及宁波市出台的《职普融通育人模式改革实施办法（暂行）》等，但也只是短期内某个具体问题的临时性解决方案。关于普职融通究竟如何具体推进，包括课程如何设置，师资如何安排和确保，普职之间学籍能否转换，如何转换；学分能否相互认可，如何认可；普高与中职、高中与大学、高中与社区、高中与职业培训中心等如何横向沟通和纵向衔接；等等，都没有从政策层面进行具体的引导和规划。这一方面使得很多学校在具体实施过程中不知所措，而另一方面，仅凭学校一己之力而缺乏政策支撑，容易使学校的改革无法迈开步伐。

再以综合高中的推广实施来看。① 从第一章的介绍中，不难发现，综合高中是一种新型的高中发展模式，它对于解决高中普职失衡的问题不失为一种创举，而且综合高中在英美日等国的改革已经接受了实践的检验，也正因为如此，我国自 20 世纪 80 年代开始就在陆续提出和推广综合高中模式。1982 年到 1995 年，辽宁海城、江苏锡山、北京东城、江苏南通、浙江南浔、上海宝山等地试办综合高中并取得了初步成效②，但到 2010 年时，全国自称综合高中的学校几乎寥寥无几。而 2010 年的《纲要》提出“探索综合高中发展模式”后，我国迎来了综合高中发展的第二次浪潮，一些省市大刀阔斧地进行综合高中的探索与改革：如南京将在未来 10 年投入两亿元重点建设“综合改革高中”“学科创新高中”“普职融通高中”以及“国际高中”；湖南在 2011 年启动了高中教育改革试点，力争形成以综合高中、特色高中、示范高中为基本模式的多样化发展格局；从 2012 年 9 月份开始，重庆市有 22 所学校试点设立综合高中。显然，综合高中的改革无论是在教育制度、师资还是课程设置、教学资源等方面都对现有的普通高中与职业高中提出了挑战，而这仅仅依靠高中本身，局限于学校内部来进行改革都是不可能，也是不可行的。

就考试评价制度来看，如果对综合高中没有专门而针对性的安排与顶层设计，在我国高中教育高度受“指挥棒”影响的背景下，综合高中的改革推进几乎可以说是寸步难行。而且事实上，国外综合高中推行较好的国家，恰恰是在评价制度改革甚至在一些法律法规等层面都采取了强有力的推进举措。美国中等教育改组委员会早在 1918 年公布的《中等教育的基本原则》中，即已确立综合中学在学制系统中的地位，1944 年的《关于满足青年的需要》以及《为了所有美国青年的教育》等都进一步明确了综合高中的发展定位与宏观走向；瑞典通过 1968 年颁布的《教育改革法案》，将高级中学、继续学校和职业中学合并为混合类型的综合高中，成为高中教育的主流模式；日本中央教育审议会先后通过的《关于今后学校教育的综合扩充、

① 刘丽群．我国综合高中发展的现实问题与路径选择［J］．教育研究，2013（6）：65－71．

② 袁桂林．关注高中横向定位问题——对促进高中学校类型多样的思考［N］．中国教育报，2012－05－11．

整顿的基本措施》（1971 年）、《关于高中改革的咨询报告》（1994 年）以及英国政府制定的《综合中学设置促进法》（1976 年）等都为综合高中的发展提供了保障。

四、中职教育自身质量不高，吸引力不足

高中普职失衡问题的长期存在，与人们传统的教育观念、制度跟进等很多因素有关，这些可以看做是导致高中普职失衡方面的外围原因，这些外围因素的确在很大程度上限制了中职的发展，使中职在整个高中教育阶段处于落后状态。但除此之外，从内部因素来看，也与中职自身质量不高、吸引力不够有关。当然，自身质量不高、吸引力不够也有可能是由外围因素导致的，但从直接结果来看，中职自身的因素也在很大程度上导致了高中普职失衡的发展现状。

事实上，为推进高中普职的协调发展，近几年来，我国密集地采取了多项举措促进中等职业教育的发展，其中最主要的措施是对中等职业学校实行助学金政策和免学费政策。中职国家助学金政策从 2006 年开始实施（覆盖面仅 5%），2007 年正式实行，助学金政策规定对具有中等职业学校全日制正式学籍的在校一、二年级所有农村户籍的学生和县镇非农户口的学生以及城市家庭经济困难的学生提供每年 1500 元的助学金，目前覆盖率已经达到了 90% 左右。2009 年国家又开始启动对中等职业学校实行免学费政策，其推进进程在不断加快和扩大。2009 年文件规定对部分农村家庭经济困难学生和涉农专业学生实行免学费政策；2010 年文件规定对部分城市家庭经济困难学生实行免学费政策；2012 年文件规定对公办中等职业学校全日制正式学籍一、二、三年级在校生中所有农村（含县镇）学生、城市涉农专业学生和家庭经济困难学生免除学费（艺术类相关表演专业学生除外），将中等职业学校国家助学金资助对象由全日制正式学籍一、二年级在校农村（含县镇）学生和城市家庭经济困难学生，分步调整为全日制正式学籍一、二年级在校涉农专业学生和非涉农专业家庭经济困难学生。与此同时，中职的招生人数呈现先增加后下降的趋势，并且在 2009 年和 2010 年招生数超过了普通高中，2009 年突破了 860 万人，2010 年突破了 870 万人，达到最大值。2010 年刚好是实行中职免费政策的第二年，但这种增长势头没有继续保持，在 2011 年和 2012 年又开始下降，招生人数又少于普通高中，尤其是

2012 年中职招生人数又下降到 750 万人左右，同 2006 年的中职招生人数相近。

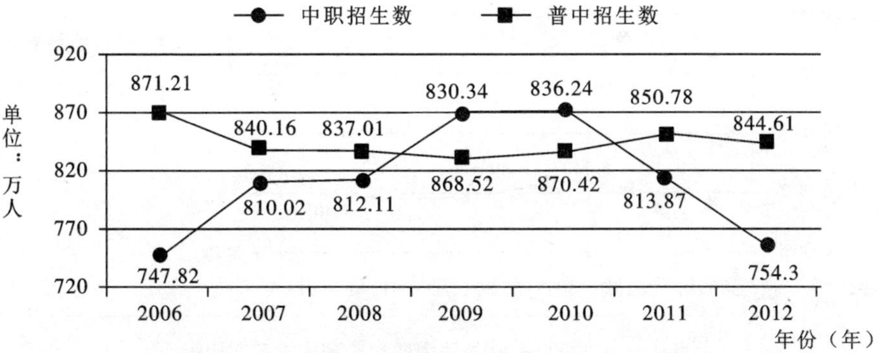

图 4－9　全国中职和普高招生总人数（2006—2012 年）

注：数据来自 2006—2011 年中国教育统计年鉴和 2012 年教育事业发展统计公报。

一方面，自 2009 年中职教育免费政策实施以来，中职学校招生人数及在校生人数并未有效增加。中职政策话语体系中，“增强中职教育吸引力，扩大农村学生受教育机会”无疑是最有分量的内容。但从政策效果来看，这一政策意图并未有效落实。通过汇总 2009—2012 年教育事业发展统计公告数据来看（如图 4－9），自 2009 年推进中职免费政策以来，中职教育每年招生人数、在校生总数以及招生人数占初中毕业人数比重等均在不断减少。这表明中职教育的吸引力并未得到显著提升，中职招生的不利环境也并未得到根本改变，中职与普通高中的结构也并没有得到优化。从长期发展趋势来看，中职免费政策也未能起到激发农村学生教育需求、提高农村学生就学人数与比重的作用。另一方面，中职教育免费政策在稳定中职学校生源、降低辍学率方面的效果不佳。虽然一些学者和政策制定者认为，用免费政策吸引学生上中职，会比学生过早流失到社会上好，但这种想法的“好意”值得推敲。因为免学费政策实施以来，根据国家统计数据（见图 4－10），中职的辍学率仍然居高不下且不断攀升，而普高的辍学率基本在 5% 左右上下波动。这充分表明，实施中职教育免费政策后，中职教育的吸引力未必就能真正提高。

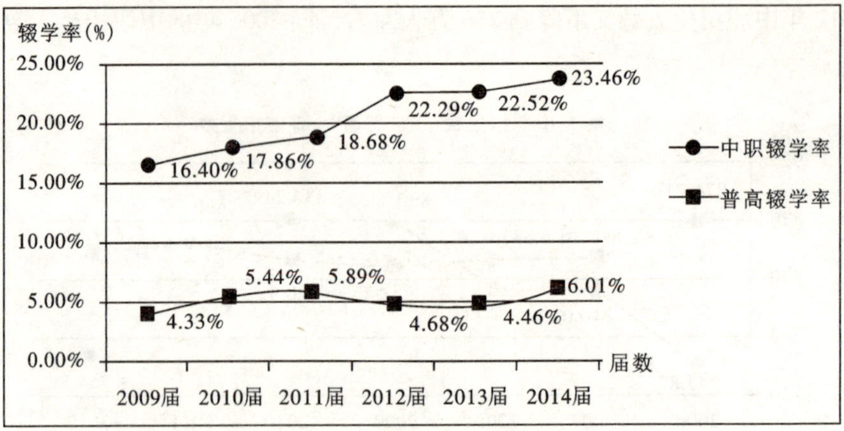

图4-10 2009—2014届中职和普高辍学率对比①

一项对高中阶段教育选择影响因素的研究表明，学生对中等职业学校的满意度、了解度以及父母的支持度是影响其高中阶段教育选择的重要因素。② 简而言之，中等职业教育的吸引力问题是影响高中阶段教育选择的决定性因素。因此，要想完成2020年普及高中阶段教育的目标，其关键就在于通过切实的改革措施来提高中等职业教育的吸引力。正如陈宝生部长所言，对职业教育要高看一眼、厚爱一分，要让职业教育“香起来、亮起来、忙起来、强起来、活起来、特起来”。

自从国家开始重视中等职业教育的发展，加大对中职教育的投入之后，许多中等职业院校的硬件设施得到了保障，但内涵发展的脚步却未能跟上硬件的改善。与普高相比，中职教育投入不足、师资配置不搭配、专业与课程设置不合理等都直接导致了中职教育的内涵式发展不足、教育质量低、吸引力不够。先看中职的教育投入。理论上，中职的办学及运行成本远高于普高，但事实上中职的教育投入、学校规模以及办学条件等都明显低于普高。以2016年湖南为例，中职学生人数占高中阶段总人数的比例为37.3%，但中职校舍面积占高中阶段总校舍面积的比例仅为27.8%，中职教师数占高中阶段总教师数的比例只有26%。而根据湖南省教育厅2012—2016年湖南

① 姚松，史创垒．对中职教育免费政策执行效果的审视与调适建议［J］．教育发展研究，2016（5）：37-40．

② 苏丽锋，孙志军，李振宇．高中阶段教育选择影响因素研究［J］．清华大学教育研究，2016（4）：52-60．

高中阶段教育情况的数据统计显示，湖南中等职业学校在学校数量、校舍面积、计算机、仪器设备值、图书五个指标上均低于普通高中，尤其是校舍面积，尽管在学校数量上中职较少于普高，但也基本保持大体相当，但中职的校舍面积却连普高的一半都不到。另外，从这五项指标的变化趋势来看，普高在这五项指标上均呈上升趋势（除了学校数量有所波动），且上升幅度明显高于中职；中职仅在计算机和仪器设备值两项指标上呈上升趋势，且上升幅度较小，在学校数量、校舍面积和图书三项指标上呈下降趋势，与普高差距逐渐拉大。①

再看普高与中职教师队伍情况。教师是履行教育教学职责的专业人员，是培养人才的核心力量，也是促进教育质量提升和高中教育普及的关键所在。自党的十八大以来，高中教师队伍逐渐扩大（见图 4－11）。相较于 2012 年，2018 年高中阶段教师数增加 18.5 万人，增长率为 9.7%。虽然高中教师队伍整体人数逐年扩张，但其增长主要表现在普通高中教师人数的增长，而职业高中教师人数反而略有减少。2018 年普通高中专任教师数为 181 万人，职业高中专任教师数为 28 万人,② 其中 2018 年普通高中教师人数相较于 2012 年，增长了 21.5 万人，增长率达到 11%；2018 年职业高中教师人数相较于 2012 年减少了 3 万人，降低了 10.7%。《高中阶段教育普及攻坚计划（2017—2020 年）》明确指出，“教师总量不足，普通高中一些学科专任教师和中等职业教育‘双师型’教师短缺”，这是高中阶段教育普及进程中的一个“明显短板”。调查显示，在中等职业教育阶段校企合作推进困难，师资整体水平偏低，“双师型”教师严重缺乏，中职教师中来自技术师范学院和企业的仅占 39.4%。③ 最为突出的是中西部贫困地区普通高中和中职学校普遍面临师资缺乏的问题。研究表明，在不考虑新建学校需要配备新教师的情况下，如果按照高中专任老师与学生数 1∶14.8 的标准计算，2015 年中西部贫困地区普通高中总计共缺编教师达 5.7 万人，缺编最多的省份高

---

① 湖南省教育厅. 2012—2016 年湖南省各类教育事业发展概况［EB/OL］.（2017－08－08）［2021－08－20］. http：//gov. Hnedu. cn/zwgk/zfxxgk/xxgkml/.

② 中华人民共和国教育部. 2018 年教育统计数据［EB/OL］.（2019－08－08）［2020－02－22］. http：//www. moe. gov. cn/s78/A03/moe_ 560/jytjsj_ 2018/.

③ 程艳霞，李永梅. 普及高中阶段教育的历史逻辑与供给侧改革路径［J］. 中国教育学刊，2019（02）：34－41.

达1.7万人。其中一些地区的师生比均超过1:17，缺编矛盾十分突出。如果按中等职业学校专任教师与学生数1:20的标准计算，中西部贫困地区学校共缺编教师约9万人，而部分中西部贫困地区中等职业学校的师生比超过了1:20，缺编最严重的省份缺额达到1.2万人。中西部中等职业学校教师不仅数量短缺，更重要的是结构短缺，"双师型"教师明显不足。①

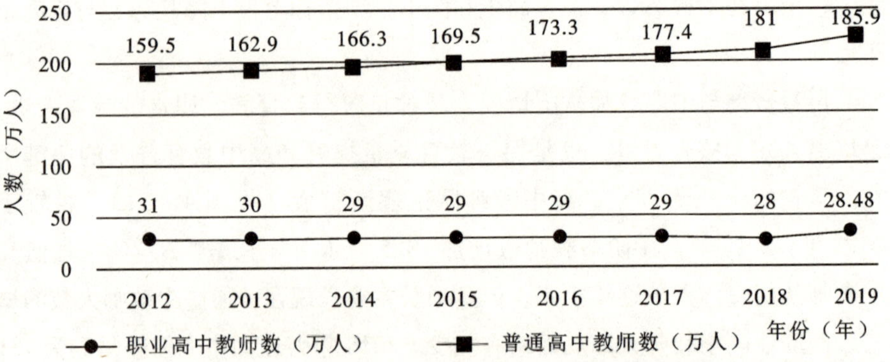

图4－11 2012—2018年全国高中教师人数变化趋势

① 中华人民共和国教育部．攻坚重点在贫困地区［EB/OL］．（2017－04－07）［2020－02－22］．http：//www.moe.gov.cn/jyb_xwfb/moe_2082/zl_2017n/2017_zl21/201704/t20170407_302077.html.

第五章
我国高中教育普职协调发展的时代要求与内涵标准

如前所述，我国高中阶段教育的改革与发展，取得了令人瞩目的成绩，尤其在高中入学率、高中普及程度等方面，都迈入了一个新的历史发展阶段。但高中教育在数量与规模问题逐步得到解决的同时，普职之间出现了结构、质量、效益等方面的失衡现象。那么，普职失衡会带来哪些方面的问题，普及背景下为什么要特别强调促进高中普职的协调发展，到底什么是协调，什么是协调发展，达成什么程度、符合哪些条件就是协调发展，如何来评价一个国家、某个区域的高中普职教育是否协调，等等，这些是本章要讨论的重点。

第一节　我国高中教育普职失衡带来的系列问题

国务院2017年印发的《高中阶段教育普及攻坚计划（2017—2020年）》（以下简称《攻坚计划》）明确提出，牢固确立职业教育在国家人才培养体系中的重要位置，巩固提高中等职业教育发展水平，实现普通高中和中等职业教育协调发展，结构更加合理，招生规模大体相当。高中普职的失衡突出表现在发展规模、速度、结构与质量等方面，而失衡的典型特征就是中职教育发展数量不足、质量不高、结构不合理。因此，国家提出必须牢固确立职业教育在国家人才培养体系中的重要位置。因为，高中普职发展失衡，大而言之，会影响到国家普及高中教育战略目标的实现，影响精准扶贫的精准推进，会进一步加剧就业难与技工荒，会导致高中乃至整个教育生态系统的破坏。也正因为如此，《国务院关于加快发展现代职业教育的决定》特别强调，必须把发展中等职业教育摆在普及高中阶段教育的突出地位，把高中阶段教育招生规模的增量主要用于发展中等职业教育，切实加大对中等职业教育的支持力度。

一、影响国家普及高中教育战略目标的实现

改革开放以来，尤其是党的十八大以来，高中教育得到长足的发展，党的十八大明确提出基本普及高中阶段教育的任务，将大力发展高中阶段教育提到民生高度，党的十九大再次提出普及高中阶段教育，让绝大多数城乡新增劳动力接受高中阶段教育，因而自2012年以来的高中阶段毛入学率不断提高（见图5-1）。截至2019年，全国共有高中阶段学校2.44万所，招生1439.86万人，在校学生3994.90万人，其中全国中等职业教育学校共有1.01万所，招生600.37万人，占高中阶段教育招生总数的41.7%，中等职业教育在校生1576.47万人，占高中阶段教育在校生总数的39.46%。总体而言，高中阶段毛入学率为89.5%，比上年提高0.7个百分点，表明我国目前新增劳动力绝大部分能够接受高中阶段以上教育。

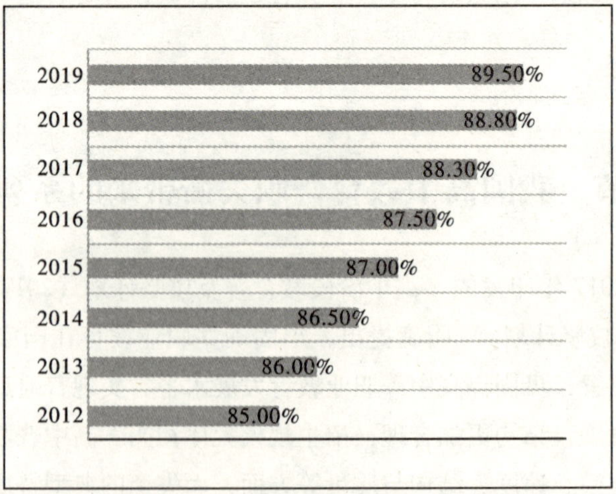

图5-1 2012—2019年全国高中阶段毛入学率

如图5-1所示，自2012年以来，全国高中阶段教育毛入学率稳步提高，2019年相较于2012年，全国高中阶段教育毛入学率增长了4.5%，距2020年达到90%的发展目标仅差0.5个百分点。在这期间，一些东部省市已提前完成任务。广东省高中阶段毛入学率在2011年就达到90.34%，实

现了全面普及高中阶段教育的目标；2014 年高中阶段教育毛入学率达到了 95.90%，普职比保持大体相当，高中阶段教育初步实现规模、结构、质量、效益协调发展。① 高中阶段教育毛入学率的提高对进一步改善我国劳动年龄人口受教育程度、夯实大国崛起所需人才的战略储备、加快提高人力资源开发水平发挥了重要支撑作用。

应该说，普及高中阶段教育是我国继 2011 年全面普及九年义务教育之后，党中央、国务院作出的普及更高阶段教育的重大战略决策，是进一步提升国民整体素质、建设人力资源强国的基础工程，其意义重大、影响深远。从全国范围来看，2016 年我国高中阶段教育毛入学率就已经达到了 87.5%，2017 年毛入学率为 88.3%，2018 年为 88.8%，2019 年全国 2/3 以上省（区、市）的高中阶段教育毛入学率已经达到 90% 以上；而北京、上海等地的高中毛入学率甚至达到了 95% 以上②。应该说，到 2020 年实现预期 90% 的目标指日可待。但透过这些面上数据，我们不难发现，在一些省份和部分地区，高中教育普及率还较低：2014 年，在四川全省高中阶段教育毛入学率已达 88.01% 的整体形势下，甘孜、凉山、阿坝的毛入学率却分别只有 32.06%、38.54%、45.89%③。即使在高中教育高位普及的东部地区，也同时面临着普通高中教育与中等职业教育发展不协调、结构不合理等系列瓶颈问题。

根据历史经验，高中普职的协调发展，尤其是中职发展规模的稳定程度，对于提升高中阶段教育普及率极为重要。改革开放以来，我国中等职业教育规模发展跌宕起伏，高中阶段教育毛入学率也随之发生明显变化。从 1985 年到 1997 年，我国中职与普高在校生比例基本上维持在 1∶1 左右，在此期间，高中阶段教育毛入学率从 20% 左右一举跃升到 40% 以上。而 1998 年到 2004 年间，受高校扩招而导致的“普高热”影响，中职规模连年缩减，此时高中阶段教育毛入学率常年维持在 40% 左右，未有明显增长。到 2005 年以后，随着中职招生规模逐渐恢复增长，高中阶段教育毛入学率又有了显著提升。高中阶段教育的普及，并不是普通高中阶段教育的普及，目

---

① 新华网. 广东：全省提前实现全面普及高中阶段教育目标［EB/OL］.（2015－11－25）［20201－08－20］. http：//education. news. cn/2015－11－25/c_ 128466112. htm.

② 任敏. 2020 年我国将普及高中阶段教育［N］. 北京日报，2017－04－07（02）.

③ 汪明. 补上贫困地区高中阶段教育短板［N］. 中国教育报，2015－12－01（02）.

前高中教育普及的短板在中职，中职的规模若无法实现与普高规模大体相当，那么普及高中阶段教育的战略目标就很难真正实现。

二、影响特殊地区与特殊人群精准扶贫的实现

贫困问题一直是困扰人类社会发展的重大问题。改革开放以来，我国一直在为解决贫困问题而进行不断的探索并取得了显著成效。党的十九大把精准脱贫作为决胜建成小康社会必须打好的三大攻坚战之一，但扶贫必须同扶志、扶智相结合。习近平总书记强调，“扶贫先扶智，扶贫必扶志”，“贫困地区、贫困群众首先要有‘飞’的意识和‘先飞’的行动。没有内在动力，仅靠外部帮扶，帮扶再多，你不愿意‘飞’，也不能从根本上解决问题”。在扶贫脱贫的过程中，“智”和“志”是内力、内因，只有真正激发贫困人口脱贫的这种内力、内因，才能形成脱贫致富的可持续发展能力，才能阻断贫困的代际传递。我国贫困地区尤其是深度贫困地区，之所以深陷贫困不能自拔，固然有自然地理等因素的影响，但更深层次的原因就是教育水平的长期低下。因此，要根本解决深度贫困地区的贫困问题，亟须从教育入手，打破贫困代际传递，拔除“穷根”。恰如诺贝尔经济学奖获得者阿马蒂亚·森所言，教育的缺失是“能力剥夺的贫困”，是比收入贫困更深层的贫困，它会引发“贫困的代际传递”。联合国教科文组织研究表明，不同层次的受教育者提高劳动生产率的水平不同：本科300%、初高中108%、小学43%，人均受教育年限与人均GDP的相关系数为0.562。[①] 正因为如此，第31个教师节到来之际，习近平总书记在给“国培计划（2014）”北京师范大学贵州研修班参训教师的回信中再次强调：“扶贫必扶智。让贫困地区的孩子们接受良好教育，是扶贫开发的重要任务，也是阻断贫困代际传递的重要途径。”

随着我国义务教育的全面普及，普及高中阶段教育，促进高中教育协调发展无疑是当前脱贫攻坚的主要任务和关键环节。而且从第四章对我国高中普职失衡的现状分析中，我们也不难发现，高中教育发展在区域上的失衡，洼地主要是在中西部贫困地区、民族地区、边远地区和革命老区等，这同时也是脱贫攻坚的重点领域；而高中教育在普职结构方面的失衡，主要表现为职业教育是发展短板，众所周知，职业教育承担了绝大部分贫困家庭子女的

① 刘传铁. 教育是最根本的精准扶贫［N］. 人民日报，2016-01-27.

教育任务，很大一部分中职学校学生是来自农村家庭和城市经济困难家庭。高中普职教育在区域范围、结构层面的协调发展，与我国精准扶贫的重点区域与重点对象高度契合。由此可见，高中阶段教育如何实现在区域间的协调发展，如何促进高中普职结构的协调发展，将直接影响到脱贫攻坚目标能否达成。

2017 年，我国高中阶段毛入学率比 2000 年提高了 46.9%，但高中阶段教育毛入学率的东中西部差异较大，毛入学率低于 70% 的有 4 个省区，而在集中连片贫困地区中毛入学率低于 50% 的有 11 个地市。① 因此，《攻坚计划》提出了 2020 年“全国、各省（区、市）毛入学率均达到 90% 以上，中西部贫困地区毛入学率显著提升”的目标，这显然与之前所提出的 2020 年全国高中阶段教育毛入学率 90% 的表述不同。《攻坚计划》把“中西部贫困地区、民族地区、边远地区、革命老区等教育基础薄弱、普及程度较低的地区，特别是集中连片特殊困难地区”列为攻坚的重点之一。这既是普及高中阶段教育的重点攻坚区域，也是脱贫攻坚的重点对象，普及高中阶段教育的过程，在很大程度上就是脱贫攻坚的过程。高中普职如果无法实现不同区域的协调发展，无法实现普职教育在结构上的协调发展，这既影响到高中阶段教育普及战略目标的实现，也影响脱贫攻坚战略目标的达成。

三、无法满足社会经济发展对教育提出的人才需求

与社会和经济需求有关，完成高中教育成为能够进入劳动力市场和具备持续就业能力的最低标准。正因为如此，二战后，为了回应人们日益增长的需求以及对教育在经济发展中的重要性的认识，很多国家开始通过为公民提供更多的高中及高中以上的受教育机会来大幅扩展本国的教育系统。各国国民受教育程度显著增长。1965 年，OECD 国家中的 25 ~ 34 岁受过高中及高中以上教育的年轻人的比例平均只有 43%。50 年后，受过高中教育的人数比例几乎翻了一番，2015 年达到了 84%。1965 年，没有任何一个 OECD 国家受过高中及高中以上教育的年轻人的比例高于 80%，而到 2015 年，除 6 个国家以外，其他 OECD 国家都达到了 80% 以上。其中，加拿大、德国、拉脱维亚和美国等国均于 1980 年前迈出了教育扩张的第一步；丹麦、韩国、

① 石伟平，赫天聪．普及高中阶段教育中等职业教育需要发力［J］．中国职业技术教育，2017（34）：39 - 44.

挪威、波兰于 1980—1999 年间高中受教育比例超过 80%；澳大利亚、法国、以色列、新西兰和英国在 1995—2015 年间达到了该比例；冰岛、意大利、墨西哥、葡萄牙、西班牙和土耳其仍未达到该比例。

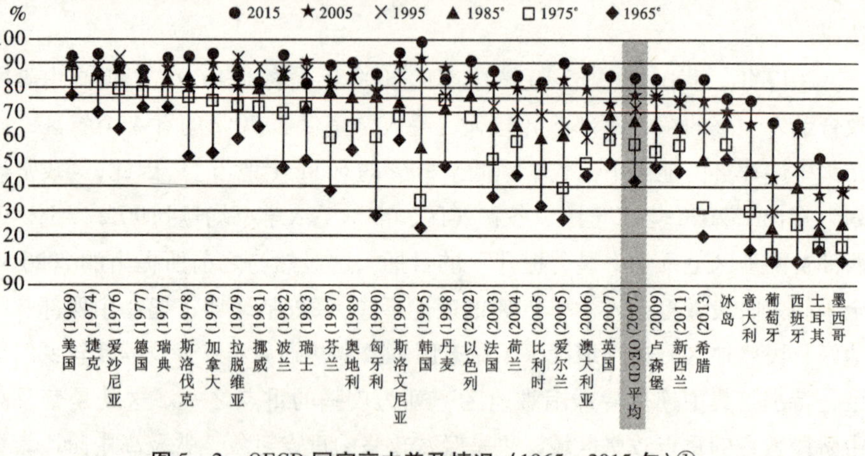

图 5－2 OECD 国家高中普及情况（1965—2015 年）①

注释：国家名称上面括号里的年份表示该国受过高中及高中以上教育的年轻人比例达到 80% 以上的第一年。没有标记年份的国家尚未达到这一比例。智利和日本因缺失相关数据，未出现在该图中。爱沙尼亚、匈牙利、拉脱维亚、墨西哥和捷克在 1965 年的数据参照的是 1967 年的，1995 年的数据参照的是 1997 年的。卢森堡、斯洛文尼亚在 1965 年的数据参照的是 1970 年的，1995 年的数据参照的是 2000 年的。法国在 1985 年的数据参照的是 1984 年的，2015 年的数据参照的是 2014 年的。

中国用了 60 多年时间完成了从人口大国向人力资源大国进而再到一个世界人力资源强国的转变。到 2020 年，中国 15 岁以上人口平均受教育年限将达到 11.0 年，与 2005 年 OECD 国家平均年龄（11.5 年）相差 0.5 年；15～64 岁人口达到近 10 亿人，总人力资本将达到 109.56 亿人年，相当于 1950 年的 32.9 倍。② 1982 年，我国每十万人中仅有 599 人具有大学文化程度（大专以上文化程度），6622 人具有高中文化程度，17758 人具有初中文化程度，35377 人具有小学文化程度，文盲和半文盲人口占总人口的比例为

① 经济合作与发展组织（OECD）．受教育程度：教育扩张的 50 年回顾［J］．华东师范大学学报（教育科学版），2017（6）：148－151.

② 胡鞍钢，王洪川，鄢一龙．中国教育现代化：人力资源与教育（1949—2030）［J］．教育发展研究，2015（1）：9－14.

23.5%。这一状况一直到1993年以后才得到彻底改变。第六次人口普查数据显示，2010年每10万人中具有大学文化程度的人数为8930，具有高中文化程度的上升为14032人，具有初中文化程度的上升为38788人，而具有小学文化程度的则下降为26779人，文盲率下降为4.08%。

但与此同时，我们也看到，我国教育无论从整体上还是结构上，与社会经济发展的要求都还存在一定的差距。就教育的整体情况来看，国民平均受教育水平明显滞后。当前，我国15岁以上人口平均受教育水平仍以初中为主，这样“中低端”的国民教育素质水平显然无法支撑中国经济迈向中高端的要求，也难以满足人民群众随时代进步而提升的教育需求，更与中国的综合国力发展不相适应。高中阶段教育发展无法满足社会经济发展对人才的需求，从而直接制约经济的发展。而高中教育结构的失衡，也意味着高中培养的人才结构无法满足产业结构调整所带来的人才结构转型。为应对新一轮科技革命和产业革命的需要，2015年5月，我国政府发布了《中国制造2025》行动纲领，将制造业定位为“立国之本、兴国之器、强国之基”，并提出了建设制造业强国的“三步走”战略。制造业强国的崛起离不开技术技能人才的培养，但目前我国高中阶段普职结构的失衡，很大程度上导致技术技能人才培养规模、数量不足，质量不够。据国际劳工组织调查显示，发达国家的产业工人基本是技术工人，其中高级工占35%，中级工占50%，初级工占15%。① 在我国，城镇企业共有1.4亿名职工，其中技术工人有7000多万，初级工占60%左右，中级工占35%，高级工仅占3.5%，这与发达国家高级工40%的比例相差甚远。② 从2005年至今，高级工、技师或高级技师、具有中级及以上职称的劳动力，其求人倍率都已超过1，表明人才供给明显短缺且呈加剧的趋势。③ 从行业需要预测来看，2009—2020年我国制造业、建筑业集中了60%以上的高技能人才的需求量，但目前这两类人才的培养量仅占总量的14.37%。④ 预计到2025年，我国制造业从业总人

① 吴玲．“技工荒”凸显机制“短”［EB/OL］．(2009-11-05)［2021-08-20］．http://discovery.China.com.cn/news/comment/200911/05/cotent_ 18834133.htm.

② 孙诚．2012中国职业教育发展报告［M］．北京：教育科学出版社，2012：261.

③ 于志晶，刘海，岳金凤，等．中国制造2025与技术技能人才培养［J］．职业技术教育，2015，36(21)：10-24.

④ 孙诚．2012中国职业教育发展报告［M］．北京：教育科学出版社，2012：276.

数约达1.3亿，其中技术技能型从业者人数约8000万，占比约为61.5%，十年增加约3000万人，因此制造业技术技能型从业者的年均增量约为300万人。职业院校是向制造业培养、输送人才的主要途径，而我国中高职制造类专业学生年均毕业生数持续下降，人才缺口逐渐拉大，2015年，制造业年均人才缺口达到180万人。① 就中等职业教育来说，根据2011—2013年制造类招生数量和毕业生数量统计，2011年到2013年中等职业学校毕业生的数量分别是541.1万、554.4万、557.6万，而制造类毕业生的数量分别是116.0万、96.4万、90.4万，制造类毕业生占中等职业学校毕业生的比例分别是21.4%、17.4%、16.2%。可见，近年来中等职业教育制造类毕业生呈下降趋势，若每年大约提供100万初级技能型人才，需要额外增加100万毕业生。近年来出现的“技工荒”现象就是具体表现，即使在我国中西部，都很大程度上存在着“用功荒”（如表5-1）。由此，高中阶段普职结构的失衡，表面上看是教育内部的结构失衡，但教育结构的失衡会导致人才结构的失衡，由此导致教育为社会发展所提供的人才结构不合理，进而直接影响社会经济的发展。

表5-1 2012年中西部部分城市职业供求状况②

城市	求人倍率	岗位空缺大于求职人数缺口最大的前三个职业	岗位空缺与求职人数的比率
重庆	1.02	机械冷加工人员	3:1
		裁剪缝纫人员	4:1
		推销展销人员	2:1
郑州	1.49	推销展销人员	3:1
		简单体力劳动人员	2:1
		部门经理	3:1
武汉	1.15	推销展销人员	3:1
		裁剪缝纫人员	4:1
		机械冷加工人员	3:1

① 付卫东，林婕．“中国制造2025”战略下职业教育的应对之策［J］．职业技术教育，2016（24）：62-66.

② 张新芝，何艳梅，刘志晶．中西部地区职业技术人才供需调查［J］．职业技术教育，2016（15）：65-70.

（续表）

城市	求人倍率	岗位空缺大于求职人数缺口最大的前三个职业	岗位空缺与求职人数的比率
长沙	1.11	机械冷加工人员	4:1
		治安保卫人员	4:1
		清洁人员	3:1
成都	1.04	推销展销人员	2:1
		餐厅服务员、厨工	2:1
		采购人员	2:1

四、导致高中阶段乃至整个教育生态系统的破坏

教育的协调发展就外部而言主要是指教育与社会经济的协调发展，就内部而言，是指各级各类教育的协调发展。高中阶段教育是连接九年义务教育和高等教育的重要纽带，如果我们把义务教育比作“腿脚”，把高等教育比作“头脑”，那么高中阶段教育无疑是连接上下的“腰身”。腰身强则立人稳，腰身不稳则容易导致整个人体的坍塌，导致整个教育体系生态系统的破坏。

就高中阶段教育的内部来看，普职结构的协调发展无疑是至关重要的，结构的失衡首先将带来高中教育的整体性紊乱。目前高中普职结构失衡的典型表现就是普通高中人满为患，中职教育门庭冷落，这种结构性失衡直接导致的一个现象就是普通高中的无限扩容，超大高中、大班额的现象就在所难免。从教育部最新的统计数据来看，2019 年，全国普通高中校均规模为 1729 人，与上年持平。普通高中平均班额为 50 人，比上年减少 1 人；普通高中大班 9.3 万个，比上年减少 2.6 万个，大班额比例为 19.4%，比上年下降 6.2 个百分点。普通高中超大班为 2.2 万个，比上年减少 1.1 万个，超大班额比例为 4.6%，比上年下降 2.4 个百分点。① 尽管大规模高中、大班额的现象在逐年消减，但仍然严重。2011 年，21 世纪教育研究院对我国中小学校班额的调查，结果显示，我国中小学大班额问题依然严重。2011 年教育蓝皮书就披露我国中西部地区普遍存在大班额现象。2017 年教育蓝皮书

① 教育部. 2019 年全国教育事业发展情况［EB/OL］.（2020-08-31）［2021-08-19］. http://www.moe.gov.cn/jyb_sjzl/s5990/202008/t20200831_483697.html.

再次显示，大班额现象在改善，但仍不容乐观。高中平均班额最大的是河南（65 人/班），有 27 个省份超过每班 45 人的标准，12 个省份超过每班 55 人。① 各个省份、区域的情况也大多类似。早在 2015 年，济南市的统计数据就显示，全市高中学校总数 39 所，班级总数 2017 个，其中 50 人以上的班级数为 1752 个，占班级总数的 86.9%，最大班额达到 82 人②。济南市是教育条件相对较好的区域，大班额现象还十分普遍。在湖南，尽管 2009 年颁布的《关于进一步规范普通中小学办学行为的规定》文件中明确规定“高中不得超过 55 人每班”。2017 年 2 月，湖南省教育工作会议上提出“大班额消除计划”，到 2018 年基本消除 66 人以上超大班额，到 2020 年基本消除 56 人以上大班额。③ 但高中大班额现象非常普遍，教育部门相关负责人透漏，2013 年，湖南省高中“大班额”比例甚至高达 61.39%。④ 而郴州市人大常委会的调研也发现，郴州市一中的平均班额为 60.8，最大班额为 71；郴州市二中的平均班额为 64，最大班额为 77；郴州市三中的平均班额为 66，最大班额则达到了 79。⑤ 如果是落后和贫困地区，就更为严重。在广西，普通高中学位不足，大班额达 50.6%，其中 28.9% 为超大班额。⑥ 超大班额带来的问题显而易见，教育部长就归纳了大班额带来的三个危害：一是影响学生的身心健康。大家可以想一想，人一多，乌泱乌泱的，心情肯定不好。二是影响教学质量，坐在后排的看不到板书，听不到老师授课的内容。三是有可能带来安全问题。⑦

高中阶段普职结构的失衡不仅带来高中内部的系统紊乱，同时也会导致其他教育层次或教育类型的紊乱。如高中教育的结构会直接影响到高等教育的发展。2020 年，我国高等教育毛入学率达到 50%，全国、各省（区、

---

① 李新玲．我国中小学大班额问题严重，河南周口市一学校平均班额 113 人［N］．中国青年报，2017-04-19.

② 刘雅菲．济南 39 所高中八成以上大班额［N］．齐鲁晚报，2015-11-19.

③ 湖南“大班额消除计划”：明年 66 人以上超大班额基本消除［EB/OL］．(2017-02-12)［2021-08-19］．http：/www.hunan.gov.cn/zw/hnyw/tjdt/201702/T20170212_ 3983812.html.

④ 湖南省“大班额”现象严重“上学难”日益突出［EB/OL］．(2015-09-24)［2021-08-19］．http：//www.chnairn.com/news/20150924/091215789.shtml.

⑤ 郴州市人大常委会．关于市中心城区化解大班额工作情况的调研报告［N］．郴州日报，2016-08-09.

⑥ 托起中西部贫困地区底部　普及高中教育是时候了［N］．人民日报，2017-04-20.

⑦ 教育部部长：大班额危害多　今年先消除超大班额［EB/OL］．(2018-03-16)［2021-08-19］．http：//edu.people.com.cn/gb/n1/2018/0316/C1006-29872201.html.

市）高中阶段教育毛入学率均达到 90% 以上，那么意味着至少有 40% 的高中毕业生毕业后不能直接升学，而要选择就业。如果高中阶段普职教育结构不合理，学生都进入普通高中教育轨道，那么，高中毕业生只有 50% 能进入大学，其他的毕业生无法升学，必须走向就业，然而普通高中教育并没有为他们进入就业市场打好相应的基础。而初中毕业后的学生，如果部分分流进入中职，高中甚至达到国家提出的普职相当标准，那么中职毕业生更能适合市场需求。一方面，高等教育满足不了所有高中毕业生的入学需求，而另一方面，社会又急需大量的技术技能人才，中职教育恰恰能满足这些发展需求，也正是基于这种背景，国家力促高中阶段普职的大体相当。但因为中职教育社会认可程度低等多种因素的影响，高中普职结构近年来开始出现失衡，如果失衡进一步加剧，同样会对高等教育的发展产生较大影响。

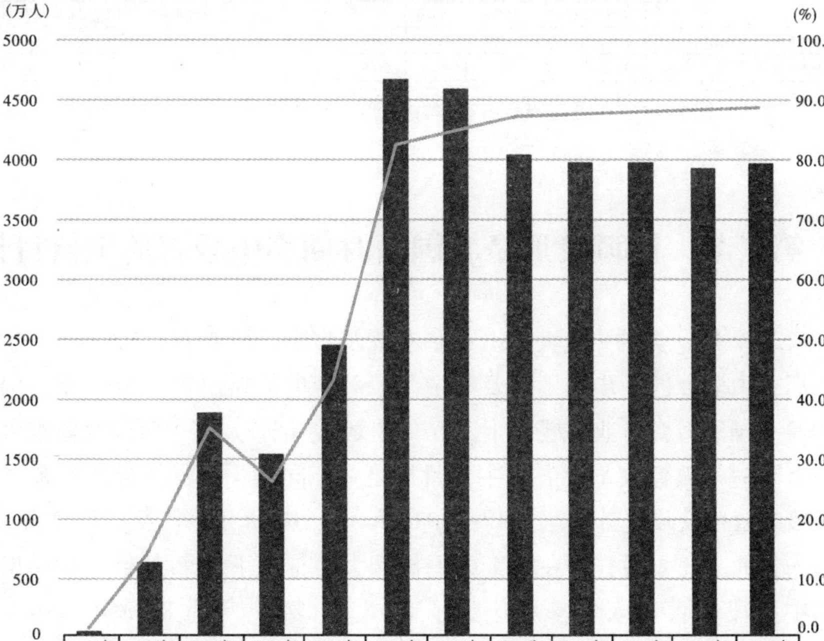

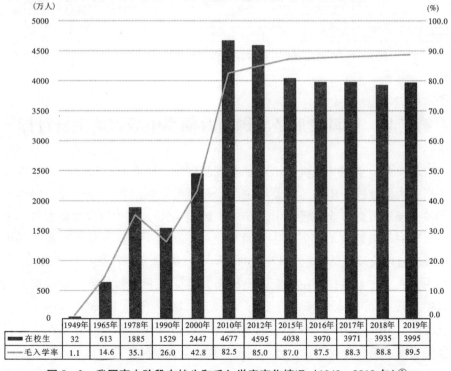

	1949年	1965年	1978年	1990年	2000年	2010年	2012年	2015年	2016年	2017年	2018年	2019年
在校生	32	613	1885	1529	2447	4677	4595	4038	3970	3971	3935	3995
毛入学率	1.1	14.6	35.1	26.0	42.8	82.5	85.0	87.0	87.5	88.3	88.8	89.5

图 5－3　我国高中阶段在校生和毛入学率变化情况（1949—2019 年）①

① 教育部．历年全国教育事业发展情况［EB/OL］．（2019－07－24）［2021－08－19］．http：//www. moe. gov. cn/jyb_ sjzl/s5990/.

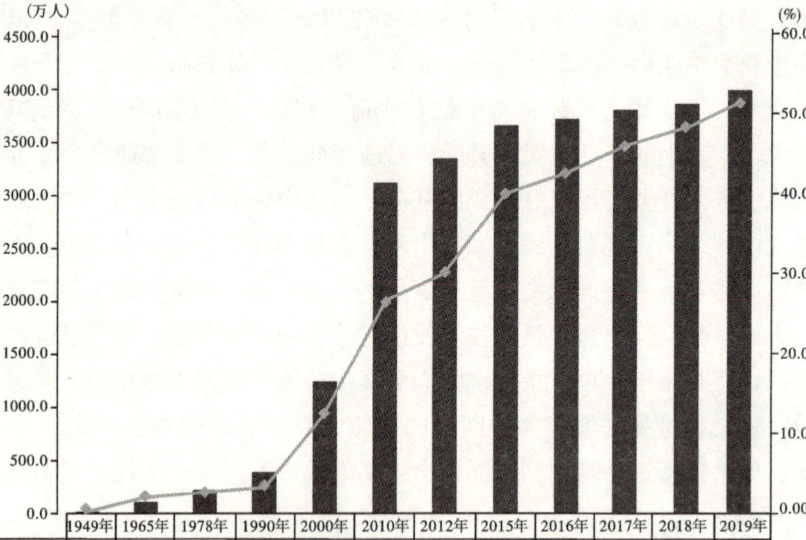

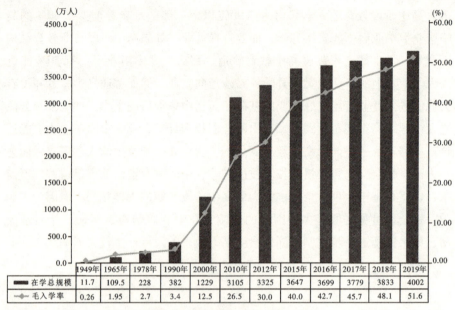

	1949年	1965年	1978年	1990年	2000年	2010年	2012年	2015年	2016年	2017年	2018年	2019年
在学总规模	11.7	109.5	228	382	1229	3105	3325	3647	3699	3779	3833	4002
毛入学率	0.26	1.95	2.7	3.4	12.5	26.5	30.0	40.0	42.7	45.7	48.1	51.6

图 5－4　我国高等教育在学规模和毛入学率（1949—2019 年）①

第二节　协调发展是我国新时期高中教育的主旨目标

2012 年，党的十八大提出了基本普及高中阶段教育；2015 年，党的十八届五中全会进一步作出普及高中阶段教育的战略决策；2017 年，国务院颁发《国家教育事业发展“十三五”规划》，把普及高中阶段教育作为“十三五”时期教育改革发展的主要目标之一；同年 4 月，教育部发布《高中阶段教育普及攻坚计划（2017—2020 年）》；10 月，“普及高中阶段教育”写入党的十九大报告。在政策的倡导和大力推进下，事实上，2016 年我国高中阶段教育毛入学率就达到了 87.5%，2017 年为 88.3%，2018 年为 88.8%，2019 年为 89.5%，全国基本普及高中阶段教育。随着基本普及目标的实现，全面普及的目标自然提上日程，成为新时期高中教育改革的战略目标与改革蓝图。在此发展背景下，一方面，随着高中阶段教育的全面普及，高中阶段教育本身的性质、任务等都需要进行相应调整，普职的协调发

① 教育部．历年全国教育事业发展情况［EB/OL］．（2019－07－24）［2021－08－19］．http：//www.moe.gov.cn/jyb_ sjzl/s5990/.

展成为新时期高中教育的重要任务和主要目标。另一方面，当我国高中阶段教育从规模扩张阶段进入质量提升阶段时，普职协调发展将作为衡量高中教育改革与发展的重要指标。再者，从世界范围来看，随着各国高中教育进入全面普及阶段后，高中教育的协调发展也是其改革的重要方面与努力重点。

表 5－2　全国 31 省市区 2020 年高中阶段教育毛入学率发展目标①

东部地区	毛入学率（%）		中部地区	毛入学率（%）		西部地区	毛入学率（%）	
	2015 年	2020 年		2015 年	2020 年		2015 年	2020 年
江苏	99.1	99.0 以上	湖北	96.2	98.0	陕西	96.4	98.0
北京	99.0	超过 99.0	吉林	95.0	95.0	内蒙古	93.4	95.0
辽宁	99.0	100	黑龙江	95.0	95.0	重庆	93.1	97.0
上海	98.0	99.0	山西	93.4	95.0	甘肃	92.0	95.0
山东	97.4	98.0	安徽	92.0	92.0 以上	宁夏	91.0	95.0
天津	96.9	98.0	河南	90.3	92.0	四川	89.2	90.0
浙江	95.9	98.0	湖南	90.0	93.0	新疆	88.6	90.0
广东	95.7	95.0 以上	江西	87.0	92.0	广西	87.3	90.0
福建	94.1	96.0	—	—	—	贵州	86.1	90.0
河北	90.5	92.0	—	—	—	云南	80.1	90.0
海南	88.3	90.0 以上	—	—	—	青海	80.0	90.0
—	—	—	—	—	—	西藏	74.4	90.0

一、协调发展是新时期高中教育目标任务调整的现实要求

不同历史时期，不同发展阶段，高中有着不同的目标追求与功能定位。从历史上看，高中教育于 1802 年在法国诞生以后，在相当长的时期内实施的都是精英教育。近代以前，其教育机构主要是作为大学的预科而存在的，它主要开设学术性课程，实施普通教育，其办学任务被定位为使学生具备高等教育入门时所应具有的最低水平的知识、技能和思维方式等素养。这一时期的高中教育主要是精英型的，面向上层贵族阶级、统治者阶层，普通民众只能接受初等教育或者分流到以提升职业技能为目标的初级教育机构。到了 20 世纪，高中教育的功能和作用被逐步确定为：或者为高等学校输送具备

① 朱益明，等．中国高中阶段教育发展报告［M］．上海：华东师范大学出版社，2019：17.

进一步接受高等教育的基础条件的生源；或者为社会培养和输送具备一定素质和能力的建设者。这就是为升学和就业做准备的高中教育双重功能说。这一观点在不同国家或地区，其侧重点虽有不同，但其本质大同小异。

（一）世界范围内高中教育目标的调整

第二次世界大战后，发达国家和一些发展中国家相继在20世纪50—70年代进入高中教育的普及阶段，高中教育开始从精英教育向大众教育转型，高中的性质与培养目标也相应发生了变化。1999年出版的《教育概况：1998年经合组织（OECD）指标》一书就指出，OECD成员国大部分普及了高中教育，美国甚至把高中教育纳入义务教育范围，普及率接近100%。随着高中教育的逐步普及，基础性和大众性成为高中教育的重要特性，高中教育的整体定位和培养目标发生了明显变化。这一时期，人们逐渐认识到，高中教育除完成其升学和就业的双重功能外，其最终应追求的内在价值在于谋求学生个性的全面发展，并为其终身发展打好基础。由此，力求为今后的继续教育做准备（升学）、为未来的生活做准备（就业）、培养完全人格的人（全人）就成为很多国家和地区高中教育的主旨追求。在日本，二战前高中的主要职能就是为升入高一级学校做准备，战后日本的新制高中被认定为大众化的国民教育机构，为所有国民形成基本文化素养和提高职业技能服务。1998年，日本教育课程审议会对高中教育的作用作了如下阐述："高中教育要使学生能够思考自己的生存方式和行为方式，培养选择未来出路的能力和态度，加深对社会的认识，通过适应各自兴趣和关心等的学术和职业领域的基础性的基本的学习，谋求个性的进一步发展和自立。"① 1997年，美国联邦教育部在《1998—2002年教育发展战略》（1998—2002 Education Development Strategies）中指出，中学教育要"让所有学生都达到富有一定挑战性的学业标准，为他们将来成为有责任感的公民、继续的学习和富有产出性的就业做好准备"。② 1998年，芬兰的《高中学校法》规定："高中学校教育的目的是促进学生的发展，使之成为良好的、平衡发展的和文明的个人与社

① 张德伟．略论后期中等教育的性质、地位、功能和作用——一个国际与比较教育的视野［J］．外国教育研究，2004（3）：5.

② 胡庆芳．决不让一个高中生掉队——美国高中课程改革研究［J］．全球教育展望，2002（3）：33.

会成员，为学生提供继续学习、工作生活、个人兴趣及多方面的个性发展所需要的知识和技能，此外，教育还应促进学生的终身学习和自我发展机会。”① 可以说，随着高中教育从精英化迈向大众化，高中培养“全人”、培养公民基本素养的目标开始凸显并不断得以强化，普通高中专门面向升学、职业高中完全指向就业的“片面”教育已经不合时宜，同时兼顾升学与就业成为时代赋予高中的新使命，普职协调发展甚至普职走向融通，成为了高中发展的必然走向（详见表5－3）。

表5－3　高中教育发展阶段及典型特征②

项目	精英阶段	大众化阶段		普及阶段		我国高中对应阶段
		初期阶段	成熟阶段	基本普及	高度普及	
毛入学率	30%以内	30%～50%	50%～85%	85%～95%	95%以上	城市普及农村大众化
本质	特权，精英，着眼于阶段利益	智力，强调社会利益	智力＋权利，强调社会利益，兼顾个性发展	权利，强调个性发展与需求	义务，强调个性发展与需求	大众化与普及之间
功能	塑造人的心智和个性，培养学术后备人才与技术人才	升学＋就业，应对激烈的升学与就业竞争	升学＋就业，关注人的核心能力培养，造就现代社会公民	升学＋就业，培养人的核心能力，造就现代社会公民	升学＋就业，培养人的核心能力，造就现代社会公民	大众化阶段
普职教育内容结构	高度结构化和专门化的学术性教育	普教与职教表现出等级特征	普教与职教表现出等级特征，但可沟通	普职等级发展渐趋消失，呈融合状态	课程结构泛化，普职融合	大众化阶段
学校类型/分化程度	类型单一，学校规模不大，校际界限清晰	学校类型开始分化，校际界限较清晰	学校类型分化，学校与社会界限较清晰	学校类型多样化，学校与社会界限模糊	学校类型多样化，学校与社会界限消失	大众化阶段
质量标准	严格的高标准	较高学术标准	学术标准为主	多元评价	多元评价	大众化阶段
入学与选拔	高度的选择性，英才成就	高选择性，淘汰制	较高选择性，淘汰制	选择性，分流制，学生数无限制	个人意愿，学生数无限制	大众化与普及阶段之间

① 李家永．芬兰普通高中教育的改革［J］．比较教育研究，2003（8）：86－90．
② 闻待．高中教育发展的大众化定位［J］．上海教育科研，2011（9）：24－26．

（二）我国高中教育目标的历史定位

1. 普通中学承担升学与就业双重任务（20 世纪 50 年代至 80 年代）

在国家政策层面，20 世纪 50 年代初，我国就曾明确提出普通中学的双重任务，即兼顾升学和职业预备。这一目标与宗旨，一直到 80 年代初都没有太多改变。1954 年 1 月，教育部召开的全国中学教育会议上正式确定中学教育的“双重任务”：“不仅供应高等学校以足够合格新生，并且还要供应国家生产建设以足够的具有一定政治觉悟、文化教养和健康体质的新生力量。”1963 年 3 月中共中央颁发的《全日制中学暂行工作条例（草案）》规定：“中学教育的任务，是为社会主义建设事业培养劳动后备力量，为高一级学校培养合格的新生。”1978 年 1 月教育部颁发的《全日制十年中学计划革案》中，对中学任务的规定仍然是“为国家培养合格的劳动后备力量和为高一级学校培养合格新生”。1980 年《国务院批转教育部、劳动总局关于中等教育结构改革的报告》中提出要改革普通高中的课程，“普通高中要逐步增设职业（技术）教育课，学习科目可由学生自己选择”。[①] 结合普职融通的定义，可以看出该文件对普通高中发展提出的要求，已经具备了普职融通的性质。1983 年教育部颁布《关于全日制普通中学全面贯彻党的教育方针、纠正片面追求升学率倾向的十项规定（试行草案）》中提的依旧是：中学教育“既要为高一级学校输送合格的新生，当前还要着重注意培养大批优良的劳动后备力量”。随后在 1985 年发布的《中共中央关于教育体制改革的决定》（以下简称《决定》）中明提出，要“逐步建立起一个从初级到高级、行业配套、结构合理又能与普通教育相互沟通的职业技术教育体系”。这是在国家的政策文件中初次提出了普通教育和职业教育相结合的教育形态。可见，我国对高中教育“双重任务”的规定和强调，是有其历史渊源的。这些文件的发布从根本上改变了长期以来我国高中阶段办学模式单一的局面，在发展职业技术教育与普通高中教育的同时，开始关注二者之间的联系。

2. 有侧重地对学生实施升学预备教育或就业预备教育（20 世纪 80 年代后期至 90 年代后期）

20 世纪 80 年代后期，中学“双重任务”的定位由于受到片面追求升学

---

① 国务院批转教育部、劳动总局关于中等教育结构改革的报告［EB/OL］.（1980 - 10 - 07）［2021 - 08 - 20］. http://www.110.com/fagui/law_2228.html.

率的影响，落实时困难重重，尤其1986年《义务教育法》颁布后，初中教育定位为国民基础教育，双重任务自然转移到了普通高中身上。但对于普通高中是否应承担双重任务，此时，理论与实践界却存在较多争论，1989年，已出现了普通高中教育的双重任务论、单一任务论、主次任务论、基础任务论、根本任务论等多种典型的观点。普通高中的发展究竟向何处去，似乎陷入了困境。1991年10月17日，《国务院关于大力发展职业技术教育的决定》指出“在普通教育中积极开展职业指导，因地制宜地在适当阶段引进职业技术教育因素，在不同阶段对学生实行分流教育。城市可在高三分流，对一部分人进行定向性的或预备性的职业技术教育”。在1992年国家教委颁布的《全国教育事业十年规划和“八五”计划要点》在确定“八五”期间教育发展的基本任务时指出，“普通高中办的过快和经济落后的地区，应适当调减规模，或实行高三分流”。1993年颁布的《中国教育改革和发展纲要》进一步指出：“中小学要由应试教育转向全面提高国民素质的轨道……普通高中的办学体制和办学模式要多元化。”这是我国政府在政策文件中首次对普通高中办学体制和办学模式做出的明确规定，充分肯定了现阶段普通高中多样化发展的必要性。1995年5月10日，时任国家教委主任的朱开轩在全国高中教育工作会议报告中提出，在“双重任务”的基础上增加“两个侧重”的观点，即“有侧重地对学生实施升学预备教育或就业预备教育”，并指出普通高中应有四种办学模式：一部分生源较好的普通高中以升学教育为主；大部分普通高中通过分流，办成兼有升学和就业预备教育的学校；少部分生源较差、升学率低的普通高中试办成以就业预备教育为主的学校；也可以举办少量特色高中或特色班，培养外语、体育和艺术等某一方面特长的学生。但由于整个社会对升学教育趋之若鹜，加上应试教育的盛行，普通高中教育的任务即使提倡要“两个侧重”，但最终实施起来，仍然侧重的是升学预备教育。

（三）高中阶段在培养目标上走向普职整合

当今社会，随着生产自动化和经营集约化程度的不断提高，职业分工由简单工种向复合、复杂工种转变，岗位由单一职能向综合职能发展，基础宽厚、技能复合、素质全面、能力多元的复合型人才成为时代之亟需，这对整个教育提出了新的挑战。高中，作为上承高等教育、下连义务教育的关键阶段，必须重新思考和审视自身的培养目标与功能定位并做出新的制度安排。

1. 职业高中以培养某一专门技能为功能定位的终结性教育已不合时宜，世界职业教育正朝着综合职业能力培养的方向发展

当前，职业教育正从一次性终结教育向整个生涯教育转变，澳大利亚的关键能力培训、英国的核心能力培训、德国的基础职业能力培训以及美国将职业教育（Vocational Education）更名为生涯与技术教育（Career and Technical Education）等，都反映出现代职业教育重心的战略性转型。这一时代转型，早在20世纪70年代，以诺顿·格拉布（W. Norton Grubb）为代表的英国新职业主义思潮就有过充分的论证并由此推动了英美职业教育改革与发展。新职业主义探讨的核心问题是：对儿童未来的职业生活和继续教育来说，最完美的基础究竟是什么？对此，新职业主义的回答是：打破单一、狭隘的职业训练壁垒，向儿童传授通用、可迁移的核心技能。这里的“核心技能（Core Skill）”，不是指传统意义上的、高度专门化的、指向某种特定职业的单一技能，而是指完成各种任务与解决问题的、具有通用性、可迁移性的实际能力。要达成此目标，学生必须具备宽厚的、丰富的知识基础；必须掌握某项技能所属领域及相关领域的各种职业知识（非某种单一的技能领域）；必须具备多元职业能力。可见，职业教育的功能不再是掌握单一技能，而是传授学生职业世界中共同的、普遍的、核心的知识，职业教育向普通教育的靠近与融合成为必然。

2. 普通高中完全指向升学预备而缺乏任何职业准备的发展思路，与当前世界范围内所提倡的全民职业技术教育追求相背离

早在19世纪60年代，马克思就前瞻性地提出要将技术教育作为普通教育的重要组成内容，要对接受普通教育的孩子进行最基本的、综合的技术教育，以适应未来职业生活的需要。但实际上，各国并未将技术教育及相关内容纳入普通教育范畴。到20世纪70年代，开始有越来越多的国家开始采取各种措施，通过多种渠道，把职业技术教育课程列入普通教育的课程计划。在此背景下，20世纪90年代，联合国教科文组织在“全民教育”的基础上提出了面向所有人的职业技术教育理念。2001年，联合国教科文组织和国际劳工组织在修订的《面向21世纪的职业技术教育建议书》中再次强调：职业技术教育纳入全民教育和普通教育将更好地适应劳动力市场，为儿童提供有助于就业与工作、高质量生活和不断发展的机会。受此影响，各国也陆

续开始了普通教育增加职业教育内容的改革与探索。1988 年英国基础教育的基础科目中增设了“设计与技术”，美国专门发布了《美国国家技术教育标准》（2000 年），德国、日本、荷兰、瑞典、新加坡等国也先后实施了面向基础教育的技术教育计划。可见，职业技术教育作为面向人人的教育，已得到国际社会的广泛认同。普通教育要渗透职业技术教育的内容，高中阶段必须一马当先。“在中学阶段就应该进行普遍综合技术教育——这种教育可以保证职业的流动性并引向终身教育”。

二、协调发展是高中阶段教育从基本普及走向全面普及后的必然要求

我国高中阶段教育同样经历了一个从精英教育到大众教育再到普及的过程，进入普及阶段之后，国家进一步推动高中教育从基本普及走向全面普及。国家教育政策文本第一次把“普及发展高中阶段教育”的概念提出来是在 1993 年，中共中央、国务院在《中国教育改革和发展纲要》中强调高中阶段教育发展的“基础性”，把包括高中在内的 12 年基础教育作为重中之重提出来，提出了要在大城市市区和沿海经济发达地区积极普及高中阶段教育。1998 年，教育部颁发的《面向 21 世纪教育振兴行动计划》提出：“到 2010 年，在城市和经济发达地区有步骤地普及高中阶段教育。”1999 年，《教育部关于积极推进高中阶段教育事业发展的若干意见》颁布，要求高中阶段职业学校的在校生人数有较大幅度的增加，未升学的初中和高中毕业生普遍接受不同年限的职业技术培训。2001 年，《国务院关于基础教育改革与发展的决定》提出“十五”期间要大力发展高中阶段教育，促进高中阶段教育协调发展，有步骤地在大中城市和经济发达地区普及高中阶段教育，使高中阶段入学率达到 60% 左右。2002 年，中共十六大提出“基本普及高中阶段教育”。2003 年，新颁布的《普通高中课程方案（实验）》，将高中阶段教育作为终身教育的一环。2010 年，《教育规划纲要》明确指出：到 2020 年，普及高中阶段教育，毛入学率达到 90%。从 2000 年到 2010 年这 10 年间的高中阶段毛入学率从 41.4% 提高到 82.5%，提高了 41 个百分点，实现翻番。尽管 1993 年至 1999 年间数据缺失，但是从 2000 年至 2010 年这 10 年间毛入学率的变化也说明了在这个阶段对高中阶段教育的重视和普及程度的大幅度提升。

2011 年开始，全国大多省市都实现了高中阶段“基本普及”目标，

2017年高中阶段毛入学率达到88.3%。在这一期间可以看到，自1985年以来我国高中普职比在逐年发生变化，特别是随着成人高中的逐步停办，中职教育在校生比例逐年增长，普职比结构朝着“大体相当”的趋势发展。2015年，党的十八届五中全会首次提出“普及高中阶段教育”，与《教育规划纲要》提出的高中阶段毛入学率达到90%的目标一脉相承。《国务院关于加快发展现代职业教育的决定》也提出：“各地要统筹做好中等职业学校和普通高中招生工作，落实好职普招生大体相当的要求，加快普及高中阶段教育。”《中华人民共和国国民经济和社会发展第十三个五年规划纲要》提出，普及高中阶段教育，高中阶段教育毛入学率达到90%以上。如何高水平、高质量地普及高中阶段教育，是我国当前乃至未来一段时间内教育改革应当思考的重要课题。2017年，教育部公布的《高中阶段教育普及攻坚计划(2017—2020年)》提出，“到2020年，全国普及高中阶段教育，适应初中毕业生接受良好高中阶段教育的需求。全国、各省（区、市）毛入学率均达到90%以上，中西部贫困地区毛入学率显著提升；普通高中与中等职业教育结构更加合理，招生规模大体相当”。同时提出了将普通高中大班额比例高、职业教育招生比例持续下降等问题作为攻坚重点之一。2017年，《国家教育事业发展“十三五”规划》明确指出，普及高中阶段教育，巩固提高中等职业教育发展水平，促进普通高中多样化发展；探索综合高中、特色高中等多种模式，促进学校特色发展，为学生提供更多选择机会。这个阶段的普及在努力优化结构的基础上，更注重高中教育质量的整体提升和办学特色的更加鲜明。

2019年教育统计数据显示，全国高中阶段教育共有学校2.4万所，招生1439.9万人，在校学生3394.9万人，高中阶段毛入学率89.5%，比上年提高0.7个百分点。与此同时，全国各类高等教育在学总规模达到4002万人，高等教育毛入学率达到51.6%。显然，到2020年，我国实现90%的数量目标并不困难，但这只是全国的整体情况和平均水平。如何在中西部贫困地区、民族地区、边远地区、革命老区等这些基础薄弱地区普及高中教育，如何确保家庭经济困难学生、残疾学生、进城务工人员随迁子女等享受同等高中教育机会与资源，如何妥善解决高中普及进程中同时存在的普通高中大班额比例高、职业教育招生比例持续下降、学校运转困难等突出问题，这是我国高中阶段教育进入全面普及阶段必须重点解决的问题，具体包括高中阶段普职如何协调、区域如何协调、城乡之间如何协调等问题，需要聚焦重点难点，精准发力，打一场高中普及的攻坚战。因此，全面普及目标的提出，意味着在普及数量目标达成的基础上如何实现质量提升和内涵发展，如何在全国“面”上水平达到90%的基础上实现每个“点”的突破，如何在一般问题解决的基础上重点聚焦并集中解决特殊地区、特殊群体等突出问题。这一目标最终指向的是确保学生能接受公平而有质量的教育，指向的是“让每个人都有人生出彩的机会”。这既是高中阶段教育发展的内在要求，也是新时期对高中教育提出的挑战。

三、协调发展也是国际高中教育走向普及后的共同经验与普遍追求

粗略来看，世界范围内的高中阶段教育也经历了一个从精英化到大众化再到普及化的发展过程，在不同的阶段，高中教育的发展重心是不同的。世界中等教育的精英化阶段大致在欧洲宗教改革、文艺复兴运动以后至20世纪10年代左右。精英化阶段之所以是在20世纪10年代之前，是因为20世纪10年代后，美、日等国家中等教育的入学率相继超过了15%，1910年美国有15%的适龄青年进入中学学习①，1920年日本旧制中学校、高等女学校和甲种实业学校的入学率达15.8%②。在精英化这一阶段，中等教育阶段传统的学术型中学获得了巨大发展，在整个中等教育体系中占据着主导地位，作为实施中等职业技术教育的实科中学也开始慢慢发展起来：1708年德国的席姆勒（Zemmler）在哈勒建立了一所实科中学；1747年德国人赫克（J. J. Hecker）在考赫斯特拉斯建立了一所“经济学、数学实科学校”，这是世界中等职业教育机构创设的肇始；18世纪后期英国实科中学的盛行，19世纪中期英国实科技术学校的发展；19世纪后期法国“现代中学”的兴起和德国实科中学的发展；19世纪70年代美国文实学校的蓬勃发展，19世纪末日本实业学校（甲种）的建立与发展；等等。尽管如此，各种职业教育机构在制度层面上并没有取得与传统学术型中学同等重要的平等地位。如在德国，1901年以前，大学对非文科中学毕业生持“歧视”态度③；在英国，在1926年《青年的教育》（即“哈多报告”）发表之前，现代中学和技术中

① 李其龙，张德伟．普通高中教育发展国际比较研究［M］．北京：教育科学出版社，2008：41.

② 李其龙，张德伟．普通高中教育发展国际比较研究［M］．北京：教育科学出版社，2008：172.

③ 滕大春．外国近代教育史［M］．北京：人民教育出版社，1989：466.

学的地位是无法与文法中学相比的①。由此可见，精英化阶段的中等教育，几乎是由普通教育一统天下，中等职业教育完全处于附属地位甚至边缘状态。

20世纪10年代以后，美、日等国家相继实现了高中教育的大众化，20世纪10年代至50年代是高中教育的大众化阶段，从20世纪五六十年代以后高中教育发展进入普及化阶段，当然，各国进入普及化阶段的具体时间并不一致，这只是一个大致的时间段。而中等教育由精英化阶段过渡到大众化阶段再奔向普及化阶段的过程，就是中等普通教育和职业教育协同发展的过程，中等职业教育也逐渐取得了与普通教育同样的合法地位。英国历史上（二战以前）向来是重视文法中学而轻视技术中学和现代中学的国家，但二战以后实行综合中学制度，把职业课程和学术课程置于同等重要地位，从而在制度上提高了中等职业教育的地位。法国也一向不重视职业教育的发展，但1975年哈比教育改革之后，建立的两年制短期职业高中成为实施中等职业教育的主体，而且20世纪80年代中期设立职业高中会考，更使职业高中的地位得到了显著提升。日本在二战后建立了单轨学制，其高级中学既设普通科又设职业科，职业科高中的地位和普通科高中是平等的。由此可见，随着中等教育进入普及化阶段，中等教育阶段的普通教育与职业教育获得了协调发展，或者正是普通教育与职业教育的协调发展推进了中等教育的普及化进程。

时至今日，各国高中阶段教育，也基本保持了普职协调发展的基本底线。虽然不同国家，普通教育与职业教育在高中阶段所占比重不一，在有些国家，普通教育占比高于职业教育，而在另外一些国家，职业教育占比更高，但整体来看，大多数基本保持普职协调的基本发展格局。我们来看一组数据，2012年，世界经合组织主要国家高中阶段教育的普职比情况大致是：德国普高比例占到51.7%，中职比例占到48.3%；法国普高比例占到55.8%，中职比例占到44.2%；瑞典普高比例占到50.6%，中职比例占到49.4%；澳大利亚普高比例占到49.5%，中职比例占到50.5%；奥地利、比利时、捷克、芬兰等国的中职比例甚至达到70%以上；世界经合组织各国的平均普职比为普高比例占到54.3%，中职比例占到45.7%；其中，欧盟各国的平均普职比为普高比例占到47.3%，中职比例占到52.7%。② 事

① 吴式颖．外国现代教育史［M］．北京：人民教育出版社，1997：90-91.

② 经济合作与发展组织．教育概览2013：OECD指标［M］．中国教育科学研究院，译．北京：教育科学出版社，2014：178-180.

实上，无论在发达国家还是发展中国家，各国高中阶段普职比例不一，但整体上处于相对协调状态。

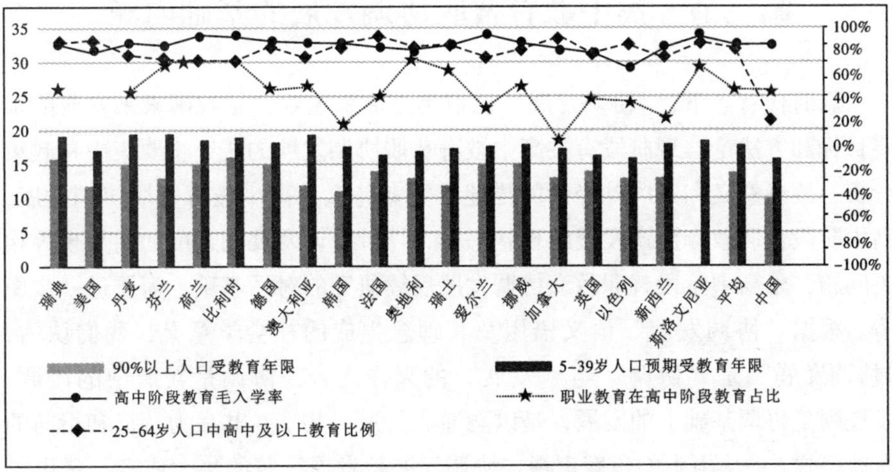

图 5－5　2012 年我国与 19 个最发达国家高中阶段教育发展相关指标比较①

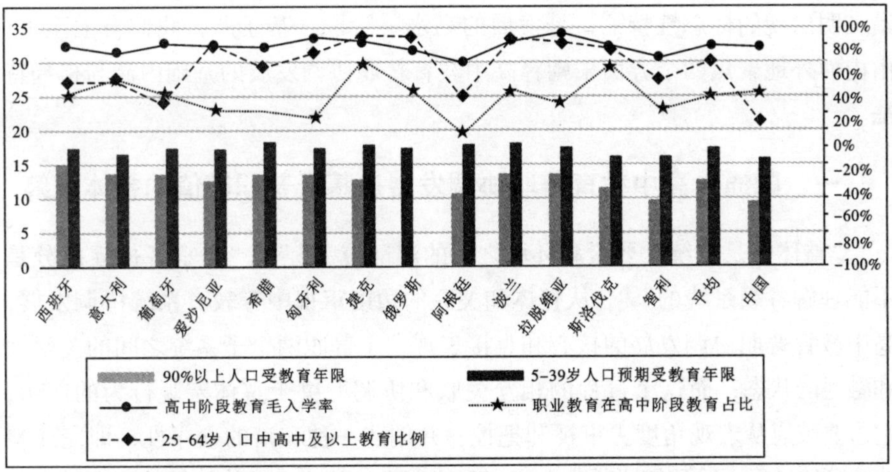

图 5－6　2012 年我国与 13 个中等发达国家高中阶段教育发展相关指标比较②

① 谷峪，李玉静．现代化视域下高中阶段教育普及发展：国际特征与我国策略——基于现代化框架下我国与发达国家的多维度比较［J］．现代教育管理，2017（5）：1－8.

② 谷峪，李玉静．现代化视域下高中阶段教育普及发展：国际特征与我国策略——基于现代化框架下我国与发达国家的多维度比较［J］．现代教育管理，2017（5）：1－8.

第三节　高中教育普职协调发展的基础内涵

新时代背景下，“协调发展”已成为主流发展观，是我国未来发展的重要目标和方法论。现阶段有关高中教育普职协调发展的研究主要集中在政策分析、战略意义和国内外经验的描述，究竟什么是高中教育普职协调发展，高中阶段普职教育协调发展的现状怎样，评价协调发展的维度如何呈现等相关问题，是高中阶段普职教育协调发展后续研究的对话基础，需要进一步厘清。根据“协调发展”语义语用及其理念生成的社会学意义，我们认为，“协调发展”是“协调”与“发展”的天作之合，协调是发展中的协调，发展则是协调基础上的发展，是以融通、共进、共享、共赢为特征和指向的发展模式①；从历史的角度审视，协调发展是发展智慧的集大成者，是由原始文明和农业文明的谋生性发展、工业文明的增长性发展而来②，是现代和谐文明出现的标志性特征，是发展的高水平阶段。基于此，我们自上至下、由内而外地聚焦四个方面来阐释高中教育普职协调发展的基础内涵与格局特征。

一、融通：高中教育普职协调发展是基于普职等值的整体统筹

“整体性是系统、要素和环境之间的辩证统一”③，“考察各孤立部分是不能理解各级系统的”④。从整体和关联的角度审视中等教育系统协调发展，高中教育普职协调发展的核心和直接表现在于普职两个子系统之间的关联性和融通的状态；而这个过程的相互关联和协调取决于整体宏观行为的产生，它需要政府从宏观角度去审视和把控，并创建一种和谐的秩序性，即完成整体统筹的过程。后瓦尔拉斯非主流宏观协调理论认为，整体统筹的协调是由与

① 刘长明．三论和谐发展——一种和谐发展理论体系化的努力［J］．烟台大学学报（哲学社会科学版），2008（1）：15－23.

② 刘长明．发展的革命——从可持续发展到和谐发展［J］．济南大学学报（社会科学版），2002（1）：5－14.

③ ［美］冯·贝塔朗菲．一般系统论：基础、发展和应用［M］．林康意，魏宏森，译．北京：清华大学出版社，1987：34.

④ 魏宏森，曾国屏．系统论：系统科学哲学［M］．北京：世界图书出版公司，2009：61.

制度相关并由制度决定的因素所决定，提供有效的制度约束是协调的核心。而制度的提出和设计取决于对制度获利者的价值取向和方法论基础，综合国内外中等教育的发展改革历史，普职等值和融通是整体统筹和普职协调的思想基础和实践路径。协同学认为，“新的洞见早就潜伏在意识之中，但它们是像闪电一样突然出现……通过涨落（恍然大悟）出现的一个新的序参数（也即新思想），能够制服、联系和支配各个方面。”① 普职等值的思想只有真正融入到中观和微观的关键程序和环节中，并作为重要参数出现时，普职融通和协调才能实现；而要促进新思想转变为重要参数，政策干预和调节依然是关键。印度在信息技术类人才培养方面卓尔不凡，主要依托的就是政策支持；为在普通教育中推行职业教育，印度政府自独立以来，高密集地颁布数十个有梯度的法案、政策、报告或建议，从宏观导向、经费支持、职业教育资格标准、专业学位制度、国家技能资格框架到微观层面的课程设置、人才培养模式等方面，都呈现了系统而明晰的政策方案。②

从欧美国家的发展经验来看，上个世纪下半叶，整体统筹的趋势是下调中职比例，迅猛发展综合高中；美国的综合高中大约占高中学校的95%左右；英国、德国和瑞典等国家中等教育阶段也是以综合高中为主体，在英国威尔士和苏格兰综合高中的比例甚至达到了99%。③ 而且，这些国家在体系机构机制方面也有配套设置，在统筹和协调高中综合发展中发挥了积极作用，如英国的“教育与就业部”“教育与技能部”。④ 我国2010年来，从政策、理论到实践，都开始倡导普职等值并实施普职融通，这为高中阶段在普职融通的基础上进一步协调发展奠定了制度基础。以江苏省为例，江苏省多年来普职比能够接近或者达到“大体相当”，这与它的教育统筹和体制是分不开的；2017年，全国高中阶段教育招生普职比为58.3∶42.7，江苏省成为唯一实现1∶1招生比例的省份。江苏

① ［德］赫尔曼·哈肯．协同学：大自然构成的奥秘［M］．凌复华，译．上海译文出版社，2013：162.

② 杨思帆，王致强．人力资本大国如何实现——印度技术技能型人才培养政策解析［J］．湖南师范大学教育科学学报，2018（6）：91－97.

③ 袁桂林．关注高中横向定位问题——对促进高中学校类型多样的思考［N］．中国教育报，2012－05－11（1）.

④ Finish National Board of Education. Vocational Education and Training in Finland：Vocational Competence，Knowledge and Skills for Working Life and Further Study［EB/OL］．（2010－06－01）［2021－08－20］．http：//www. ammatillinen koulutus. com/main. php？ sivu_ id＝9.

省改革开放以来，不断强化顶层设计和统筹规划，构建了中职与高职“3+3”、中职与本科“3+4”培养模式，限制普通高中入学率，持续增加中职教育经费的投入；并在2019年明确提出，将中职生均财政公用经费提高到普通高中的1.5倍。

二、共进：高中教育普职协调发展是规模、结构与质量效益的协同并进

从教育系统内部来审视，规模影响人才的数量，质量与结构决定人才规格，它们都是衡量教育协调发展程度的基本观测点；高中教育普职内部协调发展表现为普职自身规模协调、结构协调与质量效益协调。

（一）规模协调是高中教育普职协调发展的基础内涵

高中阶段普职规模应该保持什么样的配比才是协调的？普职规模大体相当是不是最好的配置比例？新时代背景下，老百姓对于美好教育的需求越来越强烈，产业转型越来越快速，劳动力市场对从业者的要求越来越高，普职规模是否保持“大体相当”，需要多方考证。① 有学者甚至尖锐提出，传统上规定职业高中与普通高中比例的政策安排应该仔细检讨②。作为应用型人才和学术型人才的供给方，高中阶段普职规模比在一定程度上受经济发展规模的影响与制约，合理的普职规模及其预期目标应当与地区经济发展规模及其预期目标相适应。2010—2018年，我国高中普通学校招生数、规模比呈现增长的趋势，而中等职业学校的招生数和规模比则呈现环比下降的情况（见图5-7）。参考崔晓迪对于中职规模与经济发展协调度的观测方法，根据中职学校毕业生数与地区生产总值（GDP）之比来计算，形成2010—2018年中职规模协调度走向，如图5-8。图中显示，协调度呈逐年下降的趋势，印证了图5-7中呈现的招生规模的趋势。显然，现阶段的普职规模比存在不协调的状态。在中等教育普及背景下，高中阶段普职教育的规模是面向全体的，当前许多国家认同“把技术与职业教育计划设计成一个综合性的、全员性的系统，以便能够涵盖所有学习者的需要”③。

---

① 刘丽群，周立芳．我国高中阶段普职规模“大体相当”政策分析［J］．中国教育学刊，2017（8）：25-28.

② 石中英．关于当前我国普通高中教育任务的再认识［J］．清华大学教育研究，2015（1）：6-12.

③ 赵中建．全球教育发展的研究热点——90年代来自联合国教科文组织的报告［M］．北京：教育科学出版社，2003：427-432.

近年来，比利时、瑞典、葡萄牙、西班牙、芬兰等欧盟国家高中普职兼修以及参加职业教育的总人数迅猛增长。①

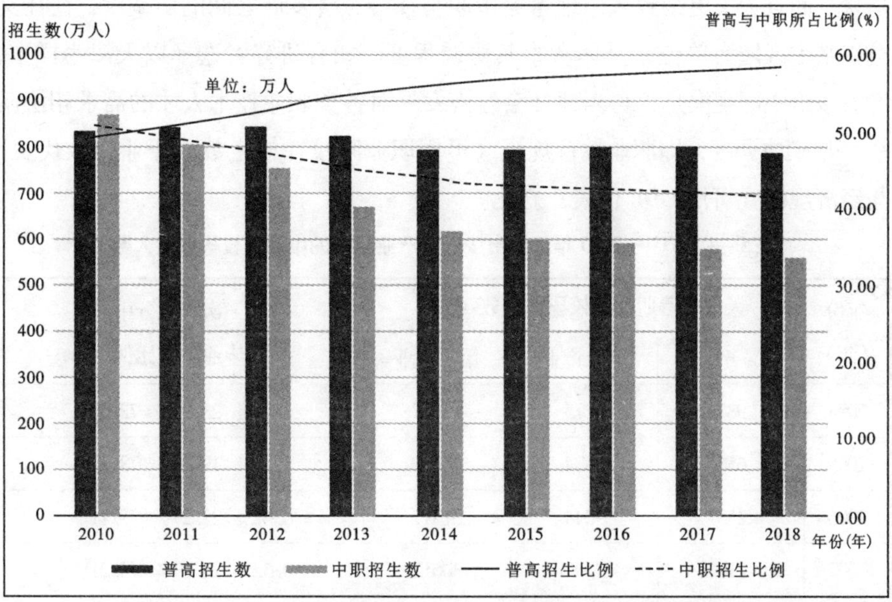

图5－7　2010—2018年全国普高与中职招生数与规模比统计

注：数据来源于各年度《全国教育事业发展统计公报》《中国统计年鉴》

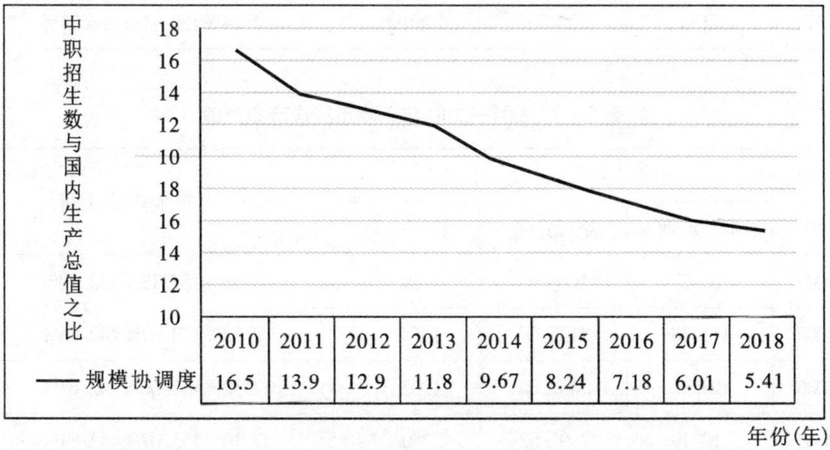

图5－8　2010—2018年我国中职教育规模与经济发展规模协调度

注：数据来源于各年度《全国教育事业发展统计公报》《中国统计年鉴》

① 荀顺明．欧盟职业教育政策研究［M］．北京：人民出版社，2014：105.

因为职业教育与社会经济发展的联系更为直接紧密，我们在谈及高中普职规模与社会经济发展相协调时，更多会以中职教育与社会经济之间的协调性来衡量。而且为了更细致入微地考察中职与社会经济发展之间的协调度，往往又会以某个区域为单位来具体考察其协调程度。如有研究者选择以天津为样本，考察该市中职规模是否与当地社会经济发展对各类职业技术人才的需求相协调——规模协调度，即职业教育规模（可用职业院校在校生数或毕业生数代表）与经济规模（可用 GDP 代表）之比。

表 5－4　2004—2010 年天津市按三次产业划分的中职学校毕业生人数

年份（年）	天津中等职业学校毕业生数（人）			按三次产业分中职毕业生数比例
	第一产业	第二产业	第三产业	
2004	987	6275	18987	3.76%:23.91%:72.33%
2005	656	6884	28140	1.84%:19.29%:78.87%
2006	253	9044	31317	0.62%:22.27%:77.11%
2007	218	10984	30612	0.52%:26.27%:73.21%
2008	1369	13523	35741	2.70%:26.71%:70.59%
2009	1295	19087	35756	2.31%:34.00%:63.69%
2010	2131	20154	29196	4.14%:39.15%:56.71%

表 5－5　2004—2010 年天津市三次产业产值

年份（年）	天津三次产业产值（亿元）			三次产业产值比例
	第一产业	第二产业	第三产业	
2004	105.28	1685.93	1319.76	3.38%:54.19%:42.42%
2005	112.38	2135.07	1658.19	2.88%:54.67%:42.46%
2006	103.35	2457.08	1902.31	2.32%:55.06%:42.63%
2007	110.19	2892.53	2250.04	2.10%:55.07%:42.84%
2008	122.58	3709.78	2886.65	1.82%:55.21%:42.96%
2009	128.85	3987.84	3405.16	1.71%:53.02%:45.27%
2010	145.58	4840.23	4238.65	1.58%:52.47%:45.95%

我们如果就天津中职学校毕业生人数与天津市产业产值情况进行对比，不难发现，近年来，天津市中职专业涉及第一产业较少，第二产业和第三产业的专业占大多数，以第三产业为最多，而天津市的产业呈现“二、三、一”的发展特点，因此，相对于天津市三次产业的发展状况，就中职学校毕业生而言，第三产业的毕业生数量和比例明显偏高，第二产业的毕业生数量和比例偏低。再将2004—2010年天津市和全国的职业教育与经济发展的规模协调度的数据绘制折线图（如图5-9）。不难发现，与全国相比，天津市职业教育规模与经济发展的规模协调度明显偏低。虽然2006年、2007年天津市职业教育规模与全国水平的差距在逐渐减小，但从2008年后，随着天津市生产总值的快速增长，天津市职业教育规模发展速度并没有明显的快速发展变化，这使得天津市职业教育规模与经济发展的规模协调度与全国水平之间的差距逐渐拉大，天津职业教育规模与经济发展的规模协调度与全国相比的比例从2007年的0.5067跌落至2010年的0.4167。

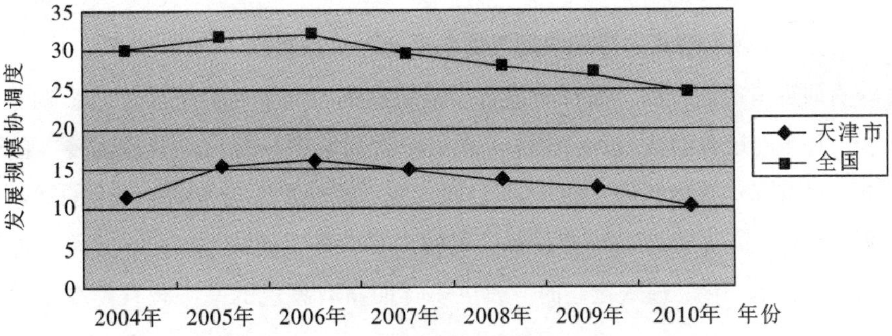

图5-9　天津市职业教育规模与经济发展的规模协调度与全国的对比①

（二）结构协调是高中教育普职协调发展的支撑性内核

结构协调与否直接影响质量和效益是否协调，结构与部分的秩序和功能（即过程的秩序）完全是一回事②。高中阶段普职结构协调主要表现在培养模式、课程设置和专业结构等方面。在培养模式上，一些发达国家推动普职融合协调，在对高层次科技人才早期培育创新方面提供了值得借鉴的案例，如美国的科技

---

① 崔晓迪．现代职业教育与区域经济协调发展研究——以天津市为例［J］．教育与经济，2013（1）：31-35.

② ［美］冯·贝塔朗菲．一般系统论：基础、发展和应用［M］．林康意，魏宏森，译．北京：清华大学出版社，1987：25.

高中、STEM 教育、职业群、职业生涯、职业专修模式以及高中生“从学校到工作”的转换体验①，韩国的科技英才学校②，日本超级全球化高中，澳大利亚的学校独立提供模式，等等。这些创新的人才培养模式为高中综合型人才培养提供了多元化的路径。在课程设置方面，澳大利亚创新学校与校外 RTO 机构（Registered Training Organization，注册的培训机构）合作模式，即学校出资购买 RTO 机构的课程模式③；韩国实施的普职教育“两轨一体化”改革，普通高中实行二元开放型课程体系，开设多样的职业教育课外活动课程④；英国针对高中阶段学生开设整合普通教育与职业教育课程的“拼盘式课程”，学生可获得普、职两类教育证书，如“A-Level 若干科目证书 + 若干国家职业证书”⑤。在专业方面，职业教育科类专业保持适当的结构，适度发展前沿的综合应用型科类专业和人文社科类专业，它们是保持人才培养张力和结构性协调的重要内容。2010 年以来，我国中职专业涉及第三产业的专业数占比较大，为总专业数的 52%，这与经济发展产业结构升级转型的方向是一致的，这同时表明，我国高中阶段普职结构是基本协调的。⑥

（三）卓越的质量是普职协调发展的灵魂和终极目标

有研究者实证分析，教育质量对于技能型人力资本与经济发展的影响非常显著，甚至超过教育规模的作用⑦。现阶段普通高中教育在“双重需要”的引领下，只重视“选拔基础上的升学”，而忽视“职业发展与养成基础上的就业”，从而导致普通高中教育在培养目标、课程内容、办学模式、培养方式等方面趋于同质化、单一化、模式化。而“提供多样而富有特色的高中教育是高中阶段

---

① School-to-Work Transitions，Fletcher E C. Demographics，Tracking，and Expectations in Adolescence as Determinants of Employment Status in Adulthood：A Study of School-to-Work Transitions [J]. Career and Technical Education Research，2012，37 (2)：103 - 119.

② 朴钟鹤．韩国英才学校创新举措探析——以 KAIST 附属韩国科学英才学校为例 [J]．比较教育研究，2011 (5)：75 - 78.

③ 舒焱萍．澳大利亚普通高中职业教育与培训对我国的启示 [J]．企业导报，2013 (3)：218.

④ 祝成林，张金成，黄亨奎，等．融于普通教育中的韩国职业教育 [J]．中小学管理，2013 (10)：54 - 55.

⑤ 余晖．英国高中阶段教育普职融通的基本经验与现实挑战 [J]．湖南师范大学教育科学学报，2015 (2)：70 - 74.

⑥ 崔晓迪，时洪浩．我国中等职业教育与地区经济协调发展状况分析 [J]．天津职业技术师范大学学报，2015 (04)：58 - 62.

⑦ 王奕俊，赵晋．职业教育的规模、结构与质量对经济发展影响的实证分析 [J]．教育经济评论，2017 (1)：20 - 34.

教育质量提升的基础与前提"①，多样化发展离不开多元化评价的导引。美国国家教育与经济中心为落实课程"核心标准"，推动高中教育质量提升，于2011年开始试验与推广SCOBES高中评价体系，其主要内容包括建立纵向普职衔接与横向普职贯通评价模式、多元性的评价工具以及不同模块的数据库等，突出特点是满足多元个体发展的自由选择和能力水平基础。② 印度政府于2013年制订的《国家技能资格框架》（National Skills Qualifications Framework，简称NSQF），对技术技能人才做了明确的规范。③ 制定普职两个发展系统以及试点综合中学的国家质量标准，并且构建以核心素养发展为导向的内部运行机制和质量保障体系，这是保证质量和效益的重要环节。

（四）效益的最大化是协调发展的价值体现

效益是建立在结构最优和质量最强的基础之上，是规模、结构和质量相互促进和统一发展的结果性指标。教育效益主要体现在培养劳动力数量的多少和对社会做出的贡献。由于对社会的贡献很难量化计算人均创造的财富，我们从师生比、生均教育经费支出和就业率等方面来分析高中阶段普职的质量协调性。根据2010—2018年教育部发布的《全国教育事业发展统计公报》，我国高中普职生师比情况如图5-10所示，2010以来，我国高中教育生师比呈逐年下降的趋势，尤其是中职的生师比下降幅度相对较大，当然这与中职在校生数量下降不无关系。生均教育经费投入方面，有统计表明，普高和中职生均教育经费的投入与国民人均GDP的增速是一致的，但区域之间差异比较显著。另根据教育部统计公告显示，中职就业率从2010年以来连续保持在96.3%以上，高就业率的保持说明中职人才的培养与社会的需求是一致的，也表明了中职在质量效益方面基本协调。

综上分析，我国高中阶段普职内部规模结构质量和效益的发展尚不够协调，普职系统内部规模、结构、质量和效益各要素协同并进是协调发展不能忽略的重心。

---

① 刘丽群，周立芳．普及高中阶段教育的关键环节与攻坚策略——以湖南省为例［J］．湖南师范大学教育科学学报，2018（3）：92-96.

② 衣小品，王娜．美国提升高中教育质量的新举措——SCOBES高中评价体系的构建与启示［J］．现代教育管理，2017（3）：118-122.

③ 杨思帆，王致强．人力资本大国如何实现——印度技术技能型人才培养政策解析［J］．湖南师范大学教育科学学报，2018（6）：91-97.

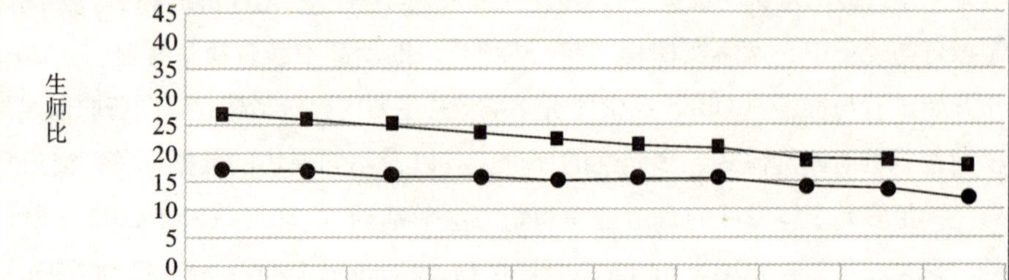

	2010	2011	2012	2013	2014	2015	2016	2017	2018	2019
普高生师比	15.99	15.77	15.47	14.95	14.44	14.04	13.65	13.39	13.1	12.99
中职生师比	26.37	25.01	24.19	22.97	21.34	20.47	19.84	19.59	19.1	18.94

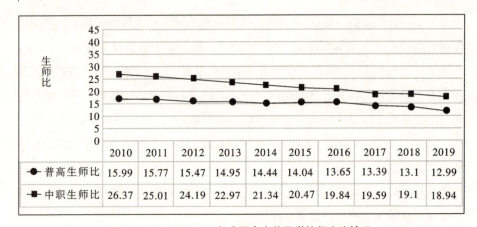

图 5－10　2010—2019 年我国高中普职学校师生比情况

数据来源：各年度《全国教育事业发展统计公报》《中国统计年鉴》

三、共享：高中教育普职协调发展是高中阶段与纵向教育系统的无缝衔接

高中教育是九年义务教育的延续和拓展，是高等教育的准备和过渡阶段，它与高等教育的衔接是各国教育系统中发展最为曲折、形态最为复杂的衔接环节，其衔接不当会引发很多教育不协调的问题，进而直接关系到整个教育系统的正常运行和人才培养的质量，如高考制度对于基础教育的捆绑、对于高等教育的扭曲等等①。而高中阶段与义务教育和高等教育衔接得当可以给学生提供多样化的选择和发展空间，帮助学生建构适合个性自由发展的有意义的生活，并实现充分发展。高中阶段普职教育与义务教育和高等教育的衔接，一方面体现在办学体制和招生录取制度的衔接，另一方面体现在修业模式、课程设置及其实施方面的衔接，通过建立无缝衔接系统可以降低由于制度衔接给学生发展带来的干扰和断裂，推动学生充分发展，并促进普职系统各要素的有序流动。

一些发达国家在上个世纪末就相继建立了普职教育系统纵向一体化的体制和模式，为高中阶段学生的充分发展提供了借鉴和示范。如，美国高中与高等教育制度上的衔接堪称无缝衔接的典范，美国绝大多数两年制学院以及四年制大学采取开放灵活的录取方式，不对申请人进行淘汰性审核；而且还形成了学生自由选择发展的转学机制②，这为高中阶段普职协调发展构建了宽阔的牵引通

---

① 周世厚．美国中等教育与高等教育衔接的多维解析［J］．外国教育研究，2015（7）：14－29.

② Margaret Higgins. The first year experience［R］. Kansas State University，2010：1－19.

道；尽管美国现有3万余所高中的宗旨、质量与规模存在差别，但在学生修业方式上都采用学分制与选修制；课程设置多类型、多层次，在高中阶段除了“大学预修课程”（Advanced Placement Program，简称AP课程）、双注册－双学分课程（Dual Enrollment Transition Program，简称DE课程）、天才学生学术项目（AGifted and Talented Academy）等类型外，也有中高衔接的职业拓展课程，例如“职业和技术教育项目”（Career and Technical Education，简称CTE）。有些课程则是高校开发的推广项目或高校与高中的合作项目。① 英国和澳大利亚则采取普职等值的衔接模式，实施普职等值的职业资格制度，不同层次职业资格与相应普通教育文凭具有升学与就业的同等效力，职业资格的获得者具有获取各类高等教育的权利和机会；芬兰的普通高中和职业高中可相互转换，普通高中与多科技术学院、职业高中与普通高等教育也可有序流动。据我国有关数据分析显示，近年来，只有不到4%的中职学生才有机会升入普通高等学校，不到5%的中职学生进入高职院校，这种比例显然越来越满足不了中职学生和家长的需求，普职系统的上下直通和转换的力度还有很大拓展上升的空间。

四、共赢：高中教育普职协调发展是高中与横向区域社会的开放融合

系统论认为，每一个系统都是开放的，它是在连续不断地与周边系统的不断构成和破坏中维持着生命力。高中教育普职协调发展是“全面的、系统的改革和改进，是各个领域改革和改进的联动和集成”②。高中阶段普职规模和结构配置的数据来源于区域经济社会发展对人才种类的需求，这从客观上表现为二者之间相互包容和开放合作的正向适应状态。有学者就中职与经济发展的关系进行了实证研究，通过全国31个省份的动态面板数据来分析职业教育规模、结构、质量与经济发展的相关性，结果显示，我国21世纪初期，在职业教育保持适度结构比例的前提下，职业教育规模适度扩大对经济发展有正向的促进作用，职业教育占总体教育的比例对于经济发展的影响呈倒U型关系。③ 还有学者研究认为，中等职业教育在整个教育体系中所占比例有一个临界点，这个临界点为0.33。④ 据统计分析，2010年至2018

① 周世厚．美国中等教育与高等教育衔接的多维解析［J］．外国教育研究，2015（7）：14－29.

② 习近平．关于全面深化改革论述摘编［M］．北京：中央文献出版社，2014：147.

③ 王奕俊，赵晋．职业教育的规模、结构与质量对经济发展影响的实证分析［J］．教育经济评论，2017（1）：20－32.

④ 刘新荣，占玲芳．教育投入及其结构对中国经济增长的影响［J］．教育与经济，2013（3）：49－55.

年，我国职业教育所占比重逐年递减，2018 年我国中职所占教育权重为 0.426（见图 5－11）。这说明总体上中职的规模符合经济发展的要求，普职比是基本协调的，但发达国家的中职规模是要高于我们国家的水平的。进一步的研究数据表明，我国区域间的普职比是不协调的，中部和西部的中职规模与经济发展的关系呈 U 型，尤其是西部不少地区的规模只有 34.5%，低于区域临界点 37%，职业教育规模有比较大的上升空间；而东部地区普职比已经到了瓶颈，已进入质量提升阶段。如天津市仪表无线电子工业学校“国际化的专业教育发展模式”及“大师＋团队”的专业教学模式，从专业人才培养目标、课程体系到教学模式，与地方名企、国际先进企业对接，体现了与地方统筹融合发展的模式；上海材料工程学校的“工学结合”的定向冠名人才培养模式，如“建工材料”“庄信万丰”班；吉林省双辽市职业中专通过专业教师下村任科技副村长，专业教师和学生到村入户指导新技术，村校紧密结合；江苏省为优化专业布局，引导中职学校根据地方经济发展所需技术技能型人才的结构和层次，定期发布中等职业教育专业结构与产业机构吻合情况预警报告，紧盯先进制造、现代物流、信息服务、生物医药等新兴产业，积极推进职教专业与产业联动升级；等等。2017 年，《国务院办公厅关于深化产教融合的若干意见》明确提出了产教融合的改革思路，这为全面统筹推进中职教育与区域社会开放融合奠定了制度基础。

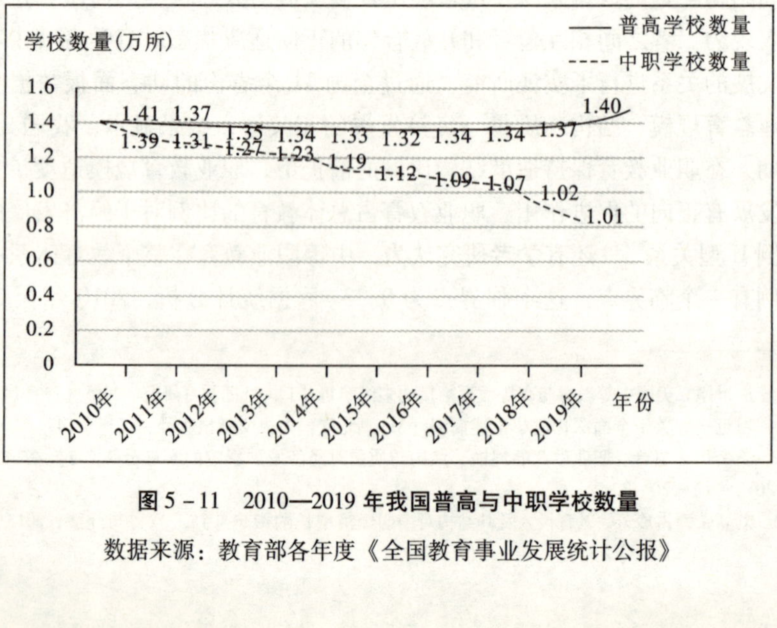

图 5－11 2010—2019 年我国普高与中职学校数量

数据来源：教育部各年度《全国教育事业发展统计公报》

概而言之，高中教育普职协调发展不仅仅是数量上的规模大体相当，也不只是形式上的机械融通，而是一种从数量到内涵、从形式到特质的整体和谐和价值均等，是基于普职等值的整体统筹和融通，是系统内部规模、质量、结构与效益的协同促进和共生共荣，是纵向与义务教育和高等教育的无缝衔接和共享，是横向与区域社会对话和沟通的开放融合和共赢。我国高中教育普职协调发展的格局特征主要表现为：在整体统筹和融通方面协调性不够；在结构和质量效益上具有一定的协调性和一致性，但是在规模协调性上还存在一定不足；在与初中和高等教育的衔接方面，共享度不高；在与区域社会的开放融合方面，局部区域已开始活跃，初步走向和谐共赢。

第四节　考察高中教育普职协调发展的主要指标

无论从社会经济发展的需要出发，还是从高中阶段教育普及这一战略目标的实现，抑或是满足人们对更高水平更高质量的要求，协调发展都成为时代发展的必然。那么究竟什么是协调发展？如何考察一个国家、某个区域的高中普职教育是否协调发展，具体的考量指标和观测点有哪些？

从词义上来看，“协调”在汉语中的意思是“配合得适当”①。“协调发展”就是指让既定时空条件下的不同事物按照自身的内在逻辑合乎规律地变化，同时这种变化又符合一定的目的性，也就是说“协调发展”就是指发展要体现合规律性与合目的性的统一。“教育协调发展”主要是指构成教育发展的诸因素合乎规律地变化形成的结构有机统一并与外在环境（经济社会发展需求）处在良性互动时的状态，是教育发展体现合目的性与合规律性的统一。它至少包含两个层面的意思：其一，从内部来看，“教育协调发展”是指构成教育发展总体的诸要素之间保持均衡和一致，教育的内部结构能够有效支撑教育功能的实现。其二，从外部来看，“教育协调发展”主要是指教育发展与社会经济需求之间保持平衡、教育系统能较好地实现社会经济发展目标的良性状态，也就是人们通常所说的“教育与社会经济发

① 中国社科院语言研究所词典编辑室．现代汉语词典［M］．北京：商务印书馆，1998：1392.

展相适应”。据此，我们把高中阶段教育的普职协调发展同样分为外部协调和内部协调。所谓“外部协调”主要是指高中教育与外部社会的协调，即高中普职结构与外部经济结构、产业结构、人口结构等相适应。“内部协调”是指教育系统内部各要素之间的相互匹配，具体又包括三个层面：一是高中教育与其他各级各类教育的协调发展；二是各区域高中阶段教育的协调发展；三是高中阶段内部普高与中职自身规模与质量、结构与效益的内在统一。我们有关高中阶段教育普职协调发展的指标体系也主要依此来建构（如图5－12）。考虑到第四章和第六章我们主要涉及高中教育内部协调问题的分析，这里我们重点介绍教育的外部协调。

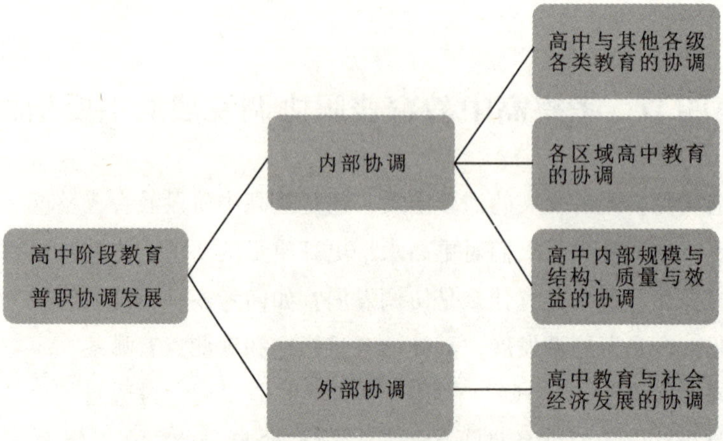

图5－12　高中普职协调发展评价指标体系

一、高中阶段教育与经济社会的协调发展

这一维度实际上强调的是教育协调发展的外部规定性，考察的是教育发展目标或社会功能的实现状况，即为适应社会经济发展的要求，为社会经济发展培养充分、适用、多样、优秀的人才，并为未来社会经济发展做好人才储备。高中阶段教育与社会经济发展之间的联动主要是通过提供社会经济发展所需的人才来实现的。那么高中阶段教育为社会经济发展提供的人才规模是否足够、速度是否匹配、质量是否符合、结构是否合理等，通过这些指标可以衡量两者的协调度与匹配度。因此，我们可以通过考察高中阶段教育的规模、人才产出的速度、人才培养的质量以及高中普职结构与社会经济结构、产业结构之间的吻合度等具体考量其协调程度。

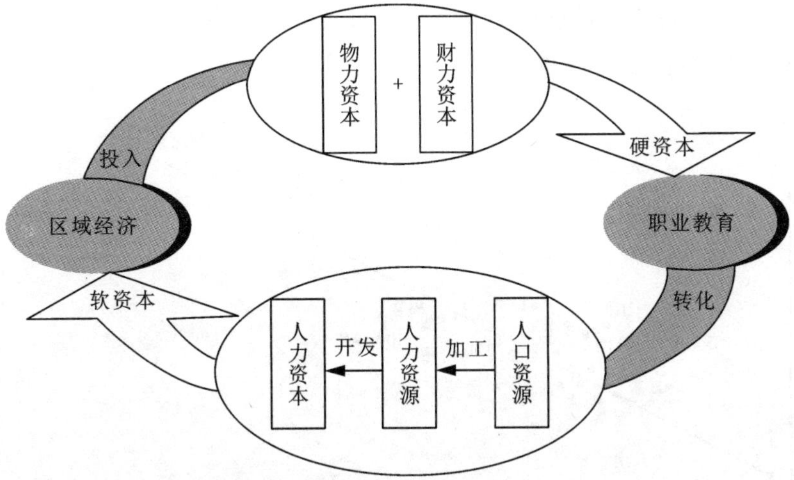

图 5－13　职业教育与区域经济产生联动的机制①

（一）高中阶段教育普职规模与社会经济发展的协调度

通常而言，经济发展水平与教育发展规模之间存在着较强的内在联动关系。一个地区的经济发展水平直接决定着该区域内产业人才的需求状况，进而对本区域教育的发展规模与速度产生深刻影响。反过来讲，作为一种重要的人力资本投资形式，教育对人才的供给程度和水平，反过来也会促进或抑制地区经济产业的发展。那么，教育究竟是促进还是抑制地区经济的发展，在很大程度上首先依赖于教育的规模是否能满足社会经济发展的需求，高中阶段教育的规模与社会经济发展需求之间的协调性是一个重要考量指标，或者说，这也是更容易检测到的显性指标。那么，从规模的角度来看，我国目前高中阶段教育与社会经济发展的协调度到底如何呢？

有研究以各省的高中阶段教育毛入学率为因变量，经济发展水平（以人均 GDP 衡量，实际计算中取对数值）和人口规模为自变量，建立计量模型，回归得到各省毛入学率的预测值，然后，用实际值减去预测值，得到高中阶段毛入学率的最终数值（简称差值）。如果这个差值大于 0，就表示该省以毛入学率衡量的高中阶段教育发展水平相对于其经济水平超前了；如果等于 0，则表示适中；如果小于 0，则表示落后。研究者就此对 2005 年和

① 朱德全，徐小容．职业教育与区域经济的联动逻辑和立体路径［J］．教育研究，2014（7）：45－53.

2010 年两个年份我国各省经济发展水平与高中阶段毛入学率协调情况进行了分析（如图 5 - 14、图 5 - 15）。

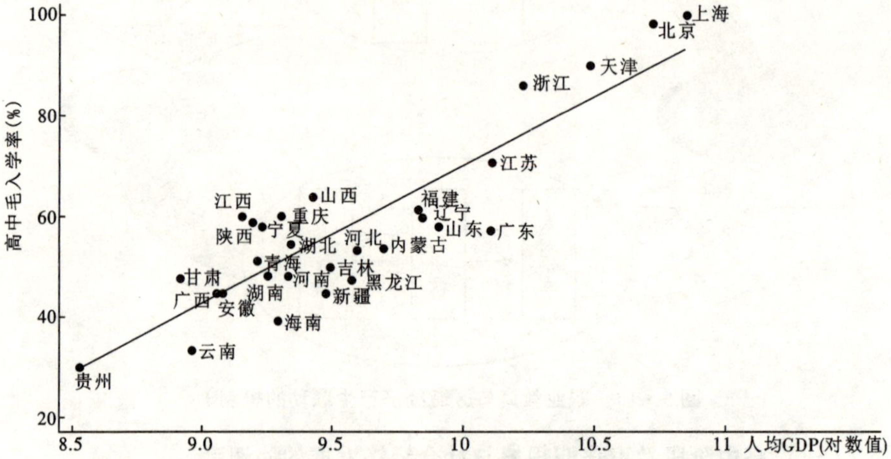

图 5 - 14　2005 年各省人均 GDP 与高中阶段教育毛入学率的散点图①

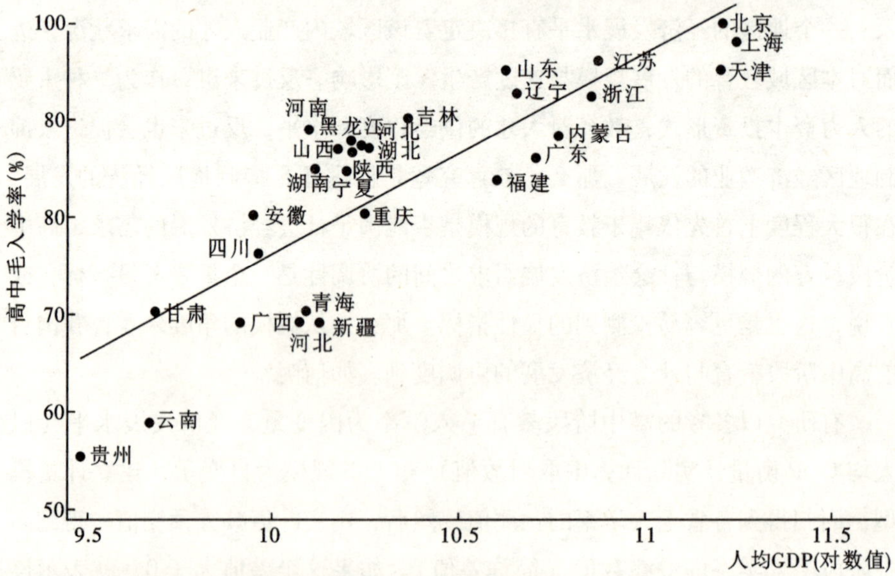

图 5 - 15　2010 年各省人均 GDP 与高中阶段教育毛入学率的散点图②

① 苏丽锋，孙志军．我国高中阶段教育普及水平研究——基于人口变动、经济发展和国际比较的视角 [J]．华中师范大学学报（人文社会科学版），2016（3）：151 - 161.

② 苏丽锋，孙志军．我国高中阶段教育普及水平研究——基于人口变动、经济发展和国际比较的视角 [J]．华中师范大学学报（人文社会科学版），2016（3）：151 - 161.

就2005年的发展情况来看，上海、北京、天津和浙江的高中阶段教育相对于其经济水平属于超前发展；贵州发展适中；云南相对滞后；山西、重庆、江西、陕西、宁夏、湖北、青海的高中阶段教育相对于其经济水平属于超前发展；安徽、湖南、广西的高中阶段教育适中发展；江苏、福建、辽宁、山东、广东、内蒙古、河北、吉林、河南、黑龙江、新疆、海南的高中阶段教育发展落后。但2010年的发展格局有所改变。北京、上海、天津和浙江的高中阶段教育发展相对滞后（这可能与这几省市高中阶段教育处于高普及水平有关），江苏省的高中阶段教育发展开始超前，云南仍旧落后，甘肃适中。山东、辽宁、吉林、河南、黑龙江、河北、湖北、湖南、宁夏、山西、陕西、安徽的高中阶段教育发展超前了，重庆、江西发展适中，而内蒙古、广东、福建、青海、新疆、海南、广西发展落后了。综合数据分析，把各省高中阶段教育发展水平与经济发展水平的匹配情况分为三类，A类地区为超前发展，B类为适中发展，C类为发展落后，形成了表5－6，粗略地呈现了不同省域高中阶段教育与社会经济发展的协调程度。

表5－6　考虑经济发展水平与人口规模后的高中阶段教育发展地区分类①

		2005年		
		A	B	C
2010年	A	陕西、山西、宁夏	湖北、河南	吉林、黑龙江
	B	重庆、浙江、江西、甘肃、北京	天津、上海、山东、青海、江苏、湖南、河北、福建、安徽	内蒙古、辽宁
	C	—	贵州、广西	云南、新疆、海南、广东

仅就我国中部六省的情况来看，中部省份技能人才培养规模与经济发展规模的协调性还有待提高。2005—2014年的数据显示，中部六省GDP规模在十年间呈现持续增长趋势，2014年是2005年的3.7倍，但职业教育规模却出现了先增后降的趋势。2009年，中部六省职业教育规模达到历史最高的852.2万人，其后开始逐年下降，2013年较2009年下降了17.8%。由此可见，中部省份经济产业对职业技能人才的潜在需求呈现增长趋势，但职业院校职业技能人才供给却出现萎缩，这在一定程度上反映出我国中部地区的职业教育人才培养规模与经济产业人才需求之间还存在着一定的不协调。

① 苏丽锋，孙志军．我国高中阶段教育普及水平研究——基于人口变动、经济发展和国际比较的视角［J］．华中师范大学学报（人文社会科学版），2016（3）：151－161．

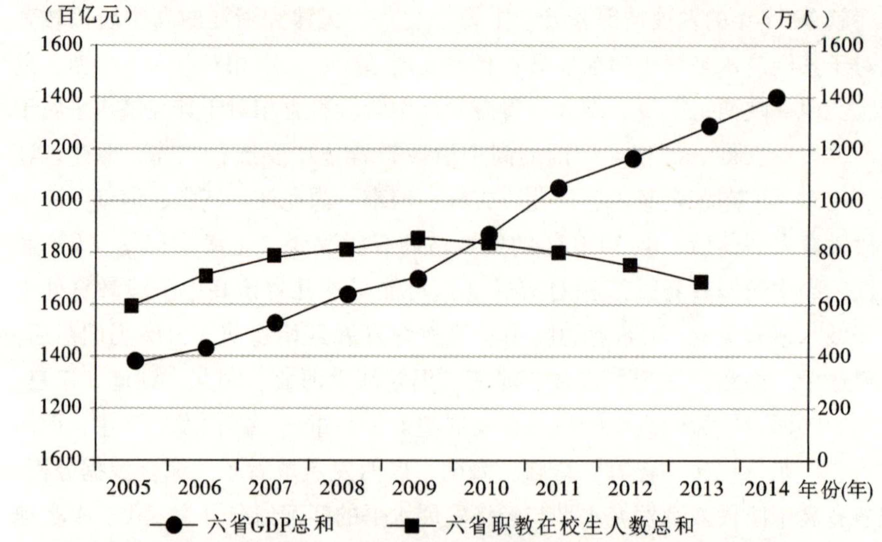

图 5－16　中部六省 GDP 规模与职业教育人才培养规模的协调性

（二）高中阶段人才产出速度与社会经济发展速度的协调

除了人才培养规模要与经济规模相一致外，还需要具有一定的超前性，预测区域经济发展所需的人才类别及数量。也就是说，人才的产出速度要与区域经济发展速度相关。人才产出速度可以用在校生增长比率表示，经济发展速度用 GDP 增长率来表示，两者的比值就是人才产出速度与社会经济发展速度的协调度，比值越接近 1，二者相关性越高，越匹配，反之，则表明协调性较差。① 我们以此为标准分别来看我国东中部中职教育人才的产出速度与社会经济发展速度的协调度（如表 5－7、表 5－8）。

表 5－7　东部地区技能人才产出速度与经济增速的匹配性表②

省份 \ 匹配系数 \ 年份	2010 年	2011 年	2012 年	2013 年	2014 年
北京市	0.007 749	0.293 706	1.223 138	－1.216 51	－0.153 22
天津市	－0.486 82	－0.305 17	－0.158 23	－0.654	－0.023 46
河北省	0.082 146	－0.240 68	－1.474 19	－2.767 7	－0.087 74

① 韩永强，杨帆．力促中部省份职业教育与区域经济协调发展［J］．中共山西省委党校学报，2015（6）：57－59.

② 樊燕，韩永强．东部地区职业教育与区域经济协调发展探究［J］．职业教育研究，2017（1）：17－21.

（续表）

省份＼匹配系数＼年份	2010年	2011年	2012年	2013年	2014年
山东省	-0.184 57	0.254 358	-0.249 38	-0.964 49	-0.051 27
江苏省	-0.130 98	-0.493 41	-0.455 05	-0.974 42	-0.989 22
上海市	-0.509 8	-0.510 85	0.316 033	-0.252 17	-0.091 69
浙江省	-1.881 75	0.092 035	-0.705 57	-0.726 94	-0.052 13
福建省	-0.036 43	0.361 328	0.141 643	-0.903 06	-0.116 9
广东省	1.722 374	-0.112 76	-0.224 98	-0.612 52	-0.057 35
海南省	0.507 627	0.388 397	-0.346 55	-0.106 24	-0.046 04

表5-8　中部省份技能人才产出速度与经济增速的匹配性

年份＼匹配系数＼省份	山西	安徽	江西	河南	湖北	湖南
2006年	1.07	1.40	0.72	0.71	1.43	0.49
2007年	0.45	0.42	0.09	0.61	0.54	0.40
2008年	0.27	0.28	-0.29	0.58	0.32	-0.17
2009年	10.48	0.07	0.59	1.23	0.17	0.45
2010年	0.08	0.10	-0.12	0.03	-0.37	-0.18
2011年	-0.35	0.29	-0.20	-0.24	-0.57	-0.01
2012年	-0.23	0.30	-0.43	-0.57	-1.31	-0.43
2013年	-1.26	-0.21	-0.72	-1.45	-0.75	-0.65

就中部六省技能人才产出速度与经济增速的匹配系数来看，技能人才产出严重滞后于产业发展速度，特别是在“十二五”期间，技能人才产出呈现严重的负增长态势，中部地区职业教育已经难以满足地区经济发展对职业人才的需求，这种不协调性最终会对地方经济产业发展产生很大的副作用。

（三）人才（输出）培养质量与社会经济发展的协调

因为普高并不直接为社会输送人才，中职学生毕业后直接流向就业市场，因此这里的人才培养质量也主要是指中职教育培养的人才质量与社会经济发展的协调。中职培养的人才对社会的贡献既表现为显性的，也有隐性的；既有短期内的，也有长远的影响。因此要准确衡量人才质量是否与社会经济发展协调，也是很困难的，我们一般倾向于通过一些显性的质量指标如中职获得资格证书的比率等进行考查。

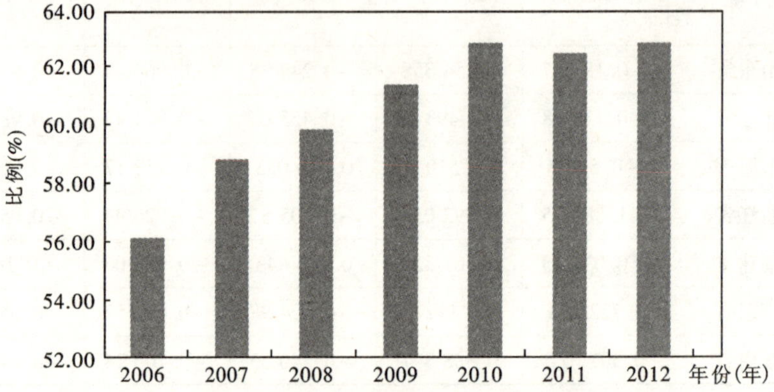

图5－17 中职毕业生中获得职业资格证书的毕业生比例①

与此同时，我们也可以中职学校毕业生的就业率作为观测点。因为中职毕业生的就业率现象是社会需求的一种反映，也是中等职业教育培养质量与效益的一种体现。② 据教育部统计公告显示，2012 年我国中等职业学校毕业生就业率为 96.85%，2013 年就业率为 96.81%，2014 年就业率为 96.68%，2016 年为 96.72%③，2019 年为 96.3%④。全国中等职业学校平均就业率已经连续多年超过 95%。

（四）高中阶段教育与社会经济结构的协调

从高中阶段对普高与中职的定位来看，普通高中教育更多地面向高校培养学术型人才，中职则主要面向社会提供技术性人才，因此高中阶段教育结构与社会经济结构的协调度，主要是指中职教育的专业设置以及不同产业类型的专业人才培养是否与社会经济结构相适应的问题。中职教育结构可以根据我国《中等职业学校专业目录》，归类到三次产业，按照三次产业划分的我国中职学校毕业生数（见表5－9）与三次产业产值（见表5－10）之间

① 崔晓迪，时洪浩．我国中等职业教育与地区经济协调发展状况分析［J］．天津职业技术师范大学学报，2015（04）：58－62.

② 万玉凤．2014 年全国中等职业学校毕业生就业率达 96.68%［N］．中国教育报，2015－03－04（3）.

③ 教育部．2016 年中职毕业生就业率达 96.72%［EB/OL］．（2017－04－21）［2020－10－06］．http：//www.moe.gov.cn/jyb_xwfb/gzdt_gzdt/s5987/201704/t20170421_303035.html.

④ 教育部．2019 年全国中职毕业生就业率达 96.3%［EB/OL］．（2020－03－06）［2021－06－05］．http：//www.jxdx.org.cn/gnjy/15041.html.

的匹配度进行分析，就可以考察出中职教育结构与社会经济结构之间的协调度。具体计算公式为：协调度 = 某产业所涉职业教育专业毕业生占比/该产业构成比重。协调度数值越接近 1，则代表职业教育专业结构与产业结构协调性越好，反之则代表越差。

表 5－9　2006—2012 年我国按三次产业划分的中职学校毕业生数①

年份（年）	中等职业学校毕业生（人）			按三次产业分中职毕业生数比例（%）
	第一产业	第二产业	第三产业	
2006	183 240	819 823	2 923 208	4. 7:20. 9:74. 5
2007	175 404	1 070 742	3 066 287	4. 1:24. 8:71. 1
2008	182 755	1 281 240	3 246 929	3. 9:27. 2:68. 9
2009	200 041	1 506 824	3 389 789	3. 9:29. 6:66. 5
2010	254 803	1 552 739	3 628 982	4. 7:28. 6:66. 8
2011	351 875	1 526 569	3 532 808	6. 5:28. 2:65. 3
2012	579 046	1 318 885	3 645 909	10. 4:23. 8:65. 8

表 5－10　2006—2012 年我国三次产业产值②

年份（年）	三次产业产值（亿元）			三次产业产值比例（%）
	第一产业	第二产业	第三产业	
2006	24 040. 0	103 719. 5	88 554. 9	11. 1:47. 9:40. 9
2007	28 627. 0	125 831. 4	111 351. 9	10. 8:47. 3:41. 9
2008	33 702. 0	149 003. 4	131 340. 0	10. 7:47. 4:41. 8
2009	35 226. 0	157 638. 8	148 038. 0	10. 3:46. 2:43. 4
2010	40 533. 6	187 383. 2	173 596. 0	10. 1:46. 7:43. 2
2011	47 486. 2	220 412. 8	205 205. 0	10. 0:46. 6:43. 4
2012	52 373. 6	235 162. 0	231 934. 5	10. 1:45. 3:44. 6

运用此测试方法，我们可以对不同区域高中普职结构与社会经济结构之间的匹配度进行分析。接下来我们分别看看我国东、中部的协调情况。

东部地区是我国经济发展最快的地区，2010—2014 年这 5 年间第三产业的贡献率在逐步提升（如表 5－12），但除了北京、上海、海南三地第三产业的贡献率明显高于第二产业之外，整体来看第二产业贡献率居第一位，第三

① 崔晓迪，时洪浩．我国中等职业教育与地区经济协调发展状况分析［J］．天津职业技术师范大学学报，2015（04）：58－62．

② 崔晓迪，时洪浩．我国中等职业教育与地区经济协调发展状况分析［J］．天津职业技术师范大学学报，2015（04）：58－62．

产业的贡献率接近第二产业。如果再结合东部地区相关产业的毕业生人数（如表5-11），就可以大致确认东部地区中职的专业结构与经济结构的协调度。

表5-11　东部地区职业教育相关产业的专业毕业生人数占比①

年份/地区	2013年			2014年		
	第一产业	第二产业	第三产业	第一产业	第二产业	第三产业
北京市	1.60%	15.23%	83.17%	1.10%	13.17%	85.84%
天津市	4.52%	26.56%	68.92%	3.23%	23.75%	73.02%
河北省	1.71%	27.64%	70.65%	1.86%	27.23%	70.91%
福建省	11.04%	16.01%	72.95%	14.08%	17.64%	68.28%
江苏省	2.02%	31.42%	66.56%	2.28%	32.53%	65.19%
上海市	—	22.74%	77.26%	—	19.28%	80.72%

注：河北、江苏采用高等专科学校分专业毕业生数，上海采用中等专业学校分专业毕业生数，表中“-”表示当年无此统计数据，其他省份统计局资料里未涉及职业教育类分专业毕业生人数统计。

表5-12　东部地区三大产业在地区生产总值中的贡献率②　（单位:%）

年份/地区	2010年			2011年			2012年			2013年			2014年		
	第一产业	第二产业	第三产业	第一产业	第二产业	第三产业	第一产业	第二产业	第三产业	第一产业	第二产业	第三产业	第一产业	第二产业	第三产业
北京市	0.9	24.0	75.1	0.8	23.1	76.1	0.8	22.7	72.5	0.8	22.3	76.9	0.7	21.3	77.9
天津市	1.6	52.5	46.0	1.4	52.4	46.2	1.3	51.7	47	1.3	50.6	48.1	1.3	49.2	49.6
河北省	12.6	52.5	34.9	11.9	53.5	34.6	12	52.7	35.3	12.4	52.2	35.5	11.7	51.0	37.3
山东省	9.2	54.2	36.6	8.8	52.9	38.3	8.6	51.5	40.5	8.7	50.1	41.2	8.1	48.4	43.5
江苏省	6.1	52.5	41.4	6.2	51.3	42.4	6.3	50.2	43.5	6.2	49.2	44.7	5.6	47.4	47.0
上海市	0.7	42.1	57.3	0.7	41.3	58.0	0.6	38.9	60.4	0.6	37.2	62.2	0.5	34.7	64.8
浙江省	4.9	51.6	43.5	4.9	51.2	43.9	4.8	50.0	45.2	4.8	49.1	46.1	4.4	47.7	47.8
福建省	9.3	51.0	39.7	9.2	51.6	39.2	9.0	51.7	39.3	8.9	52.0	39.1	8.4	52.0	39.6
广东省	5.0	50.0	45.0	5.0	49.7	45.3	5.0	48.5	46.5	4.9	47.3	47.8	4.7	46.3	49.0
海南省	26.1	27.7	46.2	26.1	28.3	45.5	24.9	28.2	46.9	24.0	27.7	48.3	23.1	25.0	51.9

---

① 樊燕，韩永强．东部地区职业教育与区域经济协调发展探究［J］．职业教育研究，2017（1）：17-21.

② 樊燕，韩永强．东部地区职业教育与区域经济协调发展探究［J］．职业教育研究，2017（1）：17-21.

有学者同样运用此方法对我国中部六省中职教育与社会经济发展的协调度进行了分析。① 就 2010—2014 年中部六省产业结构来看，呈现典型的“二三一”模式，第二产业、第三产业和第一产业平均占地区 GDP 的比重分别为52.1%、36.4%和11.5%。中部省份第二产业比重高于全国平均值6.5个百分点，而第三产业比重则较全国平均值低 7.9 个百分点。2010—2013年中部省份中等职业教育专业结构分布情况显示，第一产业所涉农林牧渔类专业中职毕业生平均占比为6%，第二产业所涉加工制造等六类专业中职毕业生平均占比25.4%，第三类产业所涉财经商贸等11类专业中职毕业生平均占比高达68.6%。计算所得的协调度结果表明，中部省份职业教育专业结构与产业结构的匹配度并不理想。其中，第一、第二产业所涉职业教育专业人才培养落后于产业经济发展速度，所培养的面向第一、第二产业的人才仅为该类产业潜在人才需求量的一半左右。同时，第三产业所涉职业教育专业人才培养则远远超过产业自身发展速度，两者的协调度均超过了1.5，江西和河南两省则超过了2.0，这表示面向第三产业的职教人才供给相对过剩，未来应科学调整第三产业人才培养规模和速度。

二、高中阶段教育与其他各级各类教育的协调发展

高中阶段教育与各级各类教育的协调发展相对较为复杂，一方面，关于各级各类教育的分类标准并不统一且有多重维度，如我们通常涉及的维度有普通教育与职业教育，正规教育与非正规教育，基础教育与高等教育，学校教育、家庭教育与社会教育，民办教育与公办教育，职前教育与职后教育，等等。考虑到高中阶段教育是连接义务教育与高等教育的纽带，因此，我们这里重点关注的是高中阶段与义务教育和高等教育之间的协调。在考察它们之间的协调度时，一方面是基于本土国情，另一方面是以其他国家尤其是发达国家各级各类教育之间的比例关系或各级教育升学率以及教育投入结构等作为参照来进行分析。

---

① 韩永强，杨帆．力促中部省份职业教育与区域经济协调发展［J］．中共山西省委党校学报，2015（6）：57－59．

三、各区域高中阶段教育的协调发展

严格来说，区域之间的协调也是一种结构性的协调，但它不同于教育内部横向的类别结构和纵向的层次结构相协调的问题。类别和层次是构建教育自组织体系的经纬，其协调性主要体现在教育各部分之间的关联性上。区域性协调则是反映教育发展的结果在地域分布上的合理性。根据区域划分的不同视角，可以概括出城市与乡村之间、经济发达地区与不发达地区之间以及同级行政区域之间等各类区域性教育相协调的问题。目前我国各区域高中阶段教育是否协调，如何促进区域间的均衡与协调，我们将在第六章专门阐述。

四、高中阶段内部的教育规模、结构、质量、效益协调发展

高中阶段的教育规模与结构，我们多有论述，这里简单讨论下如何来考量高中阶段教育的质量。反映人才培养质量的指标是非常多样、多维的，但由于教育质量的高低要通过教育培养人才进入社会或市场后发挥的效应来衡量，所以检验教育培养的人才质量是否符合社会需要，有一定的滞后性，且很多教育功能或者某一教育功能的很多方面又是内隐的，数据取证困难甚至不太现实。基于这些因素，人们在评价教育质量时，就中职教育而言，往往倾向于使用中职毕业生的就业率、中职毕业生获得职业资格证书的比例等可见的指标来具体考察。如有研究对 2014 年全国 31 省的数据统计发现，藏、琼、京、粤、吉、桂、宁、黑、蒙等 9 个省的中职毕业生获得职业资格证书比例不足 7 成，落后全国平均水平十个百分点以上；而藏、陕、豫、渝、新等 5 个省的中职毕业生对口就业率偏低，均不足 7 成；等等。①

---

① 林克松．我国省际中等职业教育发展水平的测度与比较［J］．西南大学学报（社会科学版），2018（1）：84－90．

第六章
我国高中教育普职发展的区域失衡与协调路径

中国是一个发展中的大国，区域差异大是基本的国情。特别是经济社会发展呈典型的二元结构，发达地区和欠发达地区、城市和农村之间经济和社会发展水平呈现较大的差异。同样，我国各地区之间的教育发展也存在显著差异。当然，一定时期内，承认这种差别，实行非均衡发展战略，是因地制宜发展各地教育事业的现实选择。但教育作为促进现代经济增长和社会和谐的先导和基础，其发展差距的程度比经济发展差距更为严重时，将对全面建设小康社会与构建和谐社会的目标构成威胁。因此，努力缩小区域间的教育差距，促进区域间教育的协调发展和均衡发展成为新时期我国教育政策调整的重大命题和基本导向。

第一节　我国高中阶段教育普及的区域差异分析

党的十九大提出，新时代社会主要矛盾已转化为“人民日益增长的美好生活需要和不平衡不充分的发展之间的矛盾”，这一矛盾在教育领域的具体表现就是学生、家长日益增长的对高质量教育的需要和教育不平衡不充分的发展之间的矛盾。如何解决教育发展的不平衡、不充分，在义务教育阶段，重在推动义务教育的优质均衡发展；而在高中阶段，则重在推动高中阶段教育的全面普及。当前，我国高中阶段教育的普及正进入攻坚阶段，其面临的最大瓶颈就是区域间发展的不均衡和不充分问题。

一、不同区域高中阶段教育普及的程度差异

2014—2018年5年间，我国高中阶段教育普及程度稳步提升，高中阶段教育毛入学率从2014年的86.5%稳步提升到2018年的88.8%。整体良好，但分区域来看，普及程度呈现从东部、中部到西部①逐渐递减的趋势，区域差异显著（见图6-1）：就2018年的最新统计数据来看，东部省份的高中阶段教育毛入学率基本都在97%以上，部分省市如北京、天津、上海、江苏的毛入学率接近100%；山东、广东等省市毛入学率接近99%，东部省份的高中阶段教育已进入全面普及阶段②；同一时期的中部地区，如江西、湖南、河南高中阶段教育毛入学率基本处在90%~95%之间，中部地区的高中阶段教育处于基本普及阶段；在西部地区，贵州、青海基本普及，而西藏和云南高中阶段教育毛入学率都在85%以下，尚未普及。不仅东中西部各省域之间普及程度差异较大，而且省域内不同市州、区县之间的差异也不小。在普及程度整体不高的云南省（2017年为76.05%，2018年为78.43%），昆明市2017年高中毛入学率达93.52%，但文山壮族苗族自治州同年高中毛入学率仅为60.37%③。即使在高位普及省区，区域内的差异也非常显著。早在2004年，江苏省高中毛入学率达65.24%的整体形势下，苏南、苏中和苏北三个区域之间均相差二十个百分点左右，苏南地区毛入学率高达94.55%，苏中地区为73.46%，苏北地区仅48.42%④；即使是2020年全省毛入学率将实现99.5%的目标，苏北等欠发达地区仍然是攻坚重点⑤。

---

① 有关东西中部的划分采用官方标准：东部地区包括北京、天津、上海、浙江、河北、福建、辽宁、广东、江苏、山东、海南11个省域；中部地区包括山西、江西、吉林、安徽、河南、黑龙江、湖北、湖南8个省份；西部地区包括内蒙古、重庆、广西、四川、云南、陕西、青海、贵州、宁夏、甘肃、新疆、西藏12个省域。

② 在我国，国家政策文件中一般以高中毛入学率达到85%为“基本普及”，毛入学率达到90%为“全面普及”，毛入学率低于85%为尚未普及，本文在谈及高中教育普及程度时也主要以此为标准。

③ 文山壮族苗族自治州人民政府．文山州人民政府关于贯彻落实云南省高中阶段教育普及攻坚行动计划的实施意见（文政发〔2018〕72号）[EB/OL]．(2018-08-31) [2019-12-12]．http://www.ynws.gov.cn/info/1254/216531.htm.

④ 杨九俊．江苏省义务教育均衡发展研究报告 [EB/OL]．(2005-09-16) [2020-01-12]．http://www.jssghb.cn/ndlw/2005-1.htm.

⑤ 江苏省教育厅，等．关于印发江苏省高质量普及高中阶段教育攻坚计划（2018—2020）的通知（苏教基〔2018〕9号）[EB/OL]．(2018-03-30) [2019-12-28]．http://jyt.jiangsu.gov.cn/art/2018/4/4/art_58962_7644679.html.

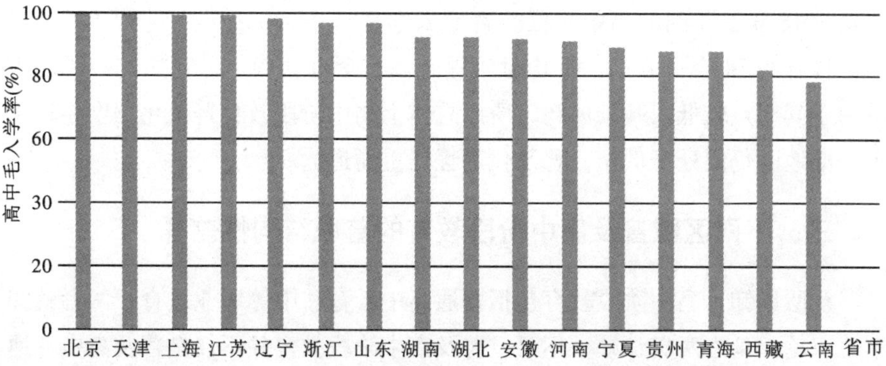

图6－1　2018年东中西部部分省市高中阶段毛入学率情况

数据来源于各省2018年度教育事业发展情况统计公报和各省2018年度国民经济和社会发展统计公报。

二、不同区域高中阶段教育普及的速度差异

就国家整体范围来看，2000—2010年这10年间的高中阶段毛入学率从41.4%提高到了82.5%，提高了41个百分点，实现了翻番。而2010—2017年，高中阶段毛入学率比2000年提高了约47个百分点，在如此短之时间、如此大之范围实现高中教育普及，其发展速度是惊人的。但从区域来看，与高中普及程度一样，高中普及的速度也呈现出明显的区域差异。就东中西部来看，由于东部地区的高中教育毛入学率已经进入历史高位，普及提升速度较为平稳，部分省份的高中阶段教育毛入学率甚至出现略微下滑的情况。如浙江省2014年至2018年5年间的毛入学率从95.2%提升到97.3%，平均每年提升约0.4个百分点，发展较为平缓。而山东省2014年至2018年5年间的毛入学率则从99.83%降为96.82%，五年共下降了约3个百分点，普及化进程出现了高位回落现象。中部省份的普及化进程也进入了类似于东部的高位平稳发展阶段。如河南省2014年至2018年5年间的毛入学率从90.20%提升到91.23%，平均每年提升约0.2个百分点，普及速度趋于平缓，而中部的湖北省在2014年至2018年的5年间毛入学率甚至下降了约4个百分点，普及速度有所回落。与东中部相比，西部地区的普及化进程呈现出低位快速提升的发展态势。如贵州省2014年至2018年5年间的高中阶段教育毛入学率从78%提升到了88%，5年共提升了约10个百分点，平均每年提升2个百分点；青海省高中阶段教育普及化进程则更为迅速，其2014

年至2018年5年间的高中阶段教育毛入学率从74.10%提升到87.99%，5年共提升约14个百分点，平均每年提升2.8个百分点。尽管如此，西部省份由于其起点较低、基础薄弱，所以总体上高中阶段教育普及化程度相较于东中部地区仍旧处于低位，普及化进程任重而道远。

三、不同区域普及高中阶段教育的普职结构性差异

众所周知，高中阶段教育包括普通高中教育和中等职业教育，两者就如车之双轮、鸟之两翼，缺一不可。普及高中阶段教育并不仅是普及高中普通教育，中等职业教育作为高中普及的重点，应与高中普通教育双轮驱动、齐头并进，共同支撑起普及高中教育的重任。我国近年来制定的一系列规划、政策、计划等，都强调要把发展中等职业教育作为重中之重。如《国家教育事业发展“十三五”规划》提出，要“巩固提高中等职业教育发展水平”“在中西部地区以中等职业教育为重点发展高中阶段教育”。《高中阶段教育普及攻坚计划（2017—2020年）》（以下简称《攻坚计划》）的重点任务中则特别强调要“统筹普通高中和中等职业教育协调发展，提高中等职业教育招生比例”等。仅从政策来看，确实对职业教育“高看一眼、厚爱一分”，但职业教育没有真正“香起来”“亮起来”。高中普职比在2010年达到“普职大体相当”的峰值后，近年中职比重呈现逐年下降的趋势。数据显示，2011年中职占高中阶段教育的比例为47%，2012年这一比例为46%，2013年为44%，2014年为42.1%，2015年为41%，2016年为40.3%，2017年为40.1%，2018年为39.5%。① 而进一步的统计数据发现，31个省份中，中等职业教育学生数（不含技工学校）占高中阶段教育比例低于40%的有21个省份，低于30%的有3个省份。② 不仅全国范围内的中职占比整体较低，各省区域间、省域区域内的普职结构差异也较为显著。以2013年为例，广西中职占高中阶段在校生比例达到了50.1%，吉林省这一比例为29.8%，西藏则更低，为24.8%。而就区域内部来看，以广东省为例，2015年高中阶段教育在校生普职比为54.84:46.16，但各区普职结构差异较大，其中粤西最不均衡，普职比高达74.08:25.92；而就各地市情况来

① 根据教育部年度教育数据统计而整理［EB/OL］.（2019-08-12）［2021-08-20］. http://www.moe.gov.cn/s78/A03/moe_560/jytjsj_2018/qg/201908/t20190812_394224.html.

② 刘显泽．以发展中职为重点普及高中阶段教育［N］．中国教育报，2015-11-07（02）.

看，除广州和揭阳普职比例保持大体相当外，其他地市普职结构明显失衡，其中潮州普职比为81.68∶18.32，汕尾为80.09∶19.91。[①] 有关我国不同区域高中阶段普职失衡的现状我们将在本章第二节详细阐述。

第二节　不同区域高中阶段普职失衡现状分析

我们根据区域所涉范围大小以及区域特征的不同，分别以东中西部、不同省域、特殊区域这三个维度来对不同区域高中阶段普职失衡的现状进行分析。

一、我国东中西部高中阶段教育普职失衡现状

从全国情况来看，高中阶段的中职比例自2010年后呈现逐年下降的趋势，在此前提下，全国中职教育比例的区域差异，东部显著优于中西部，而中西部之间则不存在差异。有研究根据结构协调指数、经费收支指数、教学条件指数、师资力量指数以及培养成效等指标对全国31个省中职发展情况进行测算后发现，在总指数排名前10的省份中，东部地区8个、中部地区2个、西部地区0个；在总指数排名11～20的省份中，东部地区2个、中部地区2个、西部地区6个；在总指数排名21～31的省份中，东部地区1个、中部地区3个、西部地区7个。[②] 直观来看，2014年31省中职发展水平呈现出明显的“东高中西低”的态势。进一步对东、中、西部省份的中职发展指数进行差异性检验，统计结果发现：东、中、西部的中职发展指数在0.05的水平上存在显著差异，并呈现出“东部 > 中部 > 西部”的格局，东部显著高于中西部，中部与西部之间则不存在显著性差异。形成这一发展格局的原因是非常复杂的，既与东中西部已有的发展基础、现有的政策导向有一定的关系，也与不同地区对中职教育的重视与投入、不同区域对教育的供给能力与需求状况等有关。不同区域经济发展水平的高低一方面直接影响中职的供给能力，进而造成各区域在中职学校数量和招生规模上的差异，另

① 王欣．教育公平视阈下高中阶段教育的普职结构研究——基于广东省2003—2015年的数据［J］．职教通讯，2017（7）：38－48.

② 林克松．我国省际中等职业教育发展水平的测度与比较［J］．西南大学学报（社会科学版），2018（1）：84－90.

一方面还直接影响人们对中职的需求程度，因为“经济发展水平越高，第二、第三产业的比重越大，劳动力市场对高素质的劳动力需求就会越大，这会刺激教育规模的扩大和教育需求层次的提高”①。

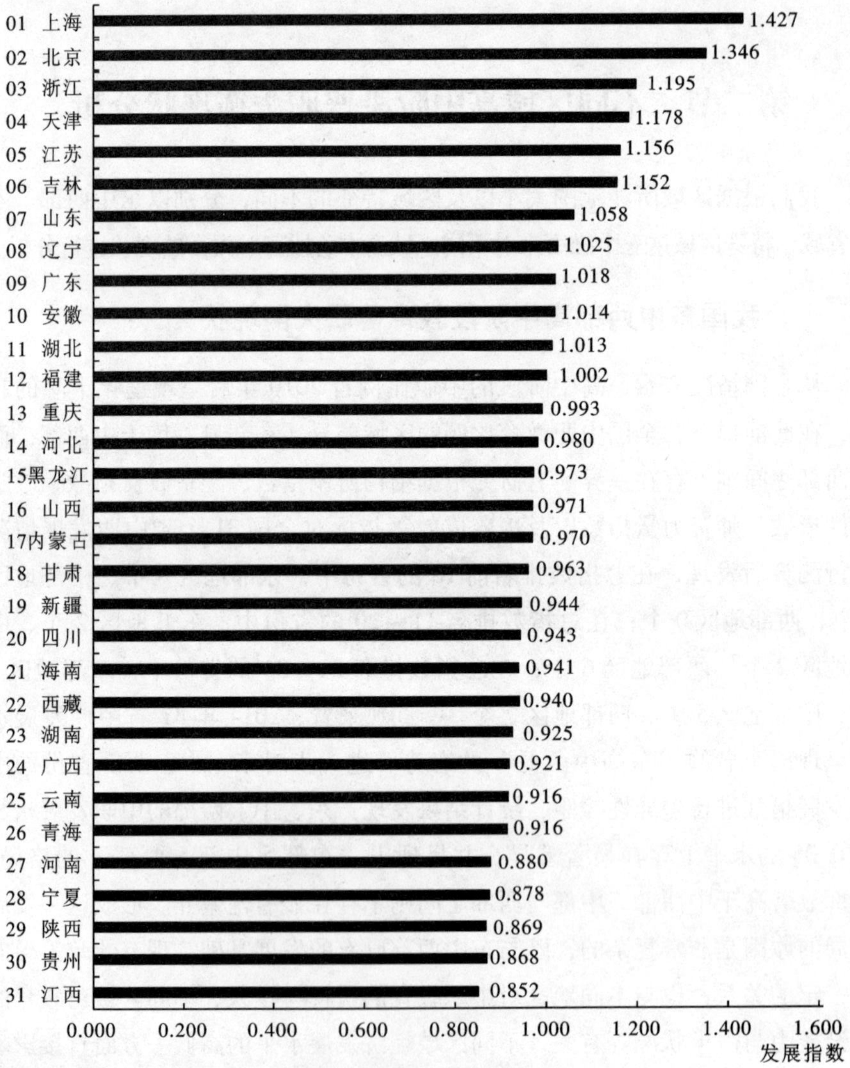

图6-2 2014年31省中职发展指数及排名②

① 王善迈，袁连生，田志磊，等. 我国各省份教育发展水平比较分析［J］. 教育研究，2013（6）：29-41.

② 林克松. 我国省际中等职业教育发展水平的测度与比较［J］. 西南大学学报（社会科学版），2018（1）：84-90.

蔡文伯等对我国中职教育资源的空间格局与区域差异进行分析后，也基本得出了类似结论。就2004—2016年中职在校生数在我国三大地区的分布来看：2004—2012年东、中部地区在校生数占比的变化趋势相反，2004—2009年东部地区占比不断下降，中部地区占比不断上升；2009—2012年东部地区占比又表现出缓慢上升趋势，同期中部占比逐渐降低；2012年后东部地区占比一直在40%附近徘徊，中部地区占比稳定在30%左右。西部地区占比在2004—2016年总体呈现出缓慢上升趋势，仅在2014年出现了异常下降，2013年占比已经在30%以上，超过了中部地区。2004—2016年间，我国中职在校生数的空间格局出现了微弱变化，东部地区一直最高，但是中、西部地区逐渐持平，并且各地区间的占比差距逐渐缩小。①

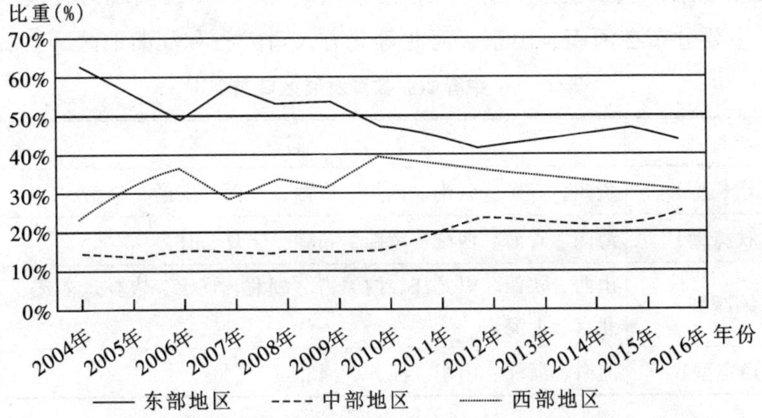

图6-3　各地区中职生均公用经费占全国比重变化趋势②

二、我国各省域高中阶段教育普职失衡现状

中职教育发展规模、发展速度的变化，最能反映高中阶段普职结构的变化。我们以中职数据来展开对不同省域的比较分析。我们可以从某个时间段来看各省域中职教育的变化趋势，也可以从某个时间点的数据来看各省的差距。

就时间段来看，自2000年以来，中等职业教育发展出现区域分化现象，

① 蔡文伯，黄晋生．我国中职教育资源的空间格局演变与区域差异分析——基于泰尔指数及其分解的测度［J］．职业技术教育，2019（10）：46-52.

② 蔡文伯，黄晋生．我国中职教育资源的空间格局演变与区域差异分析——基于泰尔指数及其分解的测度［J］．职业技术教育，2019（10）：46-52.

不同省区中等职业教育规模及其增长变化趋势出现明显差异。但北京、天津、上海等发达地区在校生数近年来呈持续下降趋势，东北三省在校生人数呈波动下降，而其他省区基本与全国倒“U”趋势一致。以全国平均水平为标准，按中等职业教育在校生规模及其增速可划分为4种类型：“增长型”“扶持型”“缩减型”“稳定型”（表6－1）。中国省域中等职业教育发展以“缩减型”为主，占全国省区数量的35.48%，其特征为规模较小、增长慢，主要分布在经济较发达的京津沪三大直辖市、福建和东北地区；“增长型”“扶持型”省区占全国的22.58%，其中“增长型”在校生规模大且增长快，包括广东、西南地区的贵州、云南、四川、广西和中部的江西、安徽、湖南等，并形成连片分布格局，而“扶持型”规模较小、增长快，主要分布在西北地区；“稳定型”占全国省区数量的19.35%，表现为规模大、增长慢，主要分布在河南、山东、河北等北方人口大省和江浙地区。

表6－1　中等职业教育发展区域类型①

类型	省区
Ⅰ类（增长型）	贵州、广东、云南、四川、广西、江西、安徽、湖南
Ⅱ类（扶持型）	海南、青海、西藏、重新、新疆、宁夏、甘肃
Ⅲ类（缩减型）	山西、陕西、黑龙江、内蒙古、湖北、辽宁、吉林、福建、天津、北京、上海
Ⅳ类（稳定型）	河南、浙江、山东、江苏、河北

但中职教育的空间格局本身也处于不断变化之中，从2000—2016年的发展走势来看，有以下几个变化特征：（1）热点区范围出现“收缩－扩张”趋势。2000年热点区主要分布在河南、河北、山东、江苏、安徽等5个省区，2009年江苏、河北退出热点区，2016年广东、福建、江西、湖南、广西成为热点区，热点区数量增加到8个，3个年份热点区数量占省区总数的比例分别为16.13%、9.68%、25.81%。（2）次热点区范围出现持续收缩。2000年主要分布在北京、天津、上海、浙江、福建、广东、广西、湖南、江西、湖北、重庆、山西、辽宁等13个省区，2009年北京、天津、上海、浙江、辽宁5个省区退出次热点区，陕西、河北、江苏转变为次热点区，

① 王辉，延军平，彭邦文，等．中国中等职业教育空间集聚及其影响因素［J］．热带地理，2020（3）：525－538.

2016年次热点区继续减少，3个年份次热点区占省区总数比例分别为41.94%、35.48%、32.26%。（3）次冷点区范围表现为“扩张－收缩”趋势。2000年主要分布在黑龙江、吉林、内蒙古、陕西、云南、贵州等6个省区，2009年北京、天津、上海、浙江、辽宁等5个省区进入次冷点区，陕西、内蒙古、黑龙江、吉林4个省区退出次冷点区，2016年云南、贵州、浙江、上海等4个省区退出次冷点区，四川、西藏、海南3个省区进入次冷点区，3个年份次冷点区占省区总数比例分别为19.35%、22.58%、19.35%。（4）冷点区与次冷点区范围大体一致，基本呈“扩张－收缩”趋势。空间范围由西北向东北扩张、向西南收缩，3个年份冷点区占省区总数比例为22.58%、32.26%、22.58%。总体而言，中等职业教育空间格局变动较大，具有明显不稳定特征。空间关系保持不变的省区占32.26%，其中，“鲁－豫－皖”为稳定性热点区，“新－青－甘－宁”为稳定性冷点区，“鄂－渝－晋”始终处于次热点区。

如果从某个时间点观察，区域差异同样明显。就2014年各省中职（含技工学校数据）占高中阶段教育规模比例来看[①]（见表6－2），广西“一枝独秀”，比例高达50%以上；西藏比例最低，中职规模仅占高中阶段20%左右。31省当中，18个省中职教育比例在40%以上。

表6－2　我国31省中职占高中阶段教育规模情况（2014年）

区间	省份
>50%	桂52%
50%～40%	京48%；苏48%；粤47%；青46%；琼46%；沪45%；福45%；川45%；皖44%；浙44%；云43%；渝43%；鲁42%；豫42%；湘41%；冀41%；津41%
40%～30%	贵39%；赣39%；晋38%；新37%；辽37%；黑37%；陕37%；蒙34%；宁34%；鄂34%；甘33%；吉33%
<30%	藏23%

不仅各省域之间普职比例差异显著，省域内部的差异也很明显。以广东省为例[②]，2015年广东省高中阶段教育的在校生普职比总体上虽为53.84∶46.16，

---

① 林克松．我国省际中等职业教育发展水平的测度与比较［J］．西南大学学报（社会科学版），2018（1）：84－90.

② 王欣．教育公平视阈下高中阶段教育的普职结构研究——基于广东省2003—2015年的数据［J］．职教通讯，2017（7）：38－48.

但各区高中阶段教育的在校生普职比均大于1∶1，结构明显失衡。其中，粤西最不均衡，在校生普职比为74.08∶25.92，其次是北部山区和粤东。尽管珠三角高中阶段教育的在校生普职比在四区中差距最小，但也有57.44∶42.56，勉强满足“大体相当”的政策要求。究其原因，与各区域的经济发展水平、教育经费投入、人口分布与办学条件的差异是分不开的。

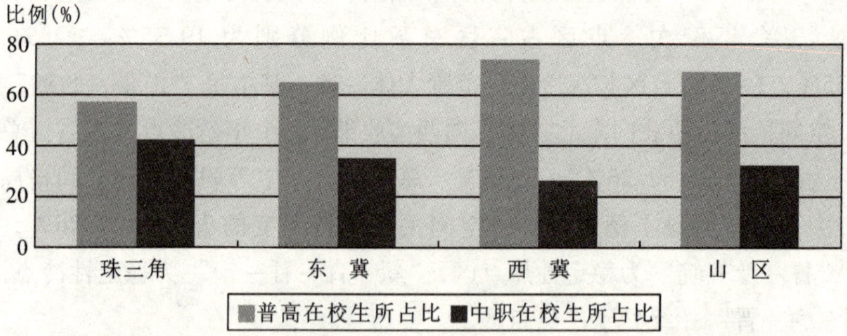

图6-4 广东省各区域普高与中职在校生数普职比（2015年）

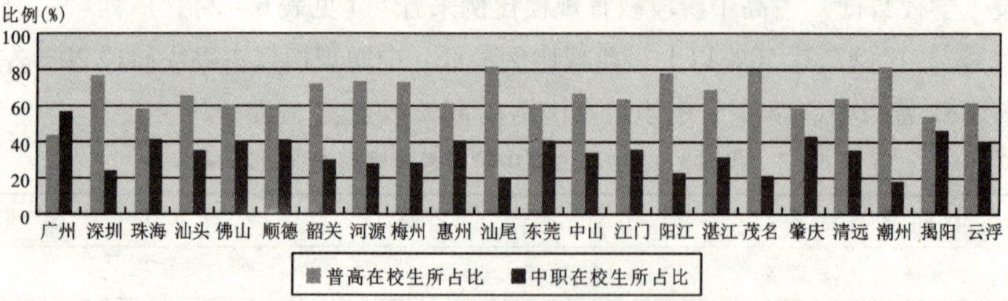

图6-5 广东省各地市普高与中职在校生数普职比（2015年）

按地市分类，如图6-5所示，2015年广东省各地市高中阶段教育的在校生普职比总体上虽为53.84∶46.16，但除广州的42.87∶7.13和揭阳的53.13∶46.87外，其余地市的在校生普职比均大于1∶1，甚至有潮州的81.68∶18.32和汕尾的80.09∶19.91，结构明显失衡，大部分地市高中阶段教育的在校生普职比已超出了“大体相当”的政策要求。

三、特殊区域高中阶段教育普职失衡现状

如果说我国整体上存在着高中普职失衡的现象，那么在一些落后地区、贫困地区、民族地区等特殊区域，失衡现象更为严重。而且对这些地区来说，提高中职教育的比例更有着特殊的意义。因为，职业教育尤其是中等职

业教育具有重要的扶贫功能，对农村、边境、民族地区提供中初等职业技术教育与技能培训能帮助贫困家庭、困难群体掌握基本谋生知识和技能，提升其人力资本质量，可为当地贫困家庭提供强有力的智力支持，进而有能力改变自己的命运，为当地教育脱贫提供造血机制，阻断贫困的代际传递，有助于打赢国家脱贫攻坚战及固守脱贫成效，对到 2020 年实现全面脱贫具有重要的政策工具价值。①

我们先看几个西部省份的具体情况。云南高中阶段教育的职普比在这 18 年间始终在 0. 85 上下波动，四川在 0. 75 上下波动，甘肃在 0. 50 上下波动，西部十二省在 0. 70 上下波动。可见，除了云南离职普比大体相当（国家隐含的为 1∶1）比较接近以外，四川及甘肃离职普比大体相当也差距较大，尤其是甘肃离职普比大体相当的要求差距甚远，从 2014 年起已低于 0. 50 水平。

表 6－3　四川、云南、甘肃等高中阶段教育职普比变化情况

年份(年) 普职比 区域	2000	2001	2002	2003	2004	2005	2006	2007	2008	2009	2010	2011	2012	2013	2014	2015	2016	2017
全国	0. 869	0. 695	0. 616	0. 640	0. 635	0. 664	0. 720	0. 788	0. 842	0. 901	0. 922	0. 898	0. 856	0. 789	0. 731	0. 698	0. 676	0. 671
四川	0. 754	0. 588	0. 485	0. 512	0. 529	0. 639	0. 768	0. 785	0. 868	0. 951	0. 943	0. 928	0. 903	0. 863	0. 802	0. 753	0. 706	0. 689
云南	1. 132	0. 973	0. 873	0. 828	0. 725	0. 687	0. 680	0. 749	0. 828	0. 915	1. 057	1. 024	0. 950	0. 807	0. 767	0. 764	0. 767	0. 769
甘肃	0. 655	0. 579	0. 478	0. 430	0. 389	0. 388	0. 433	0. 520	0. 594	0. 652	0. 678	0. 650	0. 638	0. 554	0. 482	0. 432	0. 415	0. 401
西部十二省	0. 802	0. 634	0. 554	0. 560	0. 541	0. 566	0. 644	0. 726	0. 794	0. 857	0. 886	0. 853	0. 807	0. 754	0. 713	0. 686	0. 654	0. 639

资料来源：根据各年《中国教育统计年鉴》及《中国劳动统计年鉴》中的相关原始数据计算分析整理而得。

由表 6－3 可知，高中阶段教育职普比从 2000 年的高位值 0. 869 逐年下降到 2002 年的 0. 616，2003 年又回升至 0. 640，但到 2004 年又下降至 0. 635，从 2005 年起再逐年增加至 2010 年的 0. 922，但从 2011 年起又逐年下降至 2017 年的 0. 671，这十八年间共下降了 22. 78%，中间有升有降，总体呈下降趋势。就四川、云南而言，其高中阶段教育职普比在 2000—2017 年这 18 年间绝大多数年份都要高于全国均值水平，云南在所有年份均高于

① 沈有禄. 普及高中阶段教育，为精准扶贫提供造血机制［N］. 光明日报，2018－01－20（6）.

西部十二省均值水平，四川有13年要高于西部十二省均值水平，而甘肃始终要低于全国及西部十二省的均值水平，且差距有所加大。

如果我们进一步深入深度贫困县的情况来看（如图6－6）。自治州职普比例严重失调，并且没有太大改善，中职在校生占高中阶段在校生的比例一直处于低位波动中，离普职比大体相当的标准较远。深度贫困自治州的普职比例更加不合理，2016年中职在校生仅占高中阶段在校生的26%，离普职比例标准相差了近一半。从2006—2016年的变化趋势来看，情况也不容乐观，十年间中职在校生比例最高也仅为27%，几乎停滞不动。

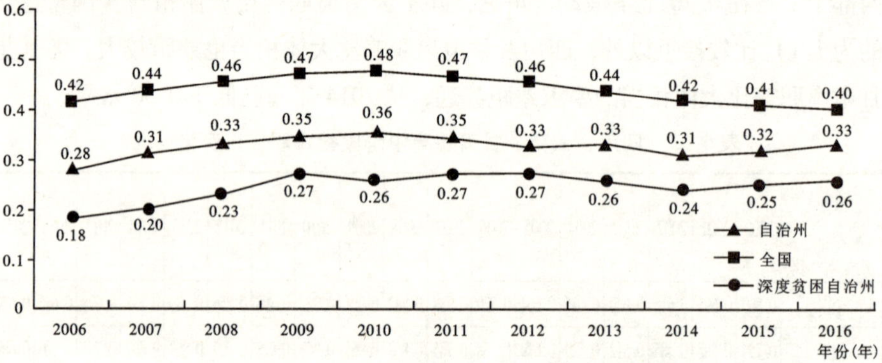

图6－6　2006—2016年自治州、深度贫困自治州和全国中职在校生占高中阶段在校生平均比例

第三节　不同区域高中阶段教育供给能力差异分析

按照我国教育法律的相关规定，高中阶段教育由地方政府负责，即举办和管理高中阶段教育是地方政府（包括省级政府、地市级政府以及县级政府）的任务。而由于自然、历史、社会等多方面原因，不同区域、不同地方政府能够为本地高中阶段教育的发展所提供的资源与条件显然是有差异的，地方为区域教育所提供的支撑条件的差异，很大程度上导致了教育发展的区域差异。相比较而言，我国中西部经济社会发展相对滞后，教育基础差，保障能力弱，特别是农村、边远、贫困、民族地区优秀教师少、优质资源少，教育质量总体不高，难以满足中西部地区人民群众接受良好教育的需求，难以适应经济社会发展对各类人才的需要。

一、不同区域高中阶段教育经费投入差异分析

无论是高中阶段教育的普及，还是保持高中普职结构的协调，都是以数量足够、结构合理的人力、物力、财力等条件为前提与基础的。各区域能为高中阶段教育提供的条件与资源是有差异的，因此，高中阶段教育的发展也就呈现出明显的区域差异。我们以高中阶段教育经费的投入、生均经费、专任教师、双师型教师为基本维度，来分析不同区域间的差异。

（一）我国东、中、西部地区教育投入差异

由于各地区教育规模不同，教育投入总额度并不能准确反映出地方的教育投入程度，因此，在大部分情况下，使用生均经费支出即政府和社会实际用于每个学生的人均教育经费来衡量和比较不同区域教育投入的差异。

2004—2015 年我国东部地区中职生均事业费占比表现为波动下降。2004—2006 年东部地区中职生均事业费占比一直在逐渐上升，2006 年占比超过了 50%，2007—2010 年占比在 45% ~49% 之间波动，2011—2015 年呈缓慢上升趋势，2016 年又出现了微弱下降。中部地区中职生均事业费占比一直处于最低水平，但总体上表现出缓慢上升趋势，2016 年占比接近 24%，较 2004 年增长了 4 个百分点。西部地区以 2011 年为节点，2011 年前后可以划分为两个阶段，2004—2011 年占比总体上逐渐上升，2011—2016 年逐渐下降，2016 年已经降到 30% 以下。图 6 -7 为各地区中职生均公用经费占比变化趋势。

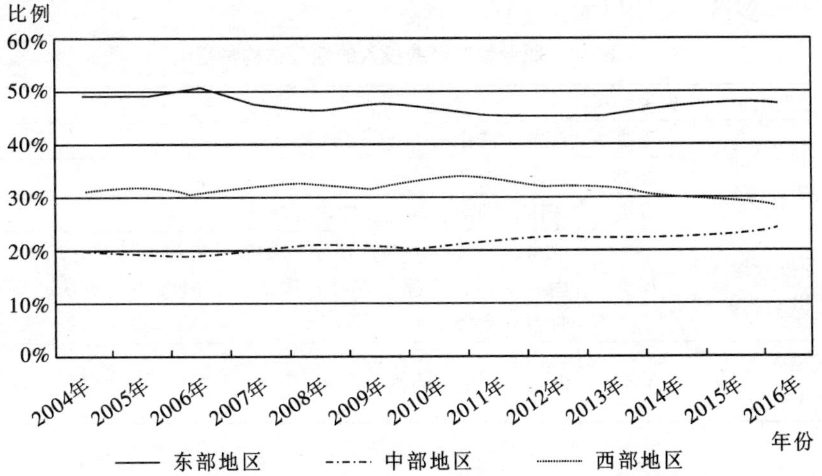

图 6 -7　各地区中职生均事业费占全国比重变化趋势

有学者以生均事业费和生均公用经费两类指标对中职教育资源在教育投入层面的空间格局演变进行分析。从图 6－7 不难看出，2004—2010 年东、西部地区生均公用经费占比大致呈相反的波动变化趋势，东部地区总体上在波动下降，西部地区在波动上升，2010 年后西部地区占比开始逐渐下降，但是一直保持在 30% 以上；东部地区 2012 年开始有所回升，一直持续到 2015 年。中部地区占比 2004—2010 年总体上较为平稳，2010—2012 年出现了较大幅度增长，2012 年后又表现出平稳变化趋势，仅在 2014—2016 年有小幅增长。对比三大地区生均公用经费的变化可以看出，2004—2016 年，尽管东部地区 > 西部地区 > 中部地区的分布格局没有出现实质改变，但是区域差距明显缩小，尤其是中、西部地区占比得到了明显上升，东部地区占比也出现了明显下降。

（二）省域高中阶段教育经费投入差异

职业教育经费投入省域差异同样明显。我们根据各省职业教育投入的多少，把 31 个省份区分为高投入地区、中投入地区和低投入地区三类。就 2005—2011 年的数据来看，高投入地区省份每年平均投入职业教育经费总额为 112 亿元，中等投入地区省份年均为 45.3 亿元，而低投入地区省份年均仅为 8.5 亿元。其中，高投入地区省份又可分为三个方阵，第一方阵和第二方阵各包括 2 个省份，第三方阵包括 5 个省份。中等投入地区省份构成第四方阵，低投入地区构成第五方阵。聚类结果及依此划分的职业教育经费投入地区方阵见表 6－4。累计投入最多的省份为广东省，年均投入 182.9 亿元。投入最少的是西藏，年均投入为 2.9 亿元，教育投入最多省份是最少省份的 60 多倍，差距巨大。

表 6－4　职业教育经费投入的地区结构特征①

投入水平	聚类结果	省份
高投入地区（9 省份）	Ⅰ类	江苏、广东
	Ⅱ类	山东、浙江
	Ⅲ类	河南、湖南、湖北、四川、河北
中等投入地区（18 省份）	Ⅳ类	北京、上海、山西、辽宁、安徽、福建、江西、广西、云南、陕西、天津、吉林、黑龙江、内蒙古、重庆、贵州、甘肃、新疆
低投入地区（4 省份）	Ⅴ类	海南、西藏、青海、宁夏

① 韩永强．职业教育经费投入及其国际比较［J］．职业技术教育，2014（28）：48－54.

如果考虑各省教育规模在内，以生均教育经费为统计标准，各省同样表现出明显的区域差异（见表6－5）。

表6－5　职业教育生均经费的地区结构特征①

类型	省份
Ⅰ类	北京、上海
Ⅱ类	天津、辽宁、内蒙古、吉林、新疆、海南、西藏、浙江、广东、黑龙江、青海
Ⅲ类	宁夏、重庆、云南、贵州、甘肃、广西、四川、陕西、安徽、山西、河南、湖北、湖南、江西、福建、山东、江苏、河北

如果我们把各省对中职教育的投入、事业费产出指标、基建支出产出指标等进行综合比较，通过统计平均值、最大值、最小值，可以更为清晰地看到这种区间差异（见表6－6）。

表6－6　2013—2014年我国中职教育各项变量指标的统计②

项目 指标	变量	平均值	最大值	最小值	标准差
投入指标	生均公共财政预算教育事业费（元）	10939	34433	5072	5628
	基本建设支出（元）	194047	922320	7965	177224
事业费产出指标	中职教育毕业生数（人）	169464	522733	6139	128969
	获得职业资格证书数（人）	126347	427842	1892	99534
	在校学生数（人）	482082	1495738	15796	358136
	教职工数（人）	28336	76395	746	18549
	新增图书（册）	549411	3684671	1016	594756
	新增固定资产值（万元）	24048	75551	2377	15681
基建支出产出指标	中等职业学校变化数（所）	12	65	0	12
	学校占地面积变化数（平方米）	759124	5386213	16806	928520
	新增学校产权建筑面积（平方米）	266801	985816	11950	241811
	正在施工校舍建筑面积（平方米）	370451	1421648	15133	305732

① 韩永强．职业教育经费投入及其国际比较［J］．职业技术教育，2014（28）：48－54.

② 孙琳．中等职业教育财政支出效率研究——基于省级面板数据的DEA分析［J］．地方财政研究，2018（4）：66－70.

把生均经费再细化为生均预算内教育事业费和生均预算内公用经费，通过统计1999—2009年间的上限与下限以及极差，我们也可以清晰地看到各区域在这11年间的经费投入差异。数据显示，1999年，生均预算内教育事业费投入最高的省为2815元，最低为551元，极差为2264元；2009年，生均预算内教育事业费投入最高的省为13123元，最低为2236元，极差为10887元；1999年，生均预算内公用经费最高的省为1167元，最低的省为46元，极差为1121元；2009年，生均预算内公用经费支出最高的省为6526元，最低为440元，极差为6086元（详见表6-7）。不仅区域之间非常不均衡，而且这种不均衡的态势越来越严重。经费总体投入不足使得中等职业教育的发展无法满足劳动力市场对人才的需求，最终也影响了区域经济对中等职业学校的支撑作用，教育与社会之间的联动陷入恶性循环。

表6-7 我国中等职业教育生均经均经费结构的地区差异情况（1999—2009年）①

项目 \ 年份(年)		1999	2000	2001	2002	2003	2004	2005	2006	2007	2008	2009
生均预算内教育事业费	上限	2815	3067	3322	3868	4163	5191	6189	6742	8887	10079	13123
	下限	551	528	632	766	748	921	1059	1141	1584	1779	2236
	极差	2264	2539	2690	3102	3415	4270	5130	5601	7303	8300	10887
生均预算内公用经费	上限	1167	1017	990	1116	1116	1680	1703	2045	3335	5156	6526
	下限	46	40	36	35	53	65	79	195	163	204	440
	极差	1121	977	954	1081	1063	1615	1624	1850	3172	4952	6086

注：由于西藏自治区数据缺失，统计范围为除了西藏自治区之外的30个省、直辖市、自治区。

资料来源：1999—2009年中国统计年鉴；1999—2009年中国教育经费执行情况统计报告；2010年中国教育经费统计年鉴。

就一些省域与城市之间的具体比较来看，有研究对京津沪渝2007—2011年中等职业教育的各项指标进行统计后发现，京津沪渝入学机会系数最高是京，基础条件系数最高是沪，核心发展系数最高是津，保障支撑、培

① 冉云芳．我国中职教育经费探析：总量不足与结构性失衡［J］．教育与经济，2011（3）：56-60.

养成效系数最高均是京。数据表明，京津沪渝各有自己的优势，虽然津渝在总体上不及京，但在基础条件与师资队伍建设上有突出之处。而渝由于是新兴直辖市，经济基础相对薄弱，中职教育还需大力加强建设，尤其需要加大教育经费投入，配置相对优良的硬件资源与师资队伍，为中职教育腾飞奠定经济、物质、人才基础。京津沪渝中等职业教育均衡发展程度最高的是京，沪第二，津第三，渝最低，京津沪渝之间的差异非常显著，京津沪中职教育优于渝，渝中职教育的综合发展比较薄弱。主要原因在于渝经济社会发展整体水平不及京津沪，在教育机会的提供、硬件资源的配置、师资队伍的建设、教育经费的投入、教育服务的质量等方面都有较大提升空间。而仅就四区在中职教育生均教育经费投入这一指标来看，如图6－8所示，虽然渝中职生均教育投入首次超过普高，但这是低水平均衡，离京津沪高水平投入还有相当大的差距。比较京津沪渝中职生均教育经费投入，生均经费的高低顺序依次为京、沪、津、渝。京沪均值超出全国平均水平接近4倍，津超出近2倍，而渝中职生均教育经费与全国基本持平。①

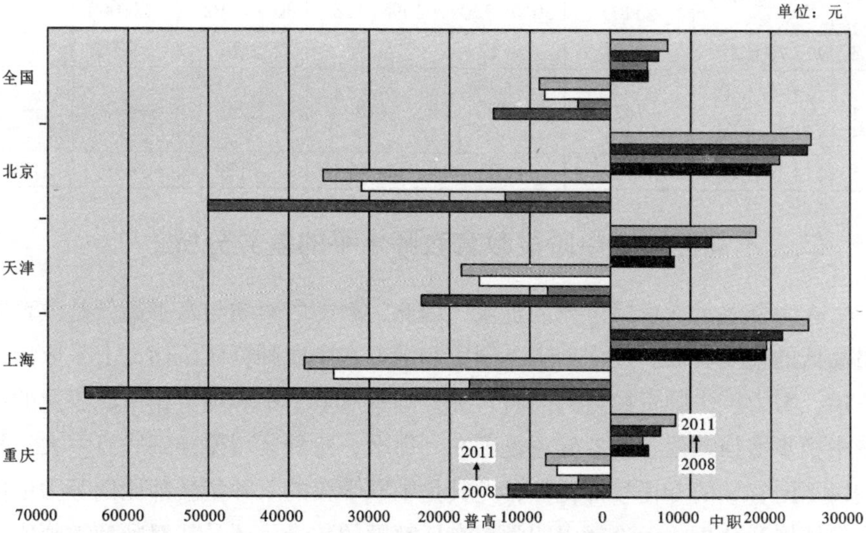

图6－8　2008—2011年京津沪渝普高、中职生均教育投入变化②

① 朱德全．中国职业教育发展的均衡测度与比较分析——基于京津沪渝的实证调查［J］．教育研究，2013（8）：70－82.

② 朱德全．中国职业教育发展的均衡测度与比较分析——基于京津沪渝的实证调查［J］．教育研究，2013（8）：70－82.

而在一些特殊地区，由于经费投入有限，很多中职学校连基本办学条件都不具备，这些区域与发达区域的差异就更大。以黔东南州的统计数据来看①，从专任教师总数来看，与2010年教育部正式颁布的《中等职业学校设置标准》（以下简称《标准》）相比，专任教师全州缺口20人，专业教师缺口12人，高级教师缺口54人，双师型教师缺口108人；按2010年黔东南州在校学生与《标准》相比，专任教师缺口122人，专业教师缺口63人，高级教师缺口74人，双师型教师缺口139人。如果从生师比来看，《标准》的要求是20:1，以黔东南州16所中等职业学校在校学生进行计算(14842人)，生师比达24:1。

表6-8 《中等职业学校设置标准》与黔东南州2010年实际情况对比

序号	标准对照	教师情况				学生人数	师生比
		专任教师	专业教师	高级教师	双师型教师		
1	2010年黔南统计数据	620	308	74	84	14842	1:24
2	2010年标准	60人/每校(640)	占专任的50%(320)	占专任的20%(128)	占专任的30%(192)	校均1200(12800)	1:20
3	1、2项比较	-20	-12	-54	108	+2042	—
4	按在校生以《标准》测算	742	371	148	223	—	—
5	1、4项比较	-122	-63	-74	-139	—	1:20

二、不同区域高中阶段教育教师水平的差异分析

人力资源是教育最重要的资源，因此，教师的素质与水平高低是教育质量高低的重要表征。近十年来，国家和地方在中职师资队伍建设上采取诸多举措，努力扩大师资数量的同时，提升师资质量，中职师资在中职事业的发展中稳步增强，但省域差异还是存在。那么，这种区域差异到底有多大？我们以不同省域的专任教师比例，尤其是中职学校的双师型教师比例等为指标来具体展开分析。无论就中职学校专任教师的数量，还是就双师型教师比例来看，东中西部都存在较大差异。就专任教师的情况来看，2015年全国中等职业学校专任教师为65.2万人，比2010年下降了4.2%。但各区域呈现

① 田应仟．中等职业教育与民族社区共生发展研究——以黔东南中等职业学校与社区共建为例［D］．重庆：西南大学，2011.

不同的发展态势：中部地区专任教师数比例下降最为明显，5年下降了10.4%；东部地区也下降了4.5%；西部地区则增加了4.6%。2015年，中等职业学校生师比下降到20.5∶1，与教育部规定的20∶1比例接近。但区域差异也较大，西部地区生师比最高，为24.5∶1，中部、东部地区相对较低，分别为20.3∶1、18.0∶1。再具体看，2015年东部地区的山东、北京、江苏、辽宁等15个省份的生师比低于20∶1，但也有4个省份的生师比超过30∶1。以2004—2016年为统计区间的研究，可以更清晰地看到东中西部之间的差异以及不同年间这种差异的变化趋势（见图6－9）。2019年，中职专任教师达到84.29万人，生师比为18.94∶1，专任教师有所增加，生师比有所下降，但区域间的差异仍然存在。

表6－9　2015年全国分区域中等职业学校专任教师数变化情况①（单位：万人）

时间＼地区	全国	东部	中部	西部
2010年	68.1	29.1	22.2	16.8
2015年	65.1	27.8	19.9	17.6
增减（%）	－4.2	－4.5	－10.4	4.6

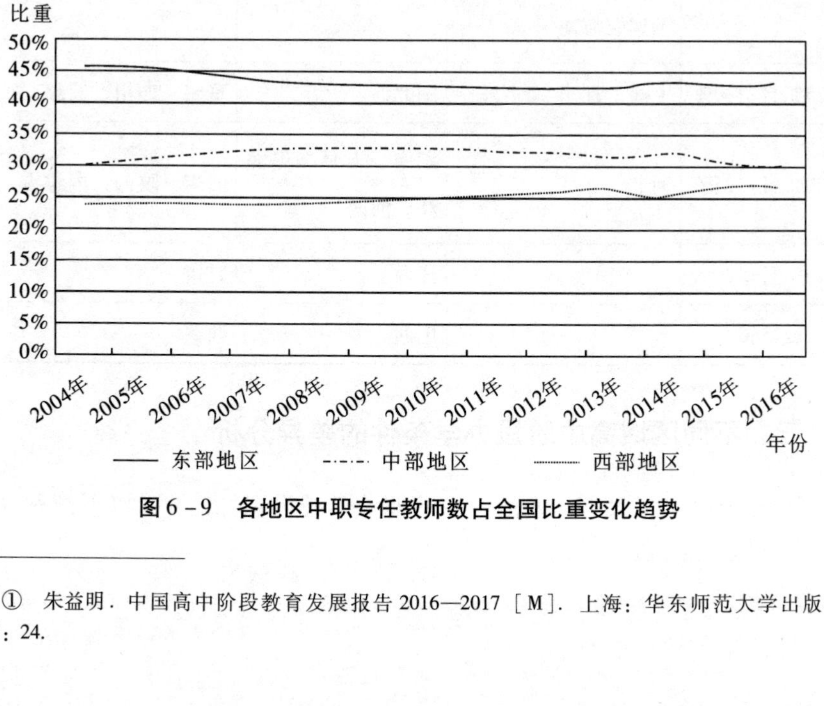

图6－9　各地区中职专任教师数占全国比重变化趋势

① 朱益明．中国高中阶段教育发展报告2016—2017［M］．上海：华东师范大学出版社，2018：24.

对中等职业学校而言，双师型教师的比例至关重要。对照《中等职业学校设置标准》，双师型教师比例应不低于30%。从整体情况来看，2015年全国中职学校双师型教师比例为28.7%，低于30%的标准。但区域差异较大，东中西部地区这一比例分别为33.5%、24.3%和26.1%。其中，天津、江苏等12个省份这一比例已经超过30%，但中西部4个省份却低于20%。教师队伍是发展职业教育的第一资源，建设高素质“双师型”教师队伍是加快推进职业教育现代化的基础性工作。目前而言，“双师型”教师不仅总量不够且区域分布不均。基于此，2019年8月30日，教育部等四部门印发了《强化新时代职业教育“双师型”教师队伍建设改革实施方案》的通知，提出到2022年，职业院校“双师型”教师占专任教师的比例超过一半，这将为中职教育发展提供有力的师资保障。

表6-10　2015年中等职业学校双师型教师比例地区分布情况①

分档	东部	中部	西部
>30%	天津、江苏、浙江、广东、北京、山东、福建、海南	安徽	广西、青海、宁夏
>25%且≤30%	上海、辽宁	湖北	贵州、四川、新疆、重庆
>20%且≤25%	河北	湖南、吉林、黑龙江、河南	云南、陕西、内蒙古
>15%且≤20%	—	江西	甘肃
≤15%	—	山西	西藏

三、不同区域高中阶段办学条件的差异分析

按照2010年教育部印发的《中等职业学校设置标准》（以下简称《标

① 朱益明．中国高中阶段教育发展报告2016—2017［M］．上海：华东师范大学出版社，2018：25.

准》）中“生均用地面积不少于33平方米”的规定，2012年全国平均水平达30.2平方米。在全国31个省份中，有11个省份达到了《标准》的要求，14个省份的生均学校占地面积低于30平方米。在已经达到标准的11个省份中，东部省份有天津、江苏、山东、浙江四省，中部省份有江西、湖北、安徽、黑龙江四省，西部地区有新疆、宁夏、内蒙古三省。与普通高中生均校舍面积10年间出现明显增长不同，多数省区中等职业学校的生均校舍面积出现减少。全国平均水平由2003年的15.18平方米下降到2012年的12.55平方米。2012年排名最高的天津为生均18.46平方米，是四川的2倍。①

教学条件是反映中职发展水平的重要变量，也是衡量省际中职资源投入差异情况的重要指标。从2014年各省教学条件指数来看，上海指数值最高且优势非常明显，贵州指数值最低，上海是贵州的4.48倍。排名前十的省份中有7个是东部省份，而排名后十的省份则均为中西部省份，可见，省域之间在中职教学条件上存在明显的区域差距。② 从东中西部的比较来看，在中职教学条件指数上也存在极其显著的差异，东部显著优于中西部，而中部与西部之间则不构成显著差异。

我们截取2015年的数据，对中职学校的生均仪器设备配置、生均校舍建筑总面积以及每百名学生拥有教学计算机台数来具体分析东西部三区的差异。就生均仪器设备配置来看，2015年全国中等职业学校生均仪器设备值为5010元，其中东部地区为6810元，中部地区为3903元，西部地区为3954元。中、西部地区增长较为明显，增幅分别为9.0%、10.7%。尽管如此，其设备值也仅为东部的57%和58%，区域差距较大。分省来看，除广东省外，30个省份中职学校生均仪器设备值均比上年有所提高，其中北京、上海、吉林、山东、甘肃等5个省份的增幅超过20%。

---

① 朱益明．中国高中阶段教育发展报告2016—2017［M］．上海：华东师范大学出版社，2018：17.

② 林克松．我国省际中等职业教育发展水平的测度与比较［J］．西南大学学报（社会科学版），2018（1）：84－90.

表 6－11　2015 年分地区中等职业学校生均仪器设备值情况①（单位：元）

生均仪器设备值＼地区	东部	中部	西部
>5000	上海、北京、天津、江苏、浙江、辽宁、广东、福建、山东	吉林、湖北	西藏、重庆、新疆、内蒙古
3000～5000	河北、海南	江西、湖南、山西、安徽、河南、黑龙江	四川、广西、宁夏、陕西、甘肃、青海
<3000	—	—	贵州、云南

再看校舍建筑面积情况。2015 年全国平均值为 17.4 平方米，其中东部平均为 18.9 平方米，中、西部分别为 17.9 平方米和 15.2 平方米。

表 6－12　2015 年分地区中等职业学校生均校舍建筑面积情况②

（单位：平方米）

生均校舍面积＼地区	东部	中部	西部
平均	18.9	17.9	15.2
>20	北京、江苏、上海、天津、浙江	山西、湖北、吉林	陕西、新疆、西藏
>15 且≤20	辽宁、山东、河北、海南、福建	安徽、江西、河南、湖南	重庆、内蒙古、甘肃
>10 且≤15	广东	黑龙江	云南、青海、宁夏、四川、广西、贵州

同样，如果以每百名学生所拥有的教学计算机台数为指标，区域差异同样存在。2015 年，全国中职学校每百名学生所拥有教学计算机台数为 24

① 朱益明．中国高中阶段教育发展报告 2016—2017［M］．上海：华东师范大学出版社，2018：17.

② 朱益明．中国高中阶段教育发展报告 2016—2017［M］．上海：华东师范大学出版社，2018：17.

台，其中东部地区达到了30.6台，中部地区为21.5台，西部地区为18.7台。就各省情况来看，全国除吉林、湖北、湖南、广西、贵州五省外，其他26个省份中职学校每百名学生拥有教学计算机台数均有不同程度增加，其中北京、上海、西藏3个省份均增加7台以上。就这一指标来看，省际的差距也较大。上海、北京等7个省份每百名学生拥有教学计算机台数超过了30台，而青海、广西、安徽、河南等10个省份尚不足20台。

表6－13　2015年各地区中等职业学校每百名学生拥有教学计算机台数①

（单位：台）

台数＼地区	东部	中部	西部
平均	30.6	21.5	18.7
>30	北京、江苏、上海、天津、浙江	湖北、吉林	
>20且≤30	辽宁、山东、河北、海南、福建、广东	湖南、山西、黑龙江	西藏、重庆、甘肃、陕西、内蒙古
>10且≤20		江西、河南、安徽	云南、新疆、宁夏、四川、贵州、广西、青海

就湖南和其他省份的比较来看，2016年湖南高中阶段教育办学条件整体处于中上等水平，但与其他省域之间在某些指标上也存在差距。就普通高中教育来说，湖南办学条件在校舍建筑面积、图书室、微机室、语音室、体育馆等教学用房建设方面排名靠前，位居前八及以上。其中，校舍建筑面积除了与山东、广东两地（校舍建筑面积在三千万平方米以上）差距较大，与江苏、浙江、安徽、四川等地相差不大，大都保持在两千三百万平方米左右。但是在书室、微机室、语音室三方面，尽管湖南省的建筑面积排名靠前，但与位于前列的江苏、浙江、广东、山东等地差距较大；与河北、福建、江西、河南、四川等地差距较小。对于教学仪器设备资产值，2016年湖南省为265668.81万元，在全国位于第9位，而位居前列的广东、江苏、四川、山东等地教学仪器设备值是湖南省的两倍之多。由此看来，尽管各项

① 朱益明．中国高中阶段教育发展报告2016—2017［M］．上海：华东师范大学出版社，2018：18.

指标在全国位居前列，但实际办学条件的规模，尤其是图书室、微机室、语音室以及教学仪器设备上与东部发达地区和部分同级省份仍存在较大差距，湖南建设教育强省、达到东部发达地区办学标准还有很长的路要走。

就省域范围内来看，中职的办学条件等明显低于普高。以湖南为例，2016 年湖南中职占高中阶段总人数的比例为 37.3%，但中职校舍面积占高中阶段总校舍面积的比例仅为 27.8%，中职教师数占高中阶段总教师数的比例只有 26%。而根据湖南省教育厅的 2012—2016 年湖南高中阶段教育情况的数据统计显示，湖南中等职业学校在学校数量、校舍面积、计算机、仪器设备值、图书五个指标上均低于普通高中，尤其是校舍面积，尽管在学校数量上中职较少于普高，但也基本保持大体相当，而中职的校舍面积却连普高的一半都不到。另外，从这五项指标的变化趋势来看，普高在这五项指标上均呈上升趋势（除了学校数量有所波动）且上升幅度明显高于中职；中职仅在计算机和仪器设备值两项指标上呈上升趋势，且上升幅度较小，而在学校数量、校舍面积和图书三项指标上却呈下降趋势，与普高差距逐渐拉大。①

第四节 区域性推进高中教育普职协调发展的路径

区域发展的不平衡是中国的基本国情，经济领域的改革必须正视这一前提并以此为基础来展开，教育领域的改革也不例外。就高中阶段教育的普职发展来看，既要国家顶层设计的整体推进战略，也要基于区域差异做好科学的区域谋划和区域定位，采取精准性、超常规性举措，秉持差异发展、梯度推进等发展理念，推动不同区域普职教育的协调发展。

一、区域性推进高中教育普职协调的战略定位

我国不同地域高中阶段教育在规模、速度、结构等方面已经呈现出不同特点和趋势，不同经济发展水平的区域对高中普职教育的需求与供给也具有

---

① 湖南省教育厅.2012—2016 年湖南省各类教育事业发展概况［EB/OL］.［2020 - 08 - 20］. fzghc. gov. hnedu. cn/jygk/.

明显差异。如何基于区域的社会经济与教育的差异，如何基于区域的教育需求与教育供给能力，来推进高中教育普职协调，这需要我们以区域为单位，以区域为立足点，做好区域的筹划和战略定位。

（一）区域定位：以不利地区为“教育优先区”，梯度推进

在教育资源有限的背景下，选择和确定优先区域或重点领域至关重要。就普及高中阶段教育的定位来看，应该以不利地区为优先区域，重点关注。许多国家如美国、英国、加拿大、澳大利亚等的经验是，把物质或经济极为贫乏和不利、须优先予以改善以有利于教育机会均等实现的地区列为“教育优先区”（EPA），政府应积极介入，通过增建校舍、加大财力支援、培养师资、改善设备等方式，尽快改善这些地区的学校和社区环境。这种“优先发展区”与“积极差别待遇”的政策，对我国贫困地区和少数民族地区的教育政策有很大的启示。我国目前应采取中央和地方共同支持的办法，在国家重点扶贫开发县和少数民族地区设立“教育优先发展区”，制定具体可操作的优惠措施，从政策、投入经费、人事等方面实行补偿和倾斜政策，以超常规发展的模式缩短其与全国平均发展水平之间的差距，进而缩短与东部发达地区教育发展的差距，实现不同区域高中教育的协调和均衡发展。具体而言，确定“教育优先区”至少有以下几点理由：一是促进教育公平的需要。教育公平是社会公平的基石，不利地区既是高中普及程度低的薄弱地区，也是教育公平触角未能伸及的资源盲区，以高中阶段教育的普及为抓手来推动和促进教育公平，就必须以不利地区为优先领域，切实解决教育发展不充分、不均衡的问题，提升人民群众的教育获得感。美国、英国、加拿大、澳大利亚等国的改革经验也表明，把那些物质或经济极为贫乏和不利地区列为“教育优先区”，有利于教育机会均等的实现。① 二是体现“普及”实质的需要。“普及”尤其是“全面普及”本身就意味着“全覆盖”，意味着要惠及全体，让每位学生平等享有受高中教育的机会、平等分享改革的红利。当前，那些优势区域和发达地区已经实现了高中教育的全面普及，不利地区不仅是接下来要关注的重点区域，事实上，它们一开始就应该受到重点关注、给予重点支持。三是打通高中教育普及“最后一公里”的现实需要。全面普及高中阶段教育这一战略目标的实现，重点在不利地区，难点也在不

① 周满生．教育发展：区域差异与宏观政策调整［N］．学习时报，2006－06－12（06）．

利地区，这些地区受经济发展水平制约，教育资源不足，普及程度较低，它们是高中阶段教育的底部，也是高中普及攻坚战的“最后一公里”，只有打通底部，才能实现高中教育里程碑式的发展。这里的“不利地区”是一个相对概念，就东中西部的区位来看，东部是普及“高地”，中部是普及“平地”，西部是普及“洼地”，因此，中西部尤其是西部地区是普及的不利地区；而就中西部区域的内部来看，其中的贫困地区、民族地区、边远地区和革命老区是不利地区中的不利区域，尤其是“三区三州”① 尚未普及高中阶段教育的深度贫困地区，应是普及攻坚的重中之重区域。

（二）目标定位：以提升质量为主旨，内涵式发展

按照人力资本理论的观点，教育主要是通过发展和提高人的能力以形成更高的生产能力并由此来推动经济增长。教育对经济增长的推动，既涉及量的增加、规模的扩张，也必然包括质的提升和内涵式发展。而且，越来越多的研究发现，教育数量因素与经济增长有正相关关系，但一旦考虑教育质量，教育数量的影响就变得不显著，教育质量与经济增长有很强的正相关关系②。就目前我国高中阶段教育的政策重心来看，主要是偏“量”的标准。如目前国家以高中毛入学率作为某一区域高中普及程度的主要甚至唯一指标；还比如，高中阶段普通教育与职业教育的结构是否合理，也主要是以普职比例是否相当来考量。这种偏于数量的目标定位，容易导致各区域在推进高中教育普及的实施过程中，只管数量，不问质量，以数量代替甚至牺牲质量。各地为了达成普及目标，不断提升高中毛入学率，而本地高中教育资源和接纳程度毕竟是有限的，在此形势下，东中西部都不同程度地出现了普通高中大班额现象③。2017 年教育蓝皮书显示，全国有 12 个省份的平均班额超过 55 人。高中平均班额最大的是河南（65 人/班）。④《2018 年河南省教育事业发展统计公报》显示，全省高中阶段毛入学率已经达到 91.23%，但

---

① 本书所用“三区三州”，与教育部、国务院印发的《深度贫困地区教育脱贫攻坚实施方案（2018—2020 年）》中所划定的“三区三州”相同，其中，“三区”是指西藏、新疆南疆四地州和四省藏区；“三州”是指甘肃的临夏州、四川的凉山州和云南的怒江州。

② 王奕俊，赵晋．职业教育的规模、结构与质量对经济发展影响的实证分析［J］．教育经济评论，2017（1）：20－34．

③ 根据官方统一口径，每班 56 人以上为大班额，66 人以上为超大班额。

④ 李新玲．我国中小学大班额问题严重，河南周口一学校平均班额 113 人［N］．中国青年报，2017－04－19（04）．

普通高中有大班 2.23 万个（占 64.72%），超大班 1.07 万个（占 31.15%）。① 在江西，56 人及以上班级占 39.1%，66 人及以上的超大班级占 8.7%。② 大班额所导致的质量下降问题显而易见。如果说，数量的增加与规模的扩充是我国高中教育改革 40 年不变的主旋律③，在解决“有学上”的问题上有其现实性与必要性，那么，当高中阶段教育基本普及，“上好学”的问题必然提上日程，“提升质量”“有质量普及”“高质量普及”“内涵式发展”成为新时代高中阶段教育普及的主旨目标与重中之重。因此，无论是东、中、西部地区，还是高中阶段的普通高中与中职学校，在推进高中教育普及的进程中，都应该以质量为目标，推动高中教育有质量甚至是高质量的普及。

（三）任务定位：以中职教育为增长极，差异发展

对于我国高中阶段教育的发展方向，学术界有两种不同的声音：一种认为应大力发展中职教育。他们从高中阶段教育发展现状进行分析，2014 年全国中等职业教育占高中阶段教育的比例虽已达到 42.89%，但区域间发展不均衡。31 个省份中，中等职业教育学生数（不含技工学校）占高中阶段教育比例低于 40% 的有 21 个省份，低于 30% 的有 3 个省份，由于中职发展的不足导致劳动力供求结构性矛盾。因此，提出今后要以发展中职为重点普及高中阶段教育④。另一种观点则认为我国中职教育可能已经过度发展，应优先发展普通高中教育⑤。世界银行数据的分析认为，中等教育阶段职普比与经济发展水平（人均 GDP 对数）之间呈现一种明显的倒 U 形关系⑥。也就是说，中等教育阶段职业教育的相对比重随着经济发展水平的提高而先升

---

① 河南省教育厅. 2018 年河南省教育事业发展统计公报（教发规〔2019〕226 号）[EB/OL].（2019－04－15）[2020－01－12]. http://www.haedu.gov.cn/2019/04/15/1555295281651.html.

② 江西省教育厅. 关于印发《江西省消除普通高中大班额专项规划》的通知 [EB/OL].（2019－12－22）[2020－01－13]. http://www.jiangxi.gov.cn/art/2020/1/8/art_15990_1375085.html.

③ 刘丽群. 我国高中教育政策 40 年：历史轨迹与发展愿景 [J]. 中国教育学刊，2018（9）：52－56.

④ 刘显泽. 职业教育需求与职业教育改革 [J]. 职教论坛，2005（25）：4－10.

⑤ 王姣娜. 普通教育还是职业教育？——经济转型期中国高中阶段教育选择 [D]. 北京：中国社会科学院，2015.

⑥ 王姣娜. 普通教育还是职业教育？——经济转型期中国高中阶段教育选择 [D]. 北京：中国社会科学院，2015.

后降，在人均 GDP 处于较低水平时，中等教育阶段职业教育学生相对比重与人均 GDP 之间呈正相关关系，职业教育的发展速度应超过普通教育；但当人均 GDP 达到某一个较高临界点时，中等教育阶段职业教育学生相对比重与人均 GDP 之间呈负相关关系，此时应优先发展普通教育。有学者研究了日本、韩国、新加坡以及中国台北等四个国家和地区 1955—1993 年的普职比与人均 GDP 增长的关系，结果发现当人均 GDP 为 2000 美元以下时，政府重视发展职业教育，普职比约为 6∶4；而当人均 GDP 达到 6000 ~ 8000 美元时，职业教育比例下降，普通教育成为主导。①

我国目前处于一个农业社会、工业社会以及知识社会和信息社会叠加的时期，相应地，不同区域具有不同的产业结构和发展布局。东部地区的产业结构以第二、第三产业为主，制造业的发展水平较高；而中、西部地区的产业结构中第一产业仍占有相当大的比重，且制造业水平一般。也就是说，在东部地区率先迈向工业 4.0（2015 年，我国提出了“中国制造 2025”，被称为中国版“工业 4.0 时代”）时代的背景下，我国中、西部地区的制造业水平大多仍处于工业 3.0，甚至工业 2.0 时代。因此，应该理性地看到，我国经济发展水平、产业结构、制造业水平离全面迈入工业 4.0 时代还有很长的一段路要走。这意味着中职教育在中西部地区仍然有用武之地。而在北京，随着首都城市新的建设规划和定位，目前的中职教育已经难以适应首都构建“高精尖”经济结构对高素质技能人才的需要。

高中阶段要突出以中职为增长极，除了我国所处社会经济发展对技能人才的需求这个外部因素之外，就高中阶段教育本身特点以及目前发展现状来看，也是非常必要的。其一，就目前普通高中学校的可接纳程度来看，已经达到极限。在高中普及进程中，各地普通高中竞相出现的大班额甚至超大班额现象就是最好的佐证。普及首先是一个数量概念，要达到《高中阶段教育普及攻坚计划（2017—2020）》所提出的，到 2020 年实现“全国、各省（区、市）毛入学率均达到 90% 以上”的目标，中职教育无疑是“量”的增长点。其二，从中职教育的发展现实来看，除了少数国家示范性中职学校能达到一定办学水准外，整体而言，中职学校在硬件建设、师资队伍、课程

---

① 周满生，李韧竹．国际职业教育发展的若干趋势及对我国的启示［J］．教育研究，1996（11）：8 - 16.

建设以及学生素质等方面都不如普通高中。世界银行的研究显示，职业院校生均经费为同级普通教育的2.53倍①，但事实上，中职的教育投入、办学条件等都低于普高。以湖南为例，2016年中职学生数占高中阶段总人数的比例为37.3%，但中职校舍面积占高中阶段总校舍面积的比例仅为27.8%，中职教师数占高中阶段总教师数的比例只有26%，且与普高差距有逐渐拉大之势。② 虽然普通高中需要走内涵式发展道路，但中职教育质量的提升更为迫切。普及同时是一个质量概念，“普及不唯量，攻坚重在质”③，要实现高质量普及的战略目标，中职教育无疑是“质”的生长点。但中职教育如何成为增长极和生长点，显然也不是全国“一刀切”，不同区域应采取不同的区域路径。从东部来看，根据测算④，其职业教育比例已达到经济发展的要求，需适度控制规模。因此，东部作为高中普及的高位区域，其中职教育的发展重点不是扩充规模，而是质量的提升和层级的上移，重点在深化产教融合、挖掘办学特色、培养高素质技能人才等方面下功夫；而在中西部地区，由于职业教育规模的扩张对经济发展仍起促进作用，中职教育可继续走规模扩张的外延式发展道路，工作重点是加强基础能力建设和办学条件改善等。

从全国的高度来看，差异发展意味着国家对东中西部的发展有不同的定位和发展重点；而就省域范围来看，差异发展意味着不同省份立足自身优势特点，依托本省资源和特色，各有侧重，各有特色，错位发展。特别是在中等职业教育的发展上，选择有比较优势的学科和专业来重点扶持，有针对性地发展特色学科和特色专业。如京津冀地区的中等职业教育发展要紧紧围绕“京津冀一体化”的战略定位和角色分工进行调整，实现“北京的非首都功能的疏解”。随着北京城市人口的严格控制，北京中职教育将大幅压缩规模，重点向高端现代服务业转移；天津在原有基础上将优化发展高端装备、电子信息等先进制造业；河北主要是在承接北京产业转移的情况下实现自身

① 李名梁．发展职业教育亟须提高社会认同度［N］．光明日报，2013-07-13（10）．

② 刘丽群，周立芳．普及高中阶段教育的关键环节与攻坚策略——以湖南省为例［J］．湖南师范大学教育科学学报，2018（3）：92-96．

③ 刘涛．普及不唯量 攻坚重在质［N］．中国教育报，2017-04-12（5）．

④ 王奕俊，赵晋．职业教育的规模、结构与质量对经济发展影响的实证分析［J］．教育经济评论，2017（1）：20-34．

的产业升级。

在山西，为实现建设中国的新能源与工业基地的目标，近年来不断调整产业结构，协调城乡发展，加快新型工业化和社会主义新农村建设的步伐。调整包括煤炭、焦炭、电力、冶金等产业优先实现现代化，大力发展加工、材料、仪器制造等高增值高科技产业，加强发展旅游业等第三产业的力度。为与本区域产业结构的调整相对接，山西省中职职业教育的发展重点在于把服务于煤炭、焦炭、冶金、电力四大传统产业的专业做大做强，并积极发展服务于现代装备制造、煤化工、新型材料和食品工业四大新型支柱产业和其他山西重点发展的高新技术产业的专业。①

而在江西，中职结构中有80%以上面向第三产业，第二产业只占20%，而第一产业的比重几乎到了忽略不计的地步，从而造成大量人力资源过剩，中职学校培养的毕业生高达80%不得不向外输出。② 虽然我国正在实现从农业大国走向工业大国，但对于江西这样一个工业化正在起步而农业依然占主导地位的省份，这样的中职教育结构明显与区域经济发展的需要不相适应，因此，江西省应在强化第二产业所需技能人才的培养的同时，进一步加强对农业产业化、规模化与现代化经营的人才支撑和智力支持，并兼顾第三产业发展所需的各类服务人才的培养。

二、区域性推进高中阶段教育协调发展的具体举措

区域间高中阶段教育普及差异的存在和持续拉大是我国当前教育发展的严峻现实。在社会发展的一定时期内，在高中阶段教育普及的前期阶段，承认和允许这种差别，实行非均衡发展战略，有其现实性与必要性。但教育尤其是高中阶段教育作为经济增长与社会发展的先导与基础，这些差距的存在不仅会影响到高中阶段教育全面普及这一战略目标的实现，而且对全面建设小康社会、对构建和谐社会等，都将构成一定的威胁。缩小区域间、区域内差距，应成为中国教育政策的重大命题③，就高中阶段教育的普及而言，也

① 南海，闫谱．论职业教育“地方特色”与区域经济社会发展——基于山西省职业教育“地方特色”创建实际的研究［J］．职教论坛，2011（4）：63－66．

② 程方生．论高中阶段教育结构的优化——以江西为例［D］．南昌：江西师范大学，2004．

③ 袁振国．缩小差距——中国教育政策的重大命题［J］．北京师范大学学报（社会科学版），2005（3）：5－15．

概莫能外。

（一）采取超常规的政策举措

目前，我国高中阶段教育的全面普及进入了攻坚克难的阶段，要推动不利地区尤其是深度贫困地区的高中普及以兜起底部，要增强中职教育吸引力以补齐短板，要从数量扩张向质量提升转变，这些“硬骨头”仅仅靠适当倾斜的政策和常规的举措，显然是不够的，必须实行积极差别待遇政策，精准发力、持续用力。这方面，义务教育的普及攻坚经验值得借鉴。义务教育进入攻坚阶段，国家先后实施了农村寄宿制学校建设工程、“两免一补”工程、农村中小学现代远程教育工程和西部农村教师队伍建设工程等系列“大工程”“硬工程”，并配以专项经费做支撑：如为改善学校条件，中央投入100亿元新建、改扩建一批农村寄宿制学校；如为共享优质教育资源，中央和地方政府投入111亿元资金，建设了遍及全国农村的远程教育网络；如为解决攻坚县教师不足、素质不高的问题，2006年，经国务院同意，教育部、财政部、人事部、中央编办共同启动了“农村义务教育阶段学校教师特设岗位计划”，中央设立专项资金，招募高校毕业生到西部“两基”攻坚县农村学校去任教。近年来，国家通过教育扶贫、省份对口协作、职业教育协同行动以及家庭经济困难学生资助等一系列政策安排，推动了高中教育的快速发展和迅速普及。但在中西部民族地区、集中连片困难地区、国家级贫困县等，高中教育办学资源还存在巨大缺口，在这些不利地区，如果只是一般意义上的政策倾斜和增量投入，显然是远远不够的，必须采取超常规举措。在这方面，一是政府要首先担责。高中阶段教育不是全免费教育，但从不利地区的教育普及难度来看，从中职教育一直认同度不高的教育传统与发展现实来看，单靠市场配置和公民社会力量是很难实现普及目标的。政府必须在经费投入、区域统筹、科学规划、师资配备、学校建设等方面给予充分的保障和大幅的倾斜，这事关公平、关涉民生，政府不仅不能缺席，而且需要首先在场。二是必须有针对性地推动系列重点工程建设，精准发力。如围绕高中办学条件建设、师资队伍建设、教育结构调整、特殊人群教育普及等实施专项工程、专项政策和专项投入。

（二）提升区域高中教育与地方社会经济发展的耦合协调度

我国高中阶段教育普及的区域差异是有目共睹的，但目前对区域差异的理解更多停留于强调普及程度尤其是毛入学率高低的差异。事实上，高中教育普及的区域差异，既包括高中普及进程中呈现出的程度差异，更包括不同区域对高中阶段教育发展的需求差异。“程度差异”意味着我们要从整体上来提升不同区域高中教育的普及程度，如目前有些区域的普及程度达到95%以上，而有些区域的普及程度还在80%以下，因此，为缩小区域差距，国家提出2020年“全国、各省（区、市）毛入学率均达到90%以上”的战略目标。而“需求差异”则意味着不同区域的经济社会发展对高中阶段教育发展的规模、速度、结构等都是有差异的。一般来讲，在工业化初期普及初等教育，提高成人识字率是一个先决条件，而在经济起飞阶段则会进入到中等职业教育发展较快的时期。只有当人均收入超过2000美元以后，中等职业教育才会萎缩。根据我国仍然处于并将长期处于社会主义初级阶段的基本国情，无论是当前还是长远，中职教育急需培养三类人才：一是在劳动密集型产业中有一定技术、技能的劳动者；二是在用高新技术改造传统产业中有一定创新能力的劳动者；三是在信息产业中能从事辅助工作的初级人才。近年来，随着经济结构的调整和转型升级，我国第三产业比重不断加大，从1985年的28.7%上升到2013年46.1%，翻了1.6倍。第三产业的显著特点就在于传统行业的技术升级和新兴行业的迅速发展，这就要求从业人员必须具有一定知识和技能，同时善于吸纳新知识、新技术和新工艺。从地区结构来看，2001年以来，随着劳动年龄人口总量下降，不同地区劳动力市场求人倍率都出现明显的上升趋势，“技工荒”现象更是呈现从点到面的发展态势。从2010年开始，全国主要省份的劳动力求人倍率基本保持在1以上，并且区域间差异下降，劳动力供给相对不足已逐渐成为常态。在这种背景下，职业教育的区域劳动力资源配置能力对于地方经济发展的作用将更加凸显。然而，我国各地的中等职业教育在培养经验和教育资源分布上不尽相同，例如，河南、河北与广东省的职业教育规模较大，三者相加约占全国的1/4，但其职业人才需求却并非最高，商业、服务业人员职位空缺最多的是四川、天津和北京，生产运输设备操作人员职位空缺最为明显的是重庆、上海和福建。从经济区域来看，中部和西部地区职业教育供给和需求不匹配的情况较为显著，并且两者的情况基本相反；“一带一路”战略沿线的东部省市和西南省市职业教育比重与岗位空缺不匹配的情况也比较明显；长江三角洲地区则需填补生产运输设备操作岗位空缺；吉林、辽宁等东北工业基地的职业教育学生培养规模近十年来均处于较低水平，离振兴老工业基地和装备制造业的发展战略还有很大差距。

也有研究显示，山西、吉林、黑龙江、上海、陕西、甘肃、新疆等省区职业教育对经济增长有消极影响①；还比如，天津、河北的产业结构是“二三一”布局，而这两个区域职业教育的专业设置呈现“三二一”的布局②，对这些区域而言，职业教育发展的重点就不是一味地扩规模，而是调结构和提质量的问题。两者结合来看，这提示我们不能盲目、一味、不加区别地来提升普及程度，高中教育的普及一定要基于区域实际，基于区域需求来推进。因此，考量不同区域高中阶段教育的普及情况，除了看毛入学率，还要考察区域高中教育与地方社会经济发展是否耦合协调。因为，中职教育作为高中阶段教育的重要组成部分，与经济发展的关系较为紧密③，它明显受到地方政治、文化尤其是经济方面的制约。很大程度上，区域经济发展水平甚至决定了职业教育发展的规模。④ 可见，高中阶段教育如何普及，以何种规模、何种速度、何种结构以及何种质量来普及；是更多地在普通高中教育用力，还是首先补齐中职教育这一短板，还是齐头并进、结构相当等，都取决于区域原有的基础、现有的条件以及未来的需求。因此，各区域在推进高中阶段教育普及过程中，要因区制宜，分区域、分类别、分层次、分阶段规划普及高中阶段教育的主要任务和工作重点，分类实行政策引导和资源配置，使政策差异化、精准化。

为完善差别化区域政策，提升政策的精准度，我们建议：其一，就全国的整体情况而言，短期内国家可继续倡导和推行高中阶段“普职大体相当”政策，但就不同区域来看，切忌全国“一刀切”。其二，考察各区域高中阶段教育普及情况时，毛入学率的高低、普职比例是否大体相当等都是重要考量指标，但高中阶段教育的结构是否合理、普职比例是否科学，一定是建立在某个特定区域教育供给侧分析的基础之上，因此，考察某区域高中阶段教育的普及情况，还必须增加该区域高中教育发展状况与地方社会经济发展的

---

① 曹雪姣，安秀梅．论教育供给对地区间经济增长的影响——基于中国31个省、自治区、直辖市2000—2012年的数据［J］．中央财经大学学报，2014（4）：11－17.

② 杨勇，赵晓爽．京津冀职业教育规模与区域经济适应性研究［J］．中国职业技术教育，2018（9）：22－26.

③ 朱德全，徐小容．职业教育与区域经济的联动逻辑和立体路径［J］．教育研究，2014（7）：45－53.

④ 朱其训．职业教育科学发展论［M］．北京：人民出版社，2008：223.

耦合性和协调度的分析。因为，高中毛入学率再高、高中普职比例再相当，如果与地方社会经济发展不耦合、不协调，也是无效指标，这样的高中教育发展不仅起不到推动作用，还可能产生消极影响。其三，区域高中教育与地方社会经济发展的耦合协调度分析，要具体结合该区域的人口分布、经济社会发展需求、地方人才结构、产业转型升级、教育基础与现状等多项指标来进行，在此基础上，做好区域布局、区域规划和整体统筹。

第七章
我国高中普职协调发展的政策建议与制度推进

党的十八大首次提出基本普及高中阶段教育，十八届五中全会进一步作出普及高中阶段教育的战略决策，十九大报告则再次重申“普及高中阶段教育”。可见，普及高中阶段教育是我国当前及未来一段时间的国家发展战略。众所周知，我国高中阶段教育主要包括普通高中教育与中等职业教育，两类教育就像“车之两轮”“鸟之两翼”，缺一不可。因此，“普及高中阶段教育”并不等同于普及普通高中教育，还必然包括中等职业教育。那么，如何实现两轮并驱、双翼齐飞，是高中阶段教育普及进程中的关键。我国自20世纪80年代调整中等教育结构以来，高中阶段一直采取的是普职教育并行发展的二元结构，国家较为一贯的政策主张是保持普职规模的大体相当，以此来推进高中普职结构的优化、实现普职教育的协调发展。应该说，该政策的全面推进和有效落实，结构性地扭转了中等教育的失衡局面并较好地回应了经济发展对人才的急切需求。但反观现实，普高仍然是门庭若市，中职却依然门可罗雀，高中普职数据统计上的大体相当并不能掩盖普职发展相对失衡的客观事实。并且，高中普职结构并不是恒定的，它明显受到经济发展水平、人才需求状况、高等教育入学率和高中阶段教育普及率等诸多因素的影响与制约，当这些变量发生变化时，高中普职的结构也必然随之而变。缘此，当前我们需要着力研究并科学定位高中阶段教育的战略重点，通过积极拉伸中职教育的纵向空间与横向通道、提升中职教育质量等方式，补齐中职短板，真正提升中职吸引力；通过推行与完善相应的制度、配套的改革来推动高中普职的协调发展。还要注意到的是，当前我们要慎重考虑综合高中的大面积推广。

第一节 顶层设计高中阶段教育战略方向

我国高中阶段将在较长时间内继续保持普高与中职并行发展的格局，普职如何协调发展，必然成为高中教育改革与发展进程中不容回避的重要议题。显然，问题解决的关键不在于精确计算和确认普职之间的内部比例究竟是1∶1还51∶49，也不在于国家如何通过一纸行政命令来强硬推进“大体相当”政策，而是必须在新的时代背景下重新审视高中阶段教育的发展走向和战略定位。

一、科学规划高中阶段教育的战略走向

《国家中长期教育改革和发展规划纲要（2010—2020年）》（以下简称《纲要》）和《中共中央关于制定国民经济和社会发展第十三个五年规划的建议》都明确提出“普及高中阶段教育”的战略要求。在此大背景下，究竟是优先发展普通高中教育还是以中职教育为战略重点，这是我国高中教育改革与发展必须首先需要作出的战略选择。高中阶段普职教育的协调发展并不意味着两者的比例相当，两者是否协调，取决于与社会发展、地方需求、教育体系等多方面、多层次、多维度的契合，而不是“一刀切”的、教条式的比例相当于数量对等。整体来看，随着高中阶段教育全面普及进程的推进，高中阶段的教育发展战略可以考虑以下维度的调整与发展。

（一）从长远来看，普通高中教育的比例可适当提升

虽然我们很难建构一个理想的、放之四海而皆准的高中普职结构模型，但综观世界范围内高中阶段教育发展的历史、现实与基本趋势来看，在技术发展缓慢、高中阶段教育未完全普及、高等教育未走向大众化的宏观背景下，如果高中是其最后学历，那么，这一背景下，侧重于发展职业教育或保持较高的中职比重，无论对增加个体的就业率、适应市场对劳动力需求还是国民经济增长来说，都有其明显的发展优势与现实基础。在以高中教育为最高学历的毕业生中，中职毕业比普高毕业的就业率更高，但失业和待业率低。① 从

① OECD. Education at a glance 2016：OECD indicators［R］. Paris：OECD Publishing，2016：47.

这个意义上说，我国自20世纪80年代以来，一直在不断追求的普职大致相当、大力发展中职教育、补齐中职教育短板等政策提倡，都是必需的、必要的。但随着受教育年限的加长，如《纲要》提出“新增劳动力平均受教育年限从12.4年提高到13.5年”，尤其是“中国制造2025”以及“工匠精神”的政策导向，这意味着高技能人才将越来越成为我国未来人才的主导需求，由此，高中阶段的普通教育需求将加大，而直接面向就业的中等职业教育需求将萎缩。事实上，我国中职招生在2009年、2010年达到顶峰后，最近几年比例的逐年下降已经表明了这种发展态势：2011年中职占高中阶段教育的比例为47%，2013年为43%，2015年为41%[①]。因此，我们建议：一方面，短期内高中阶段可以继续保持并推进普职大体相当的政策，但从长远来看，适当加大普通教育的比重应成为一种走向；另一方面，在国家整体上保持高中普职大体相当的背景下，可以允许在一定范围，尤其是经济条件较为成熟、教育水平较高的省份和地区，适当增加普通教育的比重。

（二）就可持续发展而言，职业教育对通用技能的培养可适度增加

一般而言，高中职业教育会带来更高的就业率，但也面临职业转换时的失业风险；而普通教育的即时就业率相对较低，但职业生涯后期的失业风险会更小。[②] 因此，就国家层面而言，高中阶段究竟应该更多侧重普通教育还是职业教育，这其实是对短期更高的就业率和长远的生涯发展进行利弊权衡后作出的战略选择。但各国高中阶段教育改革的重点并不是在普通教育和职业教育之间做出非此即彼的选择，而是对职业教育与普通教育内在的定位与目标进行调整以适应新的时代发展需求。在此过程中，国际上比较普遍的做法就是通过增加职业教育的通用技能培养，以降低职业教育在后续工作转换中的失业率。较多的研究和一些国家的改革实践都较好地支撑了这一做法。如有学者就指出，在技术含量较低的公司，通用能力并不被雇主所重视，但面对技术的急剧变化，雇主开始注重以阅读与计算为核心的通用能力[③]。澳大利亚一项研究甚至发现，教育对劳动力市场的影响与贡献，其中有一半要

---

① 根据教育部年度教育数据统计而整理。

② Zilic I. General versus vocational education: lessons from a quasi-experiment in Croatia [J]. Economics of Education Review, 2018 (62): 1-11.

③ Smits W. Industry-specific or generic skills? Conflicting interests of firms and workers [J]. Labour Economics, 2007 (3): 653-663.

归功于阅读和计算能力①。而在2011年，瑞典进行高中教育改革，将高中阶段职业教育的重点从更广泛的公民教育转向与职业直接对接的就业教育后，职业教育占高中阶段的比例迅速下降，从2007—2008学年的42%下降到了2015—2016学年的26%②。据此，我们建议：我国的中职教育一方面要继续推动专业设置与产业需求、课程内容与职业标准、教学过程与生产过程对接，实现职业教育与技术进步、生产方式变革以及社会公共服务相适应。但与此同时，在课程设置与课程内容的安排上，加强对通识教育内容的重视，注重通用技能的培养，这无论对个体的终身发展，还是对提升中等职业教育的吸引力和社会认可度，或是对国家经济的可持续发展，都具有重要意义和长远价值。

当前，我国正处于从人力资源大国迈向人力资源强国、从制造业大国转向制造业强国的战略转型期，处于经济发展“转方式、调结构”的战略关键期，处于高等教育大众化快速发展期和普及高中阶段教育的攻坚期，社会的转型、经济体制的转轨、现代化进程的推进以及教育自身的变革使得“大体相当”政策赖以存在的场域被打破，高中教育的改革不仅是被动适应这种内外环境的变化，更重要的是通过自身的变革来引领整个教育甚至社会发展的走向。

二、适时推进区域普职比例的弹性实施

高中普职比是由不同省份或地区的经济发展水平、产业结构的转型趋势、高中教育阶段普及程度（中西部落后地区还要考虑其义务教育实施状况）、高等教育招生规模及生源状况等多种因素综合决定的。虽然国家有必要做出高中阶段教育的整体性统筹，提出普职大体相当的宏观目标，但各地的具体执行要从区域经济发展程度的差异性以及对高中教育发展需求的现实性出发。因此，我们建议：

（一）停止使用“大体相当”的标准来“一刀切”地考量地方

应该说，我国高中普职规模“大体相当”的目标，很大程度上是在政

---

① Chiswick B R, Lee Y L, Miller P W. Schooling, literacy, numeracy and labor market success [J]. Economic Record, 2010 (245): 165 - 181.

② Tsagalidis H, Terning M. A qualitative vocational education and training: Education for quantity or quality? [J]. Nordic Journal of Vocational Education and Training, 2018 (1): 114 - 132.

府的直接推动下实现的。各省为达成此目标，都实施了招生问责制度、签订责任状以及将招生任务与项目、资金、评优等挂钩的奖惩办法等强硬举措。如某省教育厅向各市教育局下发的《关于做好 2012 年中等职业学校招生工作的通知》中指出各地要“出台实施性措施和问责制度，将中职招生计划完成情况作为政府教育工作的一项重要考核指标。各级教育行政部门要逐级分解中职招生任务，签订职教责任状”①。也有省份将中职招生任务的完成情况与中央、省级职教项目、资金，评选国家级、省级、示范中职学校、重点中职学校挂钩，并对任务完成好的地方和学校给予重点倾斜②等。这种以行政手段来强硬推进的方式，切实保障了高中普职“大体相当”目标的有效实现，这在高中普职结构严重失衡的阶段，有其必要性和可行性。但随着高中普职结构逐步走向协调，各地如何结合区域实际来合理布局高中阶段教育的结构与比例，应该是高中教育改革下一步的努力方向与发展重点。

（二）明确不同区域高中阶段教育的发展重点

我国高中阶段究竟是优先发展普通高中教育还是中等职业教育，不能一概而论。一般而言，在经济较为发达、工业化以及科技水平比较高的区域，普高规模可适当高于中职。普通高中应该成为其高中阶段教育的重点，职业教育的重心可从中职向高职延伸。相反，在经济欠发达、工业化以及技术水平比较低的区域，中职应该是高中阶段教育的重心，且改革的重点是加强中职与地方产业的对接，提升其服务地方经济的能力与水平。如中部地区职业教育短期内可进一步做大做强，加强内涵建设，改革与发展的重点可以放在如何进一步彰显办学特色、提升服务地方经济发展能力等方面。西部内陆省区则更多地突出中职教育如何更好地面向农村，为加快农业产业化、农村现代化进程、做好农村富余劳动力转移培训和扶贫开发等提供服务与支持。

其实，近几年发达地区（以东部地区为例）普高规模的明显提升和中职规模的逐年下降已经很好地诠释了这一发展趋势（如图 7 - 1）。北京、上

① 江苏省教育厅．省教育厅关于做好 2012 年中等职业学校招生工作的通知［EB/OL］．（2012 - 06 - 21）［2021 - 08 - 20］．http：//www. ec. js. edu. cn/art/2012/7/4/art_ 4267_ 78921. html.

② 湖北省教育厅关于进一步做好 2010 年中等职业学校招生工作的通知［EB/OL］．（2010 - 07 - 20）［2021 - 08 - 20］．http：//www. hbe. gov. cn/content. php？ id = 7535.

海、天津、广东、江苏、浙江、山东等地区，近三年的普职比基本维持在1.5:1左右。在北京，这一趋势更为明显，2013年普高招生规模为59983人，中职招生规模为55427人，基本保持“大体相当”；2014年，普高招生规模为55184人，中职招生规模为29765人，中职学生占整个高中阶段教育的比例约为35%，2015年这一比例进一步下降为32.3%。因此，应当打破普职规模“大体相当”的统一规定，不同省份、经济发展水平不同地区应该有不同的普职比，即在“区间的条件下，给予地方政府及相关部门一定的自主权”①。

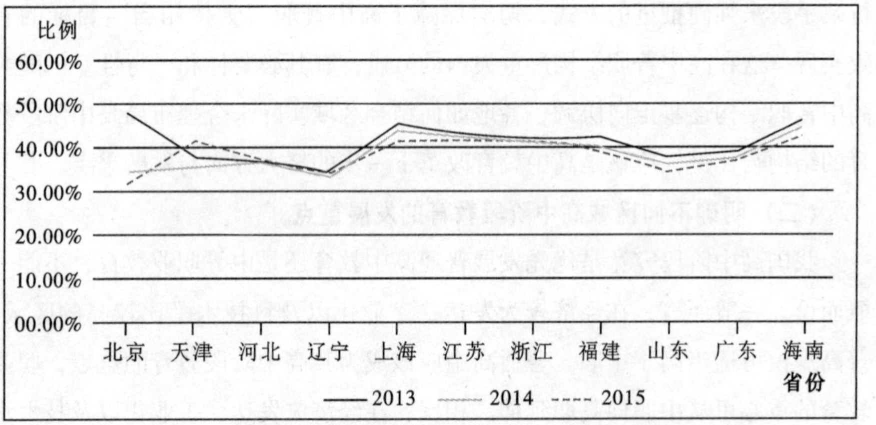

图7-1 我国东部地区2013—2015年中职招生比

（三）改以普职结构与区域经济发展水平的适切性与耦合度来评价地方

国家在达成普职规模大体相当的目标的同时，应停止自上而下分派中职招生指标的“一刀切”行为，弹性使用《中等职业教育督导评估指标体系》中的“高中阶段招生职普比基本达到1:1”指标，不要让招生指标和“职普比大体相当”的政策目标成为学校及下级政府谎报学额的理由。对地方中职教育的评价，在关注普职比的同时，更要关注职业教育在布局结构、专业设置、办学规模、育人质量等方面与地方经济发展的契合度，地方政府工作的重点不是去摊派指标、强迫分流，而是重点建设好符合当地经济社会发展需要的中等职业学校，要根据各主体功能区的定位，推动区域内职业学校科

① 徐桂庭．我国中等教育职普比结构问题的政策发展轨迹及理性思考［J］．职教论坛，2016（19）：19-26.

学定位，从而促进专业对接产业、专业链对接产业链、学校办学对接区域经济，真正为加快经济发展方式转变服务。

三、实现从“大体相当”到“提质转型”的战略转移

《纲要》提出，到2020年，新增劳动力平均受教育年限从12.4年提高到13.5年；中共中央、国务院最近印发的《中长期青年发展规划（2016—2025年）》也提出，新增劳动力平均受教育年限达到13.5年以上，高等教育毛入学率达到50%以上。应该说，受教育程度的整体性提高是不可逆转的发展趋势，高中阶段教育从精英教育走向大众教育，教育层级的整体上移将导致高中阶段教育重心的全面下移。

（一）高中阶段教育站好“基础”这一立足点

无论是从经济发展对人才层次与素质的要求不断提高，还是受教育年限的不断增加来看，高中阶段教育的任务和重心将更多指向基础，面向大众，做好预备。这里的“基础”至少包括了三个方面，即为升学打基础，为就业打基础，为终身教育打基础。因此，普高完全指向升学预备而缺乏任何职业准备的发展思路、中职以培养某一专门技能为功能定位的终结性教育，都已经无法适应社会要求。中职增加基础与通识内容、普高渗透并加强职业技术教育成为必然趋势。尤其对中职而言，不只是要培养学生的一技之长，而应该传授学生职业世界中共同的、普遍的、核心的知识和关键的能力，以增强学生对未来职业的广泛适应性。

（二）高中阶段教育狠抓“质量”这一生命线

无论是普高还是中职，都应该把提升“质量”摆上更重要的日程。当高中阶段教育没有普及，普及成为高中阶段教育的重中之重，普职数量上的大体相当成为政府推进高中教育改革的重要目标指向。而一旦高中教育数量上普及，普职数量上大体相当后，提升质量成为高中教育改革下一步的重心。

1. 提供与规模相当的质量支持

高中普职的规模似乎已经大体相当，但影响中职教育质量的几个关键性指标如经费的投入、专任教师的数量与质量、校舍面积等明显落后于普高。据陕西省测算，若要满足职业教育发展基本需要，省、市、县三级财政每年

至少要投入15亿元，而2008年三级财政投入不足6亿元。① 不仅如此，专任教师的配套也基本不能满足中职规模扩充的需要。《2015年全国教育事业发展统计公报》显示，2015年高中普职比为57∶43，但高中普职专任教师比超过了2∶1（其中，普通高中专任教师为169.54万人，中职专任教师只有84.41万人）。校舍面积的差距更加悬殊，在湖南，普高校舍建筑总面积为5307.16万平方米，而中职有产权的校舍建筑总面积仅为896.43万平方米②。中职的运行成本要高于普高，但目前中职的教育资源配置却低于普高，这意味着中职在用远低于普高的教育资源支撑着普职规模的大体相当，质量的低下可想而知。如果国家继续推行“今后一个时期总体保持普职规模的大体相当”政策，就必须提供与中职规模大体相当的政策支持和资源配套以确保其质量。

2. *科学配置高中阶段教育资源*

中职免费政策的推进与实施，是增强中职吸引力、扩大中职规模的重要手段和政策杠杆。据统计，从2006年到2009年，各级财政共安排资金约400亿元用于资助家庭经济困难学生接受中等职业教育，中等职业学校学生受资助面达到90%。③ 但有研究显示，在入学动机上“因为上中职有国家助学补助金”的仅占被调查总数的1.9%④；在另外一项基于江西省的调查中也得出了类似结论：只有2.3%的中职新生承认自己是因为有国家助学金政策的资助而选择就读中职学校⑤。虽然国家助学金和免费政策客观上惠及到了更多的中职学生及其家庭，但它仍然只是一个外生性的刺激因素，并没有从根本上转化为人们对于中等职业教育的内生性偏好。要实现从外生性刺激向内生性偏好的转变，就需要中等职业教育在发展规模的同时，注重质量的提升。尤其是目前全国已有31个省市自治区都在不同程度和范围探索地

---

① 张宝山，梁国栋，张维炜．发展职业教育刻不容缓——访全国人大教育科学文化卫生委员会主任委员白克明［J］．中国人大，2009（8）：10－15.

② 湖南省教育厅发展规划处．2015年湖南省各类教育事业发展概况［EB/OL］．（2016－10－19）［2021－08－20］．http：//fzghc. gov. hnedu. cn/c/2016－10－19/845834. shtml.

③ 周济．国务院关于职业教育改革与发展情况的报告［EB/OL］．（2009－04－22）［2021－08－20］．http：//www. npc. gov. cn/huiyi/cwh/1108/2009－04/22/content_ 1499332. htm.

④ 佛朝晖．中职国家助学金政策实施情况的调查报告［J］．中国职业技术教育，2010（5）：14－18.

⑤ 陈胜祥，胡小平．国家助学金政策在促进中职扩招中的作用——以江西省为例的问卷调查分析［J］．现代教育管理，2009（7）：8－11.

施行了普通高中免费教育。① 仅仅通过中职免费来提升其吸引力并进而调整高中普职比和资源配置取向的做法，是需要综合分析和仔细考量的。与其将政策支点更多倾注于免费，不如从根本上提升中职质量，这也许既立足了现实，更着眼了未来。

第二节　切实补齐中职教育短板

当前，国家正逐步推进中等职业教育免除学杂费政策，但中职教育吸引力不够仍是不争的事实且短时间内很难有明显改变。中职吸引力不够的关键原因在于中职教育的穷途末路：升学无望、发展无门、成长受限。以江苏省为例，2014 年，中职升入本科的比例仅为 1.8%②。这意味着，学生一旦选择中职，就选择了一条“没有未来的断头路”。难怪有人坦言：“如果把普通高中和中职学校比作两条腿的话，中职学校这条腿给学生的升学渠道‘断了’。”③ 职业教育是调整教育结构的切入点，是教育改革的战略突破口。如何补齐中职这一短板？免除学杂费也许能一时奏效，但不是根本之策、长远之计。关键是要给中职以希望而非末路，选择中职，也和普高一样，条条大路可通罗马。

普职实现双向连接和深度发展都是建立在普职等值的基础上。然而，自中职产生以来，普高的热闹若市和中职的门庭冷落形成鲜明反差，对学术教育的极力推崇，对职业教育的一致排斥，几乎是世界各国高中教育的普遍现实，但各国通过采取多种政策，极大提高了职业教育吸引力，有力推进了普职等值，从而为实现普职连接扫清了障碍。20 世纪 80 年代末，英国 40 多所以应用技术为重点的技术学院正式升格为大学，与牛津、剑桥等平起平坐，这就使技术教育与传统大学教育一样拥有颁发各级学位证书的资格。在

① 杨小敏，杜育红，赵佳音．国家免费基础教育向高中阶段延伸的前瞻研究［J］．中国教育学刊，2015（11）：47－52.

② 张健．普职大体相当剥夺了学生上普高的权利吗？［N］．中国教育报，2015－07－02.

③ 魏海政．春季高考打开升学“多扇门”［N］．中国教育报，2014－04－28.

法国，往往是那些差生才被迫进入职业技术高中①，1998 年，法国教育部通过圆桌会议报告——《职业教育改革的工作纲要》，建议改革文凭结构，保证技术高中会考文凭的后续学习②，等等。澳大利亚则实施一些提升职业教育吸引力的计划，如未来技能计划、师资培训计划等。③ 在中国，自古以来主张立国之道在于礼仪而不在于技艺，重文轻技、农为本、商为末、工更加是“奇技淫巧”的传统观念早已深入人心，再加上我国职业教育脱胎于普通教育，这注定先天“营养不良”。时至今日，尽管普职比例大体相当，但我国职业教育也难改身份卑微的命运，人们依旧把它视为被排斥的“穷途末路”，它也依旧被认定为是处置失败的场所。那么，在这种普职地位悬殊的背景下，要真正促进普职教育的协调发展，就必须通过积极拉伸中职教育的纵向空间与横向通道构建教育立交桥、严格就业准入制度、提高职业教育办学层次等多种措施，切实提升中职教育自身吸引力。

一、从战略高度认识中职教育的重要意义与独特价值

中职教育，无论从世界教育改革的趋势，还是我国教育发展的战略重点以及普及高中阶段教育战略目标的实现来看，都具有重要意义和特殊价值。

教育是各国经济制胜的法宝，一些发达国家无论是经济发展战略还是人才发展战略，都必须由教育来支撑并经由教育来实现。而职业教育，包括中等职业教育，是与社会经济发展联系最为紧密的领域，自然成为各国关注的焦点与热点。一些发达国家经济发展的事实也有力地证明和证实了这一点，这也是许多国家纷纷推出各种技术技能人才发展战略以此来推动经济发展的主要原因。瑞士连续 6 年在 144 个经济体中蝉联经济实力、世界品牌占有量首位，观其职业教育的竞争力也是世界第一，这得益于它的“三元制”教育模式；再看德国，长久以来重视职业教育，把其作为“经济腾飞的翅膀”“民族存亡的基础”，培养了大批高端技术技能人才，“双元制”已经成为各国学习和效仿的典范。除此之外，还有欧盟的“欧洲 2020 战略”、美国的“重返制造业巅峰计划”、英国的“国家技能战略”，都极大地推动了职业教育的发展。

① 王桂．当代外国教育——教育改革的浪潮与趋势［M］．北京：人民教育出版社，1995：77.

② 顾明远，梁忠义．职业教育［M］．北京：人民教育出版社，2000：412 – 423.

③ 荀莉．澳大利亚对职业教育吸引力有影响的举措［J］．中国职业技术教育，2009（34）：34 – 36.

表 7-1 部分发达国家近年来发布的再工业化战略①

发布时间	战略名称	主要内容	战略目标
2011 年	美国先进制造业伙伴关系计划	创造高品质制造业工作机会以及对新兴技术进行投资	提高美国制造业全球竞争力
2012 年	美国先进制造业国家战略计划	围绕中小企业、劳动力、伙伴关系、联邦投资以及研发投资等提出五大目标和具体建议	促进美国先进制造业的发展
2013 年	美国制造业创新网络计划	计划建设由 45 个制造创新中心和一个协调性网络组成的全国性创新网络，专注研究 3D 打印等有潜在革命性影响的关键制造技术	打造成世界先进技术和服务的区域中心，持续关注制造业技术创新，并将技术转化为面向市场的生产制造
2013 年	德国工业 4.0 战略实施建议	建设一个网络：信息物理系统网络；研究两大主题：智能工厂和智能生产；实现三项集成：横向集成、纵向集成与端对端集成；实施八项保障计划	通过信息网络与物理生产系统的融合来改变当前的工业生产与服务模式；使德国成为先进智能制造技术的创造者和供应者
2014 年	日本制造业白皮书	重点发展机器人、下一代清洁能源汽车、再生医疗以及 3D 打印技术	重振国内制造业，复苏日本经济
2015 年	英国制造业 2050	推进服务 + 再制造（以生产为中心的价值链）；致力于更快速、更敏捷地响应消费者需求，把握新的市场机遇，可持续发展，加大力度培养高素质劳动力	重振英国制造业，提升国际竞争力
2013 年	“新工业法国”战略	解决能源、数字革命和经济生活三大问题，确定 34 个优先发展的工业项目，如新一代高速列车、电动飞机、节能建筑、智能纺织等	通过创新重塑工业实力，使法国处于全球工业竞争力第一梯队

① 于志晶，刘海，岳金凤，等. 中国制造 2025 与技术技能人才培养［J］. 职业技术教育，2015（21）：10-24.

中等职业教育在我国经济发展中也具有不可替代性，是我国经济社会发展的必然要求。2015年5月19日，国务院正式印发《中国制造2025》。这是党中央、国务院总揽国际国内发展大势，站在增强我国综合国力、提升国际竞争力、保障国家安全的战略高度做出的重大战略部署，其核心是加快推进制造业创新发展、提质增效，实现从制造大国向制造强国转变。而职业教育是为制造业培养输送技术技能人才的主要渠道。有数据显示，自2005年以来的近10年中，职业院校共培养了近8000万技术技能人才，每年培训各类人员1.5亿人次以上，成为产业大军的主要来源。据统计，在加工制造、高速铁路、城市轨道交通、现代物流、电子信息等行业中，新增从业人员有70%以上来自职业院校。① 而那些进入制造业企业的职业院校毕业生主要在技术员和操作工人岗位任职，在技术员岗位的约为70%，在操作工人岗位的约为75%。② 而就技术人员和生产工人的具体构成来看，又主要是中职教育作为培养主体。一定程度上，当前我国生产领域的技术技能人才主要是由中等职业教育培养和输送的。

表7-2　我国部分地区、部分制造业行业企业近三年录用的技术人员、生产工人中不同学历所占的百分比　（单位:%）

地区（或行业）	技术人员				生产工人			
	本科	高职高专	中职	其他	高职高专	中职	高中	初中
宁波	27.8	30.0	42.2	—	8.5	58.7	13.2	19.6
沈阳	28.8	59.3	11.9	—	47.2	50.5	2.1	0.2
重庆	16.8	22.1	61.1	—	13.8	63.7	16.2	6.3
化工行业	33.5	30.4	34.9	1.2	22.0	47.8	11.5	18.8
装备制造	18.6	20.66	52.77	7.92	14.32	60.62	13.87	11.21
汽车行业	81	7.84	1.99	—	17.62	43.86	29.10	4.89

如果从未来经济发展对人才的需求来看，中职教育仍有较大发展空间。改革开放以来，我国已经建立了世界上最大规模的职业教育体系，从1978年至今已经累计为国家输送了两亿多高素质劳动者和技能型人才，1.19万

① 刘延东．深化改革，加快发展，开创我国现代职业教育新局面［J］．职业技术教育，2014（18）：33-37.

② 曹晔，赵志群．我国制造业领域职业教育可持续发展制约因素分析［J］．中国职业技术教育，2008（10）：8-12.

所中职学校基本覆盖了全国所有县市区。① 据测算，到 2025 年，我国制造业从业人口约 1.3 亿人，其中技能劳动者约为 8000 万人，占比约为 60%，10 年间增加总量约为 3000 万人，每年职业教育向制造业输送技能劳动者要达到 300 万人左右。目前，我国中高职院校制造类大类专业毕业生总量在 140 万人左右，缺口有 150 多万人。② 就技术人才的具体构成来看，我国城镇企业共有 1.4 亿名职工，其中技术工人有 7000 多万名，初级工占 60% 左右，中级工占 35%，高级工仅占 3.5%，这与发达国家高级工 40% 的比例相差甚远。③ 国际劳工组织的调查显示，发达国家的产业工人基本是技术工人，其中高级工占 35%，中级工占 50%，初级工占 15%。④ 在我国，从 2005 年至今，高级工、技师或高级技师、具有中级及以上职称的劳动力，其求人倍率都已超过 1，这意味着人才供给明显短缺且呈加剧的趋势。⑤ 从行业需要预测来看，2009—2020 年我国制造业、建筑业集中了 60% 以上的高技能人才的需求量，但目前这两类人才的培养量仅占总量的 14.37%。⑥

表 7-3 2012 年中西部部分城市职业供求状况⑦

城市	求人倍率	岗位空缺大于求职人数缺口最大的前三个职业	岗位空缺与求职人数的比率
重庆	1.02	机械冷加工人员	3:1
		裁剪缝纫人员	4:1
		推销展销人员	2:1
郑州	1.49	推销展销人员	3:1
		简单体力劳动人员	2:1
		部门经理	3:1

① 于志晶，刘海，岳金凤，等. 中国制造 2025 与技术技能人才培养［J］. 职业技术教育，2015 (21)：10-24.

② 于志晶，刘海，岳金凤，等. 中国制造 2025 与技术技能人才培养［J］. 职业技术教育，2015 (21)：10-24.

③ 孙诚. 2012 中国职业教育发展报告［M］. 北京：教育科学出版社，2012：261.

④ 吴玲. "技工荒"凸显机制"短"［EB/OL］.（2009-11-05）［2021-08-20］. http://discovery.China.com.cn/news/comment/200911/05/cotent_18834133.htm.

⑤ 于志晶，刘海，岳金凤，等. 中国制造 2025 与技术技能人才培养［J］. 职业技术教育，2015 (21)：10-24.

⑥ 孙诚. 2012 中国职业教育发展报告［M］. 北京：教育科学出版社，2012：276.

⑦ 张新芝，何艳梅，刘志晶. 中西部地区职业技术人才供需调查［J］. 职业技术教育，2016 (15)：65-70.

（续表）

城市	求人倍率	岗位空缺大于求职人数缺口最大的前三个职业	岗位空缺与求职人数的比率
武汉	1.15	推销展销人员	3:1
		裁减缝纫人员	4:1
		机械冷加工人员	3:1
长沙	1.11	机械冷加工人员	4:1
		治安保卫人员	4:1
		清洁人员	3:1
成都	1.04	推销展销人员	2:1
		餐厅服务员、厨工	2:1
		采购人员	2:1

普及高中教育战略目标的实现，必须依托并大力发展职业教育。普及高中阶段教育是我国继 2011 年全面普及九年义务教育之后，党中央、国务院就普及更高阶段教育所做出的重大战略决策，是进一步提升国民整体素质、建设人力资源强国的基础性、先导性工程，其意义重大且影响深远。但普及高中阶段教育不等于普及普通高中教育，从目前高中阶段教育发展的整体情况来看，要实现高中阶段教育的全面普及，中职教育是重点。理由至少包括以下几个方面：其一，从我国高等教育的现实来看，普及高中教育的重点在中职。如果 2020 年我国高等教育毛入学率能够达到 50%，而全国、各省（区、市）高中阶段教育毛入学率均达到 90% 以上，这意味着至少有 40% 的高中毕业生毕业后不能直接升学，而要选择就业。而在就业方面，中等职业学校显然更有优势。更进一步讲，经过第一次教育分流进入中等职业学校的这批学生，与普通高中学生相比明显“学力不足”，如果强制把其放在普通高中培养，在现有普通高中教育模式不改变的情况下，并不见得有利于其发展。其二，就高中学校本身的现实来看，高中普及扩容的重点在中职而非普高。受多种因素的影响，我国对中职教育的社会认可度普遍较低，这直接导致的后果就是，普通高中学校门庭若市，而中职学校则门可罗雀。高中阶段教育的普及，首先是毛入学率达到 90%，这意味着高中阶段教育规模的继续扩大，而普通高中的接纳能力已经达到极限，普高的大班额就是其典型

表现，中职成为扩容的重点。其三，从大多数发达国家教育改革的实践来看，高中阶段教育的普及基本都伴随着高中普职的协调发展。仅从数据来看，OECD 国家不同年度、不同国家普职比例略有差异和上下浮动，但高中阶段教育基本守住了普职 1∶1 的比例底线。而从高中阶段的教育类型来看，为从根本应对人们日益增长的对高中阶段教育的需求以及对多样化课程内容的需求，在高中阶段教育普及过程中，发达国家普遍强调实现教育项目和类型的多样化，普通高中教育、中等职业教育和非正式高中阶段教育成为普及高中阶段教育的主要形式，特别是以工学结合为特征的职业教育项目成为普及高中阶段教育的重要力量。同时，各国还积极发展将普通教育与职业教育两种学习形式相融合的综合性教育项目。

二、搭建教育立交桥，畅通中职教育纵向升学与横向转换渠道

在高中阶段，学生无论做出普、职何种选择，通过一定的转换系统，横向上都可以从普高转换到中职，或从中职转入普高；而纵向上，无论是就读普高还是中职，高等教育的门槛对普高生和中职生都是同等开放的，他们都有同等的机会升入到普通高等院校或高职院校，让学生们无论选择哪一类型的教育发展路径，都不用担心升学渠道受阻的问题。只有这样，中职才不会成为末路，才不会成为末流教育，一旦中职获得了与普高同等的发展空间，普职才可能协调发展。基于此，我们建议搭建一个四通八达、畅通无阻、双向贯通的教育立交桥，使职业教育也成为阳光大道，条条大路可通罗马。我国搭建"教育立交桥"，必须重点解决以下几个方面的问题：（1）确保职业高中文凭与普通高中文凭在升学方面的等值性，扫清职高文凭在升学道路上的障碍，使其与普高文凭在升入大学时具有同等地位。这方面，山东为加快构建现代职业教育体系，推进高中普职融合贯通，从 2013 年开始，借助春节高考渠道，专门启动了"3 + 4"（中专 + 本科）中职与本科分段贯通培养改革试点，在潍坊、青岛、德州 3 市 8 所中职学校招收 440 名学生进行培养试点，即初中毕业生在中职学校学习 3 年后，经过春季高考测试，择优选拔进入对应的本科高校学习 4 年①，从而畅通了中职的升学通道，中职和普高一样，都可以升入本科院校，甚至可以考研等。（2）扩大职校生进入高等

① 魏海政．春季高考打开升学"多扇门"［N］．中国教育报，2014－04－29．

教育尤其是普通高等院校的名额，提高职校生的入学比例；（3）进一步打通职高与普高之间的转换通道并拓宽可能的转换途径；（4）提升职业资格证书在劳动力市场的价值，严格持证上岗秩序，同等条件下优先录用职校生，增加职校生的就业机会和优势；（5）改革和创新高职院校招生模式，改变高职院校是最后录取批次的被动局面。在提升职业教育吸引力、拓宽职业教育出路的前提下，职业教育若能较好地面向就业市场，又有更多个人发展的上升流动空间，其吸引力自然而然得到提高。

（一）拓展中职教育的纵向发展空间

具体举措包括适度提高普通高校招收中职毕业学生的比例；打通从中职、专科、本科到研究生的上升通道，重点发展本科层次职业教育并逐渐开创和增加职业教育在研究生层次的办学；积极拉通中职直升（应用）本科的升学通道；探索实践高职高专院校与普通本科高校的分段联合培养模式。

1. 加大普通高校对中职学生的开放程度

首先，适度提高普通高校招收中职毕业学生的比例，积极拉通中职直升（应用）本科的升学通道。当前，我国高等院校招生主要是考核高中阶段毕业生的文化课成绩，以全国统一的高等教育入学考试（简称高考）的方式择优录取学生。普通本科院校主要面向普通高中毕业生招生，中职毕业生进入普通高等院校的道路基本是不畅通的。教育部、国家发展改革委在2006年和2009年①关于下达全国普通高等教育招生计划的通知中，就有相关条目明确规定：普通高校对口招收中等职业学校应届毕业生的比例不得超过当年本省（区、市）中等职业学校应届毕业生的5%。2010年之后，教育部关于全国的普通高等教育招生的文件中没有明确条文限制对口招收中职应届生的比例，但整体来看，中职的升学渠道是非常有限的，中职学生升入普通高等院校的比例就更有限了。可见，必须拓宽高等职业学校招收中等职业学校毕业生、应用技术类型高等学校招收职业院校毕业生通道，拓展职业院校学生的成长空间。值得注意的是，南京在这方面迈出了重要步伐，该市高中

① 教育部、国家发展改革委关于下达2009年普通高等教育招生计划的通知［EB/OL］.（2009-05-22）［2021-08-20］. http://www.moe.gov.cn/s78/A03/s8340/moe_640/tnull_52591.html.

普职融通推行“3 +4”项目，即前 3 年在职业学校学习，之后通过“转段考试”，升入市属普通本科院校。南京市高淳区的湖滨高级中学，是一所三星级的普通高中，每年 700 多名毕业生中，只有 10% 左右能考上公办本科，2011 年开设普职融通班后，全部 46 名学生中，除了一位外省来的借读生，其余 45 人都参加了对口单招考试，32 人过了本科线，中职也开始有了广阔的升学空间。而且，从 2013 年开始，南京进一步加大改革力度，中职与普通本科“3 +4”分段培养专业班在第一批次填报，最开始有 4 所职业学校首先试点“3 +4”，对接高校为晓庄学院和金陵科技学院①。除此之外，南京还在尝试并试点“5 +2”（5 年高职 +2 年公办本科）、“3 +3”（3 年中职 +3 年公办高职院校）、五年一贯制教育等多种升学途径，帮助学生成长成才。只有中职升学渠道畅通，中职学生和普高学生一样，有多种发展渠道和升学空间，普职才可能趋于等值，普职连接才能成为可能。

2. 创新职业教育体系，延伸和提高职业教育的办学层次

目前，我国职业教育体系主要是由以职业高中为主的中等职业教育和以高等职业技术院校为主的高等职业教育构成。从中等职业教育来看，虽然在政策的一再倡导下，高中普职比例基本相当，但实质上，社会对中职的认可并未因此而与普高不相上下。就我国高等职业教育构成来看，它主要由一些专科学校、技术专科学校、职业大学等构成，这些学校绝大多数是专科院校，不仅办学层次偏低，而且在高考招生时还处于最后的录取批次，录取分数也是最低的。可以说，职业教育层次明显偏低，体系不健全，这极大地阻碍了职业教育的发展。但不少国家职业教育体系相对比较健全，教育层次高。如英国大学的高等教育专业技术教育就分为研究生教育与本科生教育两个层次。② 俄罗斯建立了多层次、多种类的连续职业教育体系，形成了从预备职业教育、初等职业教育、中等职业教育、高等职业教育到大学后职业教育五个大层次。③ 韩国的高职教育采取多层次办学，既有两年制的专科层次，又有四年制的本科层次，还有职业性的研究生教育。

---

① 曾偲，黄艳．普职融通：已有成名作［N］．现代快报，2013 -05 -26.

② 顾明远，梁忠义．职业教育［M］．北京：人民教育出版社，2000：186.

③ 顾明远，梁忠义．职业教育［M］．北京：人民教育出版社，2000：423.

事实上，从20世纪80年代开始，我国一直在加快推进以培养高素质劳动者和技术技能人才为根本任务的现代职业教育体系建设。1985年，《中共中央关于教育体制改革的决定》发布，提出了调整教育结构，逐步建立起一个从初级到高级、行业配套、结构合理又能与普通教育相互沟通的职业技术教育体系。世纪之交，伴随着高等职业教育的快速发展，职业教育体系内部的中高职纵向衔接、普通教育与职业教育的横向融通初见雏形，在连续出台的政策推动下，现代职业教育体系建设的框架与内容逐步明确。1991年，国务院发布《关于大力发展职业技术教育的决定》，提出在未来10年中，逐步建立起有中国特色的，从初级到高级、行业配套、结构合理、形式多样，又能与其他教育相互沟通、协调发展的职业技术教育体系。1998年《面向21世纪教育振兴行动计划》提出中等职业学校毕业生中有3%左右的比例可进入高等职业学校学习，并且允许职业技术院校的毕业生通过考试接受高一级学历教育。中高职衔接的比例规定及“专升本”的教育形式，在一定程度上推动了我国现代职业教育体系的建设进程。2002年国务院《关于大力推进职业教育改革与发展的决定》首次提出“现代职业教育体系”一词，并指出应继续发展中等职业教育，扩大高等职业教育规模，建立中职与高职、职业教育与普通教育及成人教育之间的人才成长立交桥。此后，有关完善我国现代职业教育体系的建设任务不断出现在国家的政策文件中。2014年，两大重磅文件先后发布，即《国务院关于加快发展现代职业教育的决定》和《现代职业教育体系建设规划（2014—2020年）》，这意味着我国初步完成现代职业教育体系的顶层设计。2015年教育部联合国家发改委、财务部共同发布的《关于引导部分地方普通本科向应用型转变的指导意见》，则将探索本科层次职业教育的发展愿景付诸现实。职业教育的办学层次高移，技术技能人才培养的系统化正逐步实现。纵向的职业教育体系由中职、高职专科、应用型本科和专业学位研究生的培养体系组成，横向的职业教育体系通过产教融合、双证融通与普通教育相对接。2019年1月，国务院又发布了《国家职业教育改革实施方案》，针对当前现代职业教育体系建设存在的突出问题，做出针对性部署，为深入推进职业教育内涵式发展、进一步办好新时代职业教育指明了方向，自此，具有中国特色的现代职业教育发展路径逐渐完善。

表 7－4　1991 年以来国家出台的职业教育重要政策文件中对发展目标的表述

颁布时间	文件名称	目标表述
1991 年	《国务院关于大力发展职业技术教育的决定》（国发〔1991〕55 号）	初步建立起有中国特色的，从初级到高级、行业配套、结构合理、形式多样，又能与其他教育相沟通、协调发展的职业技术教育体系的基本框架。
2002 年	《国务院关于大力推进职业教育改革与发展的决定》（国发〔2002〕6 号）	初步建立起适应社会主义市场经济体制，与市场需求和劳动就业紧密结合，结构合理、灵活开放、特色鲜明、资助发展的现代职业教育体系。
2005 年	《国务院关于大力发展职业教育的决定》（国发〔2005〕16 号）	进一步建立和完善适应社会主义市场经济体制、满足人民群众终身学习需要，与市场需求和劳动就业紧密结合，校企合作、工学结合、结构合理、形式多样，灵活开放、自主发展，有中国特色的现代职业教育体系。
2010 年	《国家中长期教育改革和发展规划纲要（2010—2020 年）》	形成适应经济发展方式转变和产业结构调整要求，体现终身教育理念、中等和高等职业教育协调发展的现代职业教育体系。
2014 年	《国务院关于加快发展现代职业教育的决定》（国发〔2014〕19 号）	形成适应发展需求、产教深度融合、中职高职衔接、职业教育与普通教育相互沟通，体现终身教育理念，具有中国特色、世界水平的现代职业教育体系。
2014 年	《现代职业教育体系建设规划（2014—2020）（教发〔2014〕6 号）	牢固确立职业教育在国家人才培养体系中的重要位置，到 2020 年，形成适应发展需求、产教深度融合、中职高职衔接、职业教育与普通教育相互沟通，体现终身教育理念，具有中国特色、世界水平的现代职业教育体系，建立人才培养立交桥，形成合理的教育结构，推动现代教育体系基本建立、教育现代化基本实现。
2019 年	国务院《国家职业教育改革实施方案》（国发〔2019〕4 号）	经过 5—10 年左右时间，职业教育基本完成由政府举办为主向政府统筹管理、社会多元办学的格局转变，由追求规模扩张向提高质量转变，由参照普通教育办学模式向企业社会参与、专业特色鲜明的类型教育转变，大幅提升新时代职业教育现代化水平，为促进经济社会发展和提高国家竞争力提供优质人才资源支撑。
2020 年	《职业教育提质培优行动计划（2020—2023 年）》（教职成〔2020〕7 号）	通过建设，职业教育与经济社会发展需求对接更加紧密、同人民群众期待更加契合、同我国综合国力和国际地位更加匹配，中国特色现代职业教育体系更加完备、制度更加健全、标准更加完善、条件更加充足、评价更加科学。

但就目前的整体情况来看，我国职业教育绝大多数仍以专科办学层次为主，本科寥寥无几，研究生办学层次几乎没有。也正基于此，2014 年 2 月 26 日国务院总理李克强主持召开国务院常务会议，就如何加快发展现代职业教育进行工作部署。对如何增强职业教育吸引力，提出了要“打通从中职、专科、本科到研究生的上升通道，引导一批普通本科高校向应用技术型高校转型”①。现代职业教育体系的建设需着重解决三个方面的问题：一是改变职业教学以专科层次为主体的办学局面，逐渐开创和增加职业教育在本科层次甚至研究生层次的办学，延伸和提高职业教育的办学层次；二是加强中等职业教育与高等职业教育的衔接，打通和扩大中等职业教育对口升入高等职业教育的通道和比例；三是拓宽中等职业教育进入普通高等院校的通道，使职业教育的出路既可面向就业，也可进入高职院校，还可跨入普通高等学府大门。

国外也有诸多类似改革成功经验。挪威贯彻高级中等教育法之后，所有学科领域的学生只要本人愿意，都可能升入高等学校。普通教育领域不再是优秀青年优先选择的对象。意大利政府早在 1969 年就规定，凡是在后期中等教育机构学习 5 年者，不论其学校属于哪种类型，均有资格报考大学。这个规定解除了职业中学毕业生不能升大学的限制，为学生平等地接受高等教育给予法律保证。就中、高职及本科之间的贯通，我国目前也有一些地方和学校在开展类似探索，如海南省教育厅发布《海南省职业教育人才培养及招生试点项目方案》，全面启动了中职、高职、本科贯通的多学制模式试点。按计划，2015 年将有 12% 以上的海南中职生可直接升入大学，该试点方案共设计 7 种不同的中职、高职、本科贯通的多学制模式。今后，海南省中职毕业生可以通过分段培养、连续就读的学制形式，或者是通过高职、本科院校单独招生，获得升入高职、本科院校继续就读的机会。其中就有 3 种模式直接面向初中毕业生，分别为：“五年一贯制”培养模式，即高职院校直接录取初中毕业生，学生读满 5 年，毕业后可获大专文凭；中高职

① 李春．李克强：让职业教育为社会源源不断地创造人才红利［EB/OL］．（2014 - 02 - 27）［2018 - 10 - 16］．http：//www. gov. cn/jrzg/2014 - 02/27/content_ 2624248. htm.

“3+2”连续培养模式，由与高职院校对口的中职学校录取初中毕业生，学生在中职学校连读5年并通过对口高职院校考核后，可获大专文凭；中职与普通本科“3+4”分段培养模式，初中毕业生进入中职学校后，先在中职学校读满3年并取得毕业证书，再通过对口单招进入本科院校学习4年，毕业后可获本科文凭。① 山东也于2013年开始在部分中职学校和省属本科高校试点职业教育考试招生制度改革②，试点工作主要分为两部分，其一是优质中等职业学校和省属普通本科高校开展“3+4”分段培养，即引导和选拔部分初中学习优良的毕业生进入试点中等职业学校相关专业学习3年后，经考核测试，择优选拔进入对应的本科学校学习4年。这种模式先在潍坊、青岛、德州三市8所中职学校10个专业点进行试点，对应4所本科高校。其二是高职高专院校与普通本科高校开展“3+2”分段培养，即参加夏季高考的考生，正式录取后以专科生身份进入试点高职高专院校学习，前3年在高职高专院校培养，第3年经考核测试，择优选拔部分学生进入衔接本科高校学习2年。这部分2013年试点高职院校11所，共计12个专业，衔接本科高校10所。南京也在尝试并试点“5+2”（5年高职+2年公办本科）、“3+3”（3年中职+3年公办高职院校）、五年一贯制教育等。应该说，2014年6月，国务院印发《关于加快发展现代职业教育的决定》中所提到的“到2020年，形成适合发展需求、产教深度融合、中职高职衔接、职业教育与普通教育相互沟通，体现终身教育理念，具有中国特色、世界水平的现代职业教育体系”正在逐步形成，职业教育缺乏吸引力，职业教育就是末路教育的状况正在逐步得以改善。

（二）建立普职转换的认定机制，拉通普高与中职的横向转换通道

对于广大初中毕业生来说，一旦选择中职，似乎就走上了一条不归路，无论喜欢或擅长与否，都必须沿着既定的道路走下去，这极大地增加了初中生选择中职的风险。因此，在延伸中职纵向空间的同时，也要横向拉通中职与普高的沟通渠道，通过建设一种能在普职之间灵活转换的认定或评价机

① 贯通中职高职本科的多学制模式试点启动，海南超一成中职生明年可直升大学［N］. 中国青年报，2014-03-17.

② 山东启动职教招生改革试点　中职生可直升本科［EB/OL］.（2013-07-11）［2021-08-17］. http：//www.sd.xinhuanet.com/news/2013-07/11/c_116501511.htm.

制，让学生在中职与普高之间能够得以及时的调整与转换。如英国为促进普职融通，就在原有普通教育证书与国家职业资格证书的基础上，新设置了普通国家职业资格（GNVQ），而后又相继推行职业科目普通教育证书（GCSES Vocational Subject）、GCSE 与 A-level 应用学科证书（GCSE/A-levelin Applied Subjects）等。并通过采用“高校招生分数转化系统”（UCAS Tariff），使这些资格证书之间建立起等值互换体系，通过搭建 UCAS Tariff 这个桥梁，不同类型、取得不同资格证书的高中学生可以通过学分转换获得不同类型高等教育录取资格。在我国的台湾地区，为了实现普通教育与职业教育间的衔接以及缩小学生的实际状况与入学标准间的差距，就专门设置了“过渡课程”。职业学校毕业生可以在课余、假期参加一些文化课的补习以报考普通高等学校；普通高中毕业生也须经过“过渡课程”的学习，才能接受高等职业教育性质的高级国家证书或文凭教育，从而保证其适应高等职业教育提供的偏重实用的课程。法国为重新选择不同取向、不同专业的学生提供通路补习（stages passerelles），即对学生转换专业后进行知识补救。①就我国高中普职转换而言，应至少解决两个问题：一是在现有的高中普通教育毕业证书和职业教育毕业证书基础上，是否对高中阶段接受普职融通型教育的毕业生有专门的资格证书认定；二是从我国的教育实际来看，在较长时间内，我国高中阶段教育将仍然维持普高、中职的双轨发展格局，那么，普职之间如果要课程连接，要学籍转换，如何建立普职之间的相互衔接和转换，如何实现从普高到中职以及从中职到普高的无缝对接或阶段衔接，如何提供这种普职转换之后的“过渡”或“补习”，从而实现不同系统之间的平稳转换，这也是普职连接过程中必须解决的实际问题。

青岛市教育局印发的《青岛市普通高中与中等职业学校教育融合贯通试点方案》中，对普高与中职之间的转换流程及其审批就有了明确的规定。从其具体实施来看，该方案确实提供了普职之间的转换通道和操作流程，普职互通成为可能。但普职之间的转换通道如何更加畅通，如何对普职转换进

---

① Ministère de l’Education National. Le nouveau lycée repères pour la rentrée 2010：Les stages ［EB/OL］.（2010－03－20）［2021－08－20］. http：//media. education. gouv. fr/file/reforme_ lycee/31/6/Le-nouveaulycee-Les-stages_ 135316. pdf.

行资质认定与评价（除了该方案中所提到的“相关学生必须品行合格”的条件），普职之间转换后如何提供一种“补救”，如何避免普职转换后带来的发展风险，等等，都是后续推进需要认真研究与解决的问题。

普通高中学生转入职业学校工作流程：

（1）自主申报。学生本人及其家长（或其法定监护人）向所在普通高中学校提出申请。

（2）学校审核。普通高中学校普职融通改革工作小组对提出申请的学生进行审核，确定学生名单。

（3）测试考核。中等职业学校组织进行有关科目测试考核，达到相关要求的学生，报市教育局审批。相关学生必须品行合格。

（4）注册学籍。市教育局审批后的学生转入中等职业学校学习并注册学籍。转学学生在原就读学校修习学科课程学分计入转入学校学分。

职业学校学生转入普通高中学校工作流程：

（1）自主申报。学生本人及其家长（或其法定监护人）向所在中等职业学校提出申请。

（2）学校审核。职业学校普职融通改革工作小组对提出申请的学生进行审核，确定学生名单。

（3）测试考核。普通高中学校组织进行有关科目测试考核，达到相关要求的学生，报市教育局审批。相关学生必须品行合格。

（4）注册学籍。市教育局审批后的学生转入普通高中学校学习并注册学籍。转学学生在原就读学校修习的学科和技能课程学分计入转入学校学分。

三、严格就业准入，完善技术技能人才薪酬制度

我国自上世纪80年代调整中等教育结构以来，就一直在探讨职业教育同劳动人事制度两者的关系问题。1985年《中共中央关于教育体制改革的决定》就要求：“改革教育体制的同时改革有关劳动人事制度，实行先培训、后就业原则。”“今后各单位招工，必须首先从各种职业技术学校毕业生中择优录取。一切从业人员，尤其是专业性较强行业的从业人员，都像汽车司机经过考试合格取得驾驶证才许开车那样，必须取得考核合格证书才能

走上工作岗位。”① 这从制度层面将职业资格制度与职业教育和就业、劳动人事制度紧密联系起来。我国也一直在推行职业资格证书制度，并一直在完善职业资格证书和学历证书、培训证书制度。但在具体的推行过程中，并没有严格按照资格证书来准入。整体上看，因为技术人员尤其是初级技术人员在社会中的认可程度并不高，就业门槛低，很难以资格证书来限定进出，这与我国一直以来把“技”视为“雕虫小技”的传统观念息息相关，也与我国技术人员待遇普遍不高的社会现实紧密相连。在这方面，国外对技术教育的倾斜性政策，对技术人员同等重要的社会观念和实际做法，都值得我们借鉴。澳大利亚的国家资格认证框架保证了获得职业教育高级证书的毕业生可以享受普通教育学士学位持有者一样的待遇。在德国，一个技术工人的年收入相当于或者高于硕士学历员工的待遇，也没有技术工人地位低受到歧视的不良社会现象。韩国政府规定，最高档次的技术人才享受同等待遇，如最高档次的技术工人与获得博士学位的最高档次的工程师同等重要，享受同样待遇。韩国政府还规定，对获得技术资格者给予相应的经济和社会待遇，并在就业、海外进修、奖金、服兵役等方面具有优先权②。挪威在工资、福利、退休待遇等方面，所有职业之间的差别很小。这表现为，第一，起点工资与终点工资之间差别不大。例如，小学教师的起点工资是制造业职工平均工资的95%，而前者的最高工资是后者的127%。第二，各个行业的平均工资差别也不大。社会服务系统中工资最高的是医生，但他的收入只比不熟练的金属制造工高60%；泥瓦工和木工的工资与小学教师不相上下。③ 因此，只有从源头上提高技术人员的待遇，其入职门槛随之提高，才有资格准入可言，职业教育的重要性和不可替代性才可显现，职业教育的社会吸引力才有可能得到增强。

① 顾明远，梁忠义．职业教育［M］．北京：人民教育出版社，2000：471.

② 王文槿．关于增强职业教育吸引力的国际文献综述［J］．中国职业技术教育，2010（4）：65.

③ 王桂．当代外国教育——教育改革的浪潮与趋势［M］．北京：人民教育出版社，1995：214.

第三节　加快推进配套制度的改革与完善

一、采取非常规举措，加大投入力度

教育经费投入反映了一个国家对教育的重视程度和教育本身的发展水平。目前，高中阶段教育发展的最大问题就是经费问题。经费问题又具体表现为以下三个方面：一是投入总量少。根据教育部《全国教育经费统计快报》的数据显示，2016 年中国教育经费总投入在学前教育、义务教育、高中阶段教育和高等教育间的占比分别为 7.2%、45.3%、15.8%、26%（5.7%为其他教育）。高中阶段的教育经费总投入比高等教育少了 10 个百分点。[①] 2017 年，全国教育经费总投入为 42557 亿元，高中阶段教育总投入占比为 15.6%。其中，中等职业教育经费总投入占高中阶段教育总投入的 34.9%。高中阶段教育经费占国内生产总值的比例、高中阶段教育经费占教育总投入的比重等都远远低于 OECD 大部分国家（见图 7－2）。二是生均拨款机制不健全。国家缺乏统一的普通高中生均拨款标准。各省生均投入水平与地方经济发展水平紧密相关，在中西部省份，由于在校生基数大，大规模、大班额导致政府生均投入较低。三是经费投入的结构性失衡。在重庆渝东南地区，“十二五”期间对普高的投入和中职的投入比例都较低，2015 年某区县财政对普通高中教育经费拨款占市级财政拨款的 14.95%，而对中职教育经费拨款仅占市级财政拨款的 3.53%。在渝西地区，2015 年某区县财政对普通高中教育经费拨款占市级财政拨款的 10.24%，而对中职教育经费拨款仅占市级财政拨款的 2.59%。[②]

---

① 教育部．2017 年全国教育经费统计快报［EB/OL］．（2018－05－08）［2021－08－20］．http：//www.moe.edu.cn/jyb_xwfb/gzdt_gzdt/s5987/201805/t20180508_335293.html.

② 程艳霞，李永梅．普及高中阶段教育的历史逻辑与供给侧改革路径［J］．中国教育学刊，2019（2）：34－41.

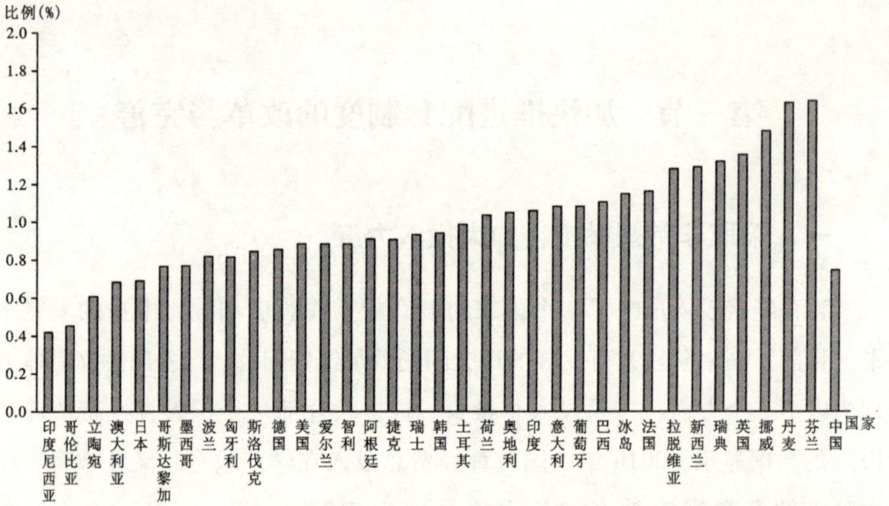

图 7-2 2013 年 OECD 各国高中阶段教育经费占教育经费总投入的比重①单位:%

目前，我国高中阶段教育的全面普及进入了攻坚克难的阶段，要推动不利地区尤其是深度贫困地区的高中普及以兜起底部，要增强中职教育吸引力以补齐短板，要从数量扩张向质量提升转变，这些“硬骨头”仅仅靠适当倾斜的政策和常规的举措，显然是不够的，必须实行积极差别待遇政策，精准发力、持续用力。这方面，义务教育的普及攻坚经验值得借鉴。义务教育进入攻坚阶段，国家先后实施了“两免一补”工程、农村中小学危房改造工程、农村寄宿制学校建设工程、中小学布局调整工程、农村中小学现代远程教育工程和西部农村教师队伍建设工程等系列“大工程”“硬工程”，并配以专项经费做支撑：如为改善学校条件，中央投入 100 亿元新建、改扩建一批农村寄宿制学校；如为共享优质教育资源，中央和地方政府共投入 111 亿元专项资金，建设遍及全国农村的远程教育网络；如为解决攻坚县教师不足、素质不高的问题，2006 年，教育部、财政部、人事部、中央编办共同启动了“农村义务教育阶段学校教师特设岗位计划”，中央设立专项资金，招募优秀高校毕业生到西部“两基”攻坚县的农村学校去任教。② 当然，我们也看到，近年来，国家通过教育扶贫、省份对口协作、职业教育协同行动

① OECD 数据库. http://data.uis.unesco.org/Index.aspx? DataSetCode = EDULIT_ DS.

② 翟博，刘华蓉，李曜明，等. 人类教育史上的奇迹——来自中国普及九年义务教育和扫除青壮年文盲的报告 [N]. 中国教育报，2012-09-09 (1).

以及家庭经济困难学生资助等一系列政策安排，推动了高中教育的快速发展和迅速普及。但在中西部民族地区、集中连片困难地区、国家级贫困县等，高中教育办学资源还存在巨大缺口，在这些不利地区，如果只是一般意义上的政策倾斜和增量投入，显然是远远不够的，必须采取超常规举措。一是政府要首先担责。高中阶段教育不是全免费教育，但从不利地区的教育普及难度来看，从中职教育一直认同度不高的教育传统与发展现实来看，单靠市场配置和社会力量是很难实现全面普及目标的。政府必须在经费投入、区域统筹、科学规划、师资配备、学校建设等方面给予充分的保障和大幅的倾斜，这事关公平、关涉民生，政府不仅不能缺席，而且需要首先在场。二是必须有针对性地推动系列重点工程建设，精准发力、精准施策。如围绕高中办学条件建设、师资队伍建设、教育结构调整、特殊人群教育普及等实施专项工程、专项政策和专项投入。

二、改革高中考核评价制度，推行双证书或多证书制度

如果说课程是普职连接的切入点和突破口，那么，评价制度则是普职连接的支撑与保障。综观世界高中教育改革，普职融通改革成功的国家，都与其评价制度的及时跟进与科学引领密切相关。例如：瑞典高中授予学生熟练工人、技术员和完成高中教育的工程师三种水平的职业资格，提供专科学校、普通高等学校和限定专业的高等学校三种升学资格；芬兰高中虽实行普职分轨，但学生可以同时选择普通高中和中等职业学校的课程，获得两种资格，两类学生毕业后都既可继续升学也可马上就业；尤为值得一提的是英国的职业资格证书制度，英国为推进高中普通教育与职业教育一体化，在原有普通教育证书与国家职业资格证书的基础上，专门为16—19岁青年设置了普通国家职业资格（GNVQ），通过建立普通国家职业资格与高级普通教育证书、国家职业资格之间的转换与相互沟通体制，将普、职文凭等值，使得普职之间、学术课程与职业课程之间的过渡与转换成为可能，构建了互通平台。

在我国，尽管普职融通使普通高中与职业高中联系日益紧密，也正逐步改变彼此原本泾渭分明的局面。但普通高中与中职仍有着各自相对独立的评价体系，普职评价制度的不融通，使得普职之间的连接陷入困境。2011年，石家庄试水高中普职融通时，有专家就坦言，“在这样的考评标准下，普通学校和学生家长怎么会对普职融通打起精神来呢”“评价标准不改，普职就

难以深度融通"①。因此，我国高中普职连接模式的推进与实施，必须在评价制度层面实现根本性的突破与创新，否则高中普职融通改革将寸步难行，这主要是因为：(1) 普职连接的初衷与本质是同时实施升学预备教育与就业预备教育，但社会普遍推崇的却是升学预备教育，如果考试评价这一"指挥棒"不变，高中的普职连接最终会迅速地走向升学预备教育，高中阶段仍将是普通高中一统天下；(2) 即使普职等值，即使升学与就业得到同等重视和同等社会认可，但如果仍沿袭现有普高、中职的招生考试制度，普职连接的推进也同样举步维艰。我们必须从改革评价制度入手，通过高考"指挥棒"将高中的发展引向普职融通。

众所周知，普职连接强调普通教育与职业教育的有机融合，显然，从评价制度方面来看，普通高中的纯普通高中毕业证书模式以及中职或职高的职业高中毕业证书+职业资格证书模式，已不适宜普职连接的综合教育理念，普职连接在评价制度方面也必须走向多元化和综合化。而推行双证书或多证书的评价制度，将打破普职壁垒，促进普职连接。所谓"双证书或多证书制度"，就是进行普职连接的学校学生，毕业达到一定要求后既可获普通高中学历证书，也可获得职业高中或中等职业学校学历证书（即双证书），或是在此基础上获得至少一类职业资格证书（多证书）的制度。

推行双证书或多证书制度是高中普职连接对评价制度改革的必然要求。事实上，目前全国已涌现了一些采用"双证书+多证书"制度的成功典型。在这方面，江苏应该是走在全国前列的，南京市两年前就已着手该项改革，该市有近600名普高学生自愿选择到职校就读，实行学分互认、双学籍制管理，毕业时学生可拿到普高与职高的双文凭。其中湖滨中学和高淳县职业高中首开其普职融通先河，两校学生可以跨校听课，学分互认，毕业后可以获得两所学校的毕业文凭。而南京文枢中学和南京旅游营养中等专业学校合作开办的普职融通班，其学生毕业后也可拿到高中和职业学校双文凭。2012年，重庆首批22所中学试点综合高中，综合高中学生参加普通高中学业水平考试或中等职业专业课程考试（学分可互认），达到普通高中毕业要求，发普高毕业证；达到中等职业教育毕业要求，发中等职业教育毕业证。考试都合格，可以获得普高、中职毕业证。山西尖草坪一中为注册普高、职高双

① 樊江涛．石家庄中小学全面试水普职融通［N］．中国青年报，2011-08-01.

学籍的学生，开设职高计算机专业一门课程，让这一部分学生学习普高、职高课程和专业技能，发放“三证”即普通高中毕业证、职业高中毕业证和职业技能等级证。成都青白江区在高三开设普职融通班，积极探索“双证就业模式”和“三证就业模式”。所谓双证就业模式，即在高三重点进行与岗位对接的技能培训，学习一年后，由国家职业技能鉴定所鉴定合格后取得人社部门颁发的职业技能等级资格证书，并领取普高毕业证，再由职业学校推荐到对口岗位就业。而三证就业模式是指有意愿获取大专文凭的学生，在高三重点进行与岗位对接的技能培训，学习一年后由国家职业技能鉴定所鉴定合格后取得人社部门颁发的职业技能等级资格证书，领取普高毕业证。然后通过就读成都市工程职业技术学校的大专联办班、套读班、自考班等取得大专毕业证，再由职业学校推荐到对口岗位就业。

可见，我国高中的双证书或多证书制度，已有一些初步探索，但需要进一步改革完善：（1）更好地发挥证书在升学或就业方面的实质价值。如果职高毕业证书或职业资格证书，在升学或就业方面并没有实质性意义，那么双证、三证或更多的证书，也并不会改变普通教育独尊地位的事实。简单地说，普高学生毕业后，获得普通高中毕业证书，如果职高证书或职业资格证书对其就业或升学都没有任何意义，那么普高生就没有去获取职高及技能证书的必要性，普通教育去融通职业教育的现实意义就大打折扣。（2）适度扩大试点范围。目前，我国有多个省份都明确颁发了有关高中普职融通的试点文件，但真正切实推进，并从评价制度等层面进行根本性变革的学校并不多。显然，如果没有评价制度方面的协同推进，高中普职连接几乎是寸步难行。（3）加强对证书颁发部门的管理与规范。

三、深入推进新高考改革，完善现有的高考招生制度

高中教育普职协调发展的另一可能路径，就是在普通高中或中职学校，推动普通教育与职业教育在校内的相互渗透与融合，这种普职之间的渗透与融合主要是通过课程设置来实现的。如为了促进普职教育在校内融通，我国2004年开始推行的普通高中新课程方案中就专门新增了“技术”这一学习领域，并具体包括通用技术和信息技术两部分，分别设置必修模块与选修模块。应该说，在课程设置的层面上，普通高中领域的职业渗透已经有所体现并已具体实施。但是，我国长期以来形成的高校选拔考试机制，促使我国的

高中教育形成了“考什么就教什么”的局面。这意味着，技术领域的新增，如果不在高考、高校招生制度方面有所反映，那么，技术领域作为普通高中渗透职业技术教育的这一重大举措，也极有可能流于形式。通俗而言，就是如果高考不考，那么技术就可不教、不学。普通高中能否切实开展职业教育，开展得怎样，很大程度上直接依赖于高考对相关课程或领域的认定。简而言之，如果要在普通高中开展职业教育，实现普职连接并促进普职协调发展，那么，必须改革现行的高等院校招生制度，把职业教育的内容纳入考核的范围。

但有些遗憾的是，尽管目前普通高中已经新增技术领域，已经在以课程的方式加强普职渗透，且在高中必修116个学分中占了8个学分，但各省的高考方案中，并没有给予技术领域足够的重视。笔者查阅了一些省份的高考试点改革方案，对技术领域的重视普遍不够。以浙江省高考为例，《2014年浙江省普通高校招生工作实施意见》中规定浙江高考实行分类考试，文理科考试科目分三类设置。一类考试科目为：语文、数学（文/理）、外语、综合（文/理）、自选模块；二类考试科目为：语文、数学（文/理）、外语、综合（文/理）；三类考试科目为：语文、数学（文/理）、外语、技术模块（信息技术/通用技术）。考试科目的分值规定为语文、数学和外语三科满分各为150分，其中英语笔试满分120分，英语听力考试满分30分；综合（文/理）满分300分；自选模块满分60分；技术模块满分100分，由通用技术和信息技术两科目成绩按各占50%的比例合成。其中考生文化成绩总分按报考（含兼报）的不同考试类别分别合成。文理科一类为“3+综合+自选模块”的总分，满分为810分；二类为“3+综合”的总分，满分为750分；三类为“3+技术”的总分，满分为550分。其中第三类考试对应的是第三批高职（专科）院校专业。技术领域虽纳入了高考录取成绩中，但仅限第三批高职院校专业。再来看北京，《北京市2014年普通高等学校招生工作规定》指出北京高考考试科目文史类考生，考语文、数学（文）、外语、文科综合；理工类考生，考语文、数学（理）、外语、理科综合。语文、数学（文/理）、外语满分均为150分，文科综合/理科综合满分各为300分，高考满分750分。专科批次录取采取高会统招形式，即招生高校根据各专业培养需求从会考备选科目中选定2或3门确定成绩等级要求，会考备选科目为：历史、政治、地理、物理、化学、生物、信息技术、通用技术

8门，显然，北京本科院校的招生基本不涉及技术领域。只有在专科批次的录取中要结合会考备选科目中选定2或3门的成绩等级招生，虽然会考备选科目包括了技术领域的科目，但也仅仅是备选而已。还有不少省份高考，几乎完全未涉及技术领域，《宁夏回族自治区2014年普通高等学校招生规定》规定，采用“3＋小综合”科目设置方案。其中，理工类考试科目包括语文、数学、外语、理科综合（物理、化学、生物综合）；文史类考试科目包括语文、数学、外语、文科综合（政治、历史、地理综合）。语文、数学、外语各科满分均为150分（外语科目含计入总分的听力测试30分），综合科目满分为300分。

我国在这种高考“指挥棒”掌控高中教育全局的背景下，如果这一“指挥棒”仍指向的是普通教育，那么职业教育在普通高中的生存空间就必然是有限的，甚至将无任何实质性空间可言，在普通高中校内实现普职的协调发展就难以有效落实。因此，一方面，要切实加大技术等领域在现有高考招生制度下的比例和比重；另一方面，技术领域不同于数学、外语等其他领域，如果进入高考，以何种方式进入，如果要考察，以何种方式来考察，这些问题都必须认真研究并切实解决。

第四节　慎重考虑综合高中的大面积推广

纵观各国高中阶段教育的改革与发展，推动高中阶段普职协调发展至少有三种路径：一是在保持普职双轨运行的前提下，两种类型学校的协调发展；二是在普职双轨运行前提下，两种类型的教育如何在某一类学校内部的协调发展，如普通高中如何渗透与融合职业教育，中职学校如何兼顾普通教育等；三是打破普职两类学校并轨运行的格局，通过建立一种特殊的高中学校——综合高中，来实现高中普职教育的协调发展。综合高中在美英等国家一度盛行，那么我国高中阶段教育的普职协调发展是否也可借鉴这一发展思路？综合高中是否也可以成为我国高中普职协调发展的一个新路径？

综合高中是区别于普通高中和职业高中的“一种独特的学校类型”，“这类学校对所在地区的所有学生开放，并同时提供大学预科课程、职业课程和普通课程供学生选择”①。它主要克服了“双轨制”体制下普高过于注重升学、中职过于注重专业训练的“两极化”弊端，推动了普通教育与职业教育在高中阶段的有效融通，且延缓分化并达成学生的适性发展。综合高中最早产生于美国，目前已成为世界高中教育发展的主流。我国2010年颁布的《国家中长期教育改革和发展规划纲要》（以下简称《纲要》）明确提出要“探索综合高中发展模式”，以“推动普通高中多样化发展”。为贯彻落实《纲要》精神，一些省市也在大刀阔斧地进行综合高中的探索与改革：如南京将在未来10年投入两亿元重点建设“综合改革高中”“学科创新高中”“普职融通高中”“国际高中”②；湖南在2011年启动了高中教育改革试点，力争形成以综合高中、特色高中、示范高中为基本模式的多样化发展格局③；从2012年9月份开始，重庆市有22所学校试点设立综合高中④。而且事实上，一些普职融通成功的国家，也大都是以综合高中模式来具体推进的，那么，在我国，综合高中的可行性如何，发展前景怎样？我国高中的普职融通是不是也应顺应世界发展潮流而采用综合高中模式呢？

一、我国暂不宜大规模推广综合高中

综合高中制度打破了双轨制模式在中等教育领域独霸的局面，对于美国乃至世界中等教育的发展产生了前所未有的影响。客观来看，经过多年的发展，综合高中成为了美国中等教育的主流。但在综合高中的发展过程中，支持与否定的声音始终相随相伴。即使在美国，作为综合高中的诞生地，综合高中作为美国高中教育发展的主流，也始终面临争议与质疑。随着综合高中在世界范围内的推广和实施，争论甚至否定也逐渐蔓延开来。在德国，带有社会主义倾向的社民党和工会，主张建立一体化的综合中学，理由是这种模式比多轨制中等教育模式更能使下层社会的子女获得均等的教育机会；在英国，对综合中学的发展是加以限制还是鼓励，是保守党和工党数十年来教育

① Harlow G. Unger. Encyclopedia of American education（Volume 3）［M］. New York：Facts on File，2007：290.

② 李芸，李润文．南京高中多样化办学“破冰”［N］．中国青年报，2012-03-16.

③ 徐媛．湖南基础教育综合改革试点今年启动，长沙纳入学前教育改革试点通过多种途径解决择校问题［N］．长沙晚报，2011-10-20.

④ 李志峰，白灵．我市22所中学试点开设综合高中［N］．重庆日报，2012-09-28.

政策的主要分歧点。就我国教育尤其是高中教育的实际来看，综合高中不宜在短时间内大范围推广实施。其理由有三：一是我国20世纪有过两次综合高中的改革与探索，终以失败而告终；二是国外综合高中的改革与发展仍处在不断探索和完善之中；三是我国目前还不完全具备大面积推广综合高中的条件，尤其是课程、高考等配套条件暂不成熟。

（一）国际视野：综合高中本身备受争议

综合高中是高中教育发展的重要模式，但从世界范围内来看，并没有成为主流，目前主要在美国以及英国英格兰、威尔士和苏格兰较为普遍。即使是在综合高中盛行的美英等国，对综合高中的质疑声也从未间断。早在20世纪70年代，一些国家性的报告就已开始讨论应在何种程度上来分解综合高中。蓝带委员会（Blue-Ribbon Committee）曾在报告中提出，期望可以用替代性的学校教育形式来取代综合高中制度。① 越来越多的人认为，综合中学并没有解决西方中等教育的根本问题：其一，中等教育综合化维持了形式上的学校统一，表面上解决了多轨制中等教育体系的弊病，但并没有改变中等教育的选择性或分科的实质，只不过把分科或多轨制教育带到了学校内部，综合中学仍然有文法、技术和现代科目之分，学生仍然是按照他们的"天赋""才能""资格""倾向性"被编入不同的班级或学科；其二，综合中学并没有成为唯一的中等教育机构，许多国家还存在着其他的学校类型（如英国），甚至有的从原来的三轨制变为四轨制（如德国），教育机会均等的理想并没有完全实现；其三，综合中学并没有消除西方社会对中等教育质量下滑的担忧。相反，来自上层社会或团体的责难不绝于耳，指责综合中学降低了学术标准，埋没了学生的天赋和个性。因此，进入20世纪80年代，对综合高中的质疑与否定之声越发高涨，如博耶（Ernest Boyer）将综合高中称为"麻烦的机构"，认为综合高中带来的是高辍学率以及学生的学术表现的下降等。② 古得莱得（Goodlad）虽未明确反对综合高中，但他强烈主张要改革中等学校的课程，其实质是从课程的角度来解构和改造综合高中制

① William G Wraga. Repudiation, reinvention, and educational reform: the comprehensive high school in historical perspective [J]. Educational Administration Quarterly, 1999, 35 (2): 292－304.

② Boyer E L. High school: a report on secondary education in America [M]. New York: Harper & Row, 1983.

度;[①] 瑞韦德（Raywid）则坚决地反对综合高中制度，提倡建立替代性的学校制度模式。[②] 与此同时，学界和实践领域也试图设计或探索一些新的高中发展模式，以改革甚至取代综合高中。如1997年，美国《教育管理季刊》(Educational Administration Quarterly）推出了“什么将取代综合高中”专栏，试图考察和评价一些可能代替综合高中的新模式，或提出一些新的政策和建议。事实上，关于综合高中究竟能否推行、如何推行，确实一直存有争议，德国对综合高中就一直持谨慎态度。德国教育审议会于1970年通过的《教育结构计划》中，明确提到：如果权衡一下同意或反对中等教育第二阶段各种教育轨道一体化的各种原因，就会发现，起码在不久的将来，是不能建议在整个中等教育第二阶段实行全面一体化的。在一定范围内、实行部分一体化的形式还是适合的。[③] 所以，综合中学在联邦德国，从未大张旗鼓，一直是以建综合中学试验学校的形式来谨慎推进的。

（二）本土国情：暂不具备推行的现实基础

综合高中的发展，需要有一定的推行条件，有学者根据世界各国综合高中改革经验与实践，归纳出综合高中发展所需的内外部条件。外部条件：(1）基本普及义务教育；（2）职业教育（特别是中等职业教育）有一定发展水平和合理比例；（3）普职管理体制较合理，既有纵向分工，又有横向协调机制；(4）拥有一定数量和质量的教育科研工作者；(5）社会、经济、文化等诸方面发展，已经进入普及高中阶段教育的发展实施阶段。内部条件：(1）双师型师资队伍的准备；（2）已经积累了普职渗透试验的经验和教训；（3）职业教育课程或职业教育实施的基本硬件、设施等基本配备；(4）有一支相对稳定、关注教育改革、事业性强、具有创新意识的课程开发工作者。[④] 整体来看，目前我国综合高中的推行与实施还存在以下困难：

1. 综合高中改革与发展的方向不明、定位不清

如前所述，国外综合高中主要致力于满足现代民主社会的教育需求，保

---

① 约翰·I古得莱得. 一个称作学校的地方［M］. 苏智欣，等译. 上海：华东师范大学出版社，2006.

② Raywid M A. On the viability of the comprehensive high school: a reply to professor Wraga［J］. Educational Administration Quarterly, 1999（35）: 305－310.

③ 瞿葆奎. 联邦德国教育改革［M］. 北京：人民教育出版社，1991：599.

④ 马庆发. 综合高级中学：普及高中阶段教育的最佳选择［J］. 上海教育科研，1998（10）：20－22.

证在同一个教育机构内向所有具有不同能力和倾向的学生提供均等的受教育机会，公平、民主以及“全人”发展目标，是综合高中的本质及初衷所在。在我国，对综合高中一直没有明确的发展定位与清晰的改革思路，我国的综合高中实际上主要是为解决职业高中、薄弱高中的生存困境而仓促诞生的。20 世纪 90 年代末，随着大学扩招，“普高热”渐兴，普通高中因为扩招导致教育资源一时紧张，供不应求，相形之下，职业高中的生存却陷入了困境，大量教育资源开始闲置。为扭转这一局面，国家开始大力提倡普通高中与职业高中的相互融通，但实际上是职业高中向普通高中的单向倾斜，具体表现为，各省职业高中为求得一线生机，纷纷开办普高班：1999 年，武汉市 19 所中职学校获准开设普通高中班，一方面缓解当时普通高中容量有限带来的压力，另一方面从一定程度上维护中职学校的生源。由于这类职校可同时招收普通生和职教生，被称为“综合高中”。① 在上海，“开展普职渗透综合高中试点两年后，有 30 所中专、职校开设综合高中班，在读学生人数超过 5000 人”②。除了职业高中招收普高班因而成为综合高中之外，综合高中的形成还有另外一种途径，即由薄弱普通高中转型而来。1995 年，国家教委关于印发《加强薄弱普通高级中学建设的十项措施（试行）》的通知中曾指出：“薄弱高中可以办成兼有升学预备教育和就业预备教育的学校，或试办成以就业预备教育为主的学校。”可见，我国的综合高中要么从职业高中演化而来，要么因薄弱普通高中改造而生，它成为了职业高中、薄弱普通高中摆脱生存困境的权宜之计，国际综合高中关于公平、民主、培养“全人”的创办初衷与发展定位，并未纳入我国综合高中的改革范畴，我国综合高中的发展定位从一开始就出现了整体性、方向性的偏离。

2. 综合高中的课程未独立、不综合

课程是教育的核心与灵魂。综合高中作为实施综合化中等教育的场所，要实现普通教育、职业教育与升学教育的高度综合与有机统一，课程是否综合尤为关键。遗憾的是，目前我国并未设置相对独立的、专门针对综合高中培养目标的课程体系。不少人错误地认为：综合高中教育 = 升学预备教育 + 就业预备教育，因此，综合高中课程 = 升学预备类课程 + 就业预备类课程，

---

① 黄伟，雷宇．一锅“夹生饭”，武汉综合高中十年之殇［N］．中国青年报，2009－02－23．

② 曹静，庄玉兴．综合高中生“左右逢源”［N］．解放日报，2001－03－07．

其中升学预备类课程基本沿用普通高中课程模式，而就业预备类课程则主要参照职业高中的课程体系来开设，两类课程往往简单拼凑、相对独立、相互割裂，并没有实现不同类型课程的有机融合。如重庆对2012年开始试点的综合高中课程设置提出的要求是：第一、第二学年开设与普高相同的课程，采用普高新课程实验教材；第二学年增设1－2门中等职业教育专业基础课程；第三学年，学校根据学生本人发展意愿，分别编成普高教育班、中等职业教育班，对应开设升学、就业类课程。① 这种拼盘式课程带来的问题是显然的：（1）无法同时兼顾升学预备教育和就业预备教育。因为课程缺乏高度综合，综合高中学生往往在文化素养上不如普高学生，而在技能掌握上又不及职高学生，综合高中的综合特色没有得到真正凸显。（2）极大地增加了学生的学业负担。因为要同时兼顾升学预备教育和就业预备教育，而课程并没有有效整合，学生要学习的课程门类明显增多，学业负担明显加重且学无成效。因此，我国综合高中的改革，如果不从课程入手，不从根本上解决课程的综合性问题，不构建自身独立的课程体系并编写相应的教材，那么，综合高中的独立地位与独特价值就无法真正体现，综合高中的改革必然会陷入困境。

3. 综合高中相配套的考试评价制度严重滞后

综合高中独特的定位、特有的培养目标和课程设置等，都意味着它必须有相应的考试评价制度相匹配。国际上大凡综合高中改革成功的国家，无一例外都是以考试评价制度的协同跟进为前提与保障的。在美国，综合高中的毕业生无论是选修完全的职业课程或者学术课程，还是普职课程兼修，都可通过达到合格学分的方式获得统一的高中毕业证书，并由此获得各类型高等教育机构的申请资格；瑞典的综合高中授予学生熟练工人、技术员和完成高中教育的工程师三种水平的职业资格，提供专科学校、普通高等学校和限定专业的高等学校三种升学资格；芬兰高中虽实行普职分轨，但学生可以同时选择普通高中和中等职业学校的课程，获得两种资格，两类学生毕业后既可选择继续升学也可选择马上就业；英国主要采取资格证书来为不同学习路径的学生提供在学术路径和职业路径之间“转轨”或者“并轨”的机会，各种资格证书的推出和“高校招生分数转换体系”的建立，极大地提高了职

① 汤寒锋.22所中学试办综合高中新模式［N］. 重庆晚报，2012－09－28.

业型资格证书和其他普通资格证书的社会地位和价值。各国评价制度的配套改革，促使普通教育、职业教育等值，从而为综合高中改革扫除制度障碍。

我国现有的考试评价制度，并没有对综合高中进行针对性的考虑和单独的制度安排，这使得综合高中的改革几乎寸步难行，这主要是因为：其一，综合高中的初衷与本质是将升学预备教育与就业预备教育聚集于同一屋檐下，但社会普遍推崇的是升学预备教育，如果考试评价这一“指挥棒”不变，综合高中的“综合”教育最终会迅速地走向升学预备教育，从而与普通高中完全趋同，综合高中即使“名”还存，但却实已亡；其二，即使普职等值，即使升学与就业在综合高中有着同样的地位、得到同样的认可，但如果仍沿袭现有的高考招生制度，综合高中的发展同样举步维艰。因为，在综合高中，向升学教育分流的学生，文化课学习时间较普通高中学生少，而向职业教育分流的学生，专业理论和操作训练都较职业高中学生少，这样，无论与普高还是职高学生相比，综合高中的学生都明显处于竞争中的不利地位。可见，能否建立与综合高中发展相配套的考试评价制度，这直接影响甚至一定程度上决定着综合高中的生存空间与发展后劲。

综上所述，无论从我国高中教育发展的历史经验、现实基础，还是国际背景来看，综合高中不宜短时间内在全国范围内迅速推广和普及，它不可能成为当前以及未来一段时间内我国高中阶段教育普职沟通的主流模式。但选择在一些条件相对成熟的地区和学校进行试点探索，是可行的。也正是基于此，《纲要》在涉及高中阶段教育发展任务时，提出要“探索综合高中发展模式”。2014 年 6 月发布的《现代职业教育体系建设规划（2014—2020 年)》中，也明确提出“继续探索举办职业教育和普通教育融通的综合高中”。综合高中也许能成为我国高中普职融通的未来理想模式，但当前的全面推广，缺乏现实基础和实施可能。

（三）历史经验：两次大张旗鼓的改革却两度失败

综合高中在我国并非新生事物。我国历史上曾掀起过两次大规模的改革热潮，从改革的力度、政策的倡导、实践的推进来看，都不亚于今天的综合高中改革试验，但最终均以失败而告终。第一次改革掀起于 20 世纪 20 年代。1918 年，美国《中等教育的基本原则》明确把“综合中学”作为美国中等学校的标准类型后，其改革的理论与实践经由留美归国学者的介绍和杜威、孟禄等来华专家的推动，综合高中也很快成为了我国中学教育改革的热点。1922年颁布的《学校系统改革案》中虽未出现“综合中学”的字眼，但以“分科选科”的形式明确了“新学制”的综合中学性质。随后，不少省份都制订了发展综合型中学的计划。如浙江省就计划先行设立普通、职业和师范科中的一两科，然后向大规模多科性的综合中学过渡；安徽省计划办理“实验式之高中”，分预备升学和职业两种课程。① 但由于对升学教育的过分倚重以及学科制、选科制的不成熟等多种原因，综合高中的办学思路最终在1933年颁布的《中学规程》中基本废止。进入20世纪80年代后，随着高中普及程度的提高，高中普通教育与职业技术教育相互渗透与融通的趋势不断加强，综合中学作为一种能够沟通普教和职教的办学模式，再次成为理论研究和实践探索的热点，我国掀起了第二次综合高中改革热潮。到90年代，综合高中发展进入鼎盛时期，涌现出一批改革的先锋代表。如1992年北京市东城综合高中办学模式改革、1992年南通三中综合高中实验改革、1994年浙江省湖州市南浔中学综合型高中实验、上海市1995年开始的“双学籍、双文凭”高中教育等。到1999年，《面向21世纪教育振兴行动计划》（以下简称《计划》）甚至明确提出经济比较发达的地区可发展部分综合高中。遗憾的是，在该《计划》之后，我们很少再看到有关综合高中的明确提法和推进举措，综合高中的改革热潮再次自然褪去。

当然，时代在进步，教育在发展，我国高中教育改革的内外部环境也在不断变化。随着国家各项教育举措的推进，人们对职业教育的认可度在不断提高，综合高中推行的制度环境与支持体系都在不断调整与完善之中，但无论从国际还是国内环境，无论从历史还是现实角度，短时期内都不宜大面积推广综合高中改革。

二、我国试行综合高中的推进路径

综合高中不宜在短时间内大面积推广，并不意味着现阶段我国就完全不能推行综合高中。当前，普、职的融通是我国高中阶段教育改革的整体趋向。② 综合高中作为高中普职融通的重要模式，如何在中国生根发芽，如何

① 璩鑫圭，唐良炎．中国近代教育史资料汇编·学制演变［M］．上海：上海教育出版社，2007：996－1009.

② 刘丽群，彭李．普职融通：我国高中阶段教育改革与发展的整体趋向［J］．湖南师范大学教育科学学报，2013（5）：64－68.

建立并推行中国特色的综合高中模式，需要探索。美国的综合高中经历了近百年的发展历程，我国台湾地区从20世纪90年代开始发展综合高中，至今还在不断地改革与完善之中。综合高中在一国的推行与推广，必须是在试点探索的基础上，逐步积累经验，逐步扩大推广范围。所以，《纲要》提出要“探索综合高中发展模式”，2014年新发布的《现代职业教育体系建设规划(2014—2020年)》也提出要“继续探索举办职业教育和普通教育融通的综合高中”。应该说，“探索”和“试行”综合高中应该是合乎时宜的。那么，究竟如何“探索”，怎样“试行”，我们提出以下改革建议。

（一）以高中多样化发展为改革前提

我国自20世纪80年代调整中等教育结构后，普通高中与职业高中双轨运行，各行其职，普通高中以升学教育为主，职业高中面向就业，这种双轨运行的高中教育体制，为社会主义现代化建设培养了大批高素质劳动者和技能型专门人才，较为明显地改善了我国从业人员的结构，有力地支持了我国社会主义现代化建设。但随着时代发展，随着经济与产业结构的转型，随着岗位转换频率的升高，对从事人员的素质结构提出了新的要求与挑战，普通高中缺乏基本职业素养，职业高中忽视基础知识传授的弊端日渐凸显，职教与普教这种分离和割裂的体制已越来越不适应社会经济发展的要求，综合高中作为沟通普、职教育的理想模式，一跃成为了美英等国家高中教育改革的热门。综合高中在中国是否也能将普通高中、职业高中的双轨发展格局完全取而代之？我们以为：短期内，我国高中教育“双轨”体制不可能根本性颠覆，普通高中、职业高中、综合高中甚至特色高中、学科高中等多样并存、多元发展的格局应该是一段时间内我国高中教育改革与发展的主旋律。在此意义上说，目前一些地方与学校动辄创建综合高中，盲目以综合高中的改革名义试图完全取代现有普高与职高的做法都是激进的。综合高中是在我国高中双轨发展格局下新增的学校发展模式，并不是一推行综合高中，就是要颠覆已有的普高、职高发展格局，而是使我国的高中教育体系从双轨走向多轨，从单一走向多元，这本身与我国当前提倡的高中多样化发展也是完全吻合的。

（二）以区县为单位来整体统筹

综合高中试图将普通教育与职业教育聚于“同一屋檐下”，这对我国长期推行普、职教育各行其道的双轨体系来说，本身就是一个极大的挑战。如何真正实现高中普职教育的一体化，除了学校自身的努力与探索，区域层面的统筹、协调与相关支持都是必不可少的。我们建议以区县为单位，统筹做好以下几个方面的工作：其一，区位布局。即在国家和省级有关政策的宏观引领下，以区、县为单位，根据高中学校实际，综合考虑地域优势、学校特色、资源便利等多种因素，做好区域范围内综合高中的整体布局。包括区县范围内高中教育资源的整体情况分析、综合高中推行的可行性论证、综合高中的具体布点等。在区县范围内一般建议 1 ~ 2 所综合高中先行试点为宜。其二，政策支持。综合高中的培养目标、课程设置、教学实施、评价制度等都有别于现有的普高与中职，需要从政策层面，对区县范围内综合高中的招生、教学、资源供给等方面提供专门的支持和针对性的制度安排。具体来看，招生方面，就必须在原有的高中招生录取批次上，增设专门的综合高中志愿批次（如合肥，自 2013 年开始就首次增加了一个综合高中志愿批次），并在此基础上，将综合高中录取批次适当提前，以确保综合高中的生源质量（如安徽芜湖市 2015 年高中阶段招生志愿设置七个批次，其中公办综合高中学校的招生仅在提前批次和第一批次之后）；除此之外，高中普通教育与职业教育之间的课程衔接、学分转换、学籍管理、普职转换资质认定与操作流程等都必须进行区县层面的专门设计与宏观统筹。其三，专项投入。任何改革都意味着是对现有制度与体系的重新安排，这需要投入更多的人力、物力与财力。从综合高中本身的性质来看，其运行的成本明显高于普高与中职，尤其是在首创与试推阶段。需要特别注意的是，目前我国综合高中的试点大都是在薄弱学校推行，对经费的需求尤其强烈与迫切。

（三）以新建或薄弱学校为突破口

在我国，职业教育社会认可度明显偏低，读普高升大学仍然是广大家长与高中生的普遍选择，在此背景下，综合高中的生存空间是非常有限的，要让普通高中，尤其是优质普通高中转型为综合高中，几乎不太现实。相比较而言，综合高中的推行最有可能在新建或薄弱学校取得突破。基于此，我们建议：一是可将新建校作为综合高中发展的增长点。就我国高中教育实际来看，要完全按照综合高中的指导思想和培养目标来重新设计和定位现有的普高和中职，这一定程度上意味着是对现有高中教育体系的全面颠覆和全盘改造，显然，这种激进式的改革模式是冒然的，更是冒险的。从较为现实和可能的角度来看，与其对现有高中进行大肆改造，不如新建校，从一开始就按综合高中的模式来设计与规划，即学校定位为融普通教育与职业教育为一体，通过开设普通教育轨、职业教育轨及学术轨等多种发展轨道供学生选择并适时转换，以此为目标来选聘相关教师、设置相应课程模块并配备所需教育教学资源，这类学校最有可能发展成为真正意义上的综合高中。二是鼓励高中学校尤其是薄弱校合并重组为综合高中。除新建校可能成为综合高中的生长点外，另一种可能且可行的办法就是对现有的普通高中或中职合并重组。建议以县域为单位，由县教育局牵头，对地域邻近、师资互补、资源共享的部分普高、中职进行合并；合并可有多种方式，既可以普高为主体，也可以中职为主体，还可以普高、中职对等合并后重组。在此过程中，要特别注意发挥高中薄弱学校和中职的主动性与能动性。因为无论是薄弱学校还是中职学校，它们在现有的高中教育体系中本身处于弱势地位，其合并重组的愿望和动力会更强烈，因此他们也更可能成为改革的先锋阵地。三是探索试验“区域性集成高中”的模式。即以某一区域或社区为单位，聚集该区域范围内的教育资源，举全区之力，有重点地、带试点性质地组建综合高中。通过前期的试点探索，逐步扩大实施范围。这也是一些国家和地区在综合高中探索中积累的重要改革经验，如英国20世纪70年代初提出的创办社区综合高中的设想、我国台湾地区推行的“高中职社区化”等，都代表着这种改革的方向。

（四）以现有普职融通班为生长点

从世界综合高中的改革经验以及我国综合高中的试点探索来看，综合高中的改革不可能一步到位，它是在综合高中原始雏形的基础上不断发展与完善起来的。例如英国的综合高中改革开始是在伦敦的一些现代中学、文法中学和技术中学之间合并发起的，起初的课程是三类教育课程的拼接，俗称“拼盘式”课程，目前还有一些综合高中采取这种课程安排方式。我国四川省阆中中学校的改革史也经历了“普教＋特色教育”办学模式、“普职协同”办学模式和“普职融合”综合高中办学模式三个发展阶段。因此，在我国综合高中内外环境还不特别配套的前提下，我们一开始不可能发展纯粹的综合高中，但可以普职融通班作为综合高中改革的雏形与生长点，在此基础上不断调整与完善。具体来说，可以首先选择那些就业前景好、合作学校能提供很好的职业教育资源并具有对口升学路径的1～2个专业开设普职融通班，进行试点。如2011年江苏南京市高淳区湖滨高级中学就与高淳中专结合各自的办学优势，联手创办了电子电工专业的普职融通班。到2013年，首批普职融通班学生参加了对口单招考试，全班46人有45人达到专科分数线，其中32人过了本科线，他们分别被南京工程学院、南京晓庄学院、金陵科技学院等高等院校录取。这种开设在普高或中职的普职融通班虽然不是真正意义上的综合高中，但它是高中普职融通的初步尝试，是综合高中的发展基础，可以以此为依托，逐步扩大普职融通的范围，提升普职融通的程度，如南京市高淳区湖滨高级中学普职融通班就从原来的一个增加到四个，新增了机械、化工、艺术3个试点班。① 在这种不断改革、不断调整与完善的过程中，综合高中逐步赢得发展的基础与可能。

① 杨军，许晴．“普职融通”让他们圆了大学梦——高淳湖滨高级中学试点班级32人对口单招达本科线［N］．南京日报，2013－05－29（A01）．

后 记

对高中教育的初始关注，纯属偶然。我的硕士、博士以及工作领域一直都在课程与教学论这一专业兜兜转转。2011 年，因为内心一直潜藏着想进京求学的梦想，在博士毕业几年后，竟然抓住最后的机会，通过申请博士后的方式圆了自己的梦想，如愿以偿地进站到北京师范大学中国教育政策研究院。也就从那时开始，应工作所需，涉猎高中教育政策及其相关研究。

对高中教育的持续关注，却并非偶然。教育学的研究大多按学科逻辑来展开（如教育原理、课程与教学论、教育史等），而很少按教育体系的实践逻辑（如初等教育、中等教育）来进行。因此，国内很少有专门专注于高中教育的研究团队和专家队伍。发现高中教育是一块有待开垦的学术领地，我对高中教育的关注从开始的工作所需，逐渐转变为研究兴趣所指。

这一关注，便是十年。十年时间，虽未能磨一剑，但陆续写了些小文章，做了点小研究，有了些小思考，拙著即是这些小文章、小研究与小思考的汇聚与集结。

本书由我主持和设计，撰写并修改了全书。但与其说是一本专著，不如说是一本集体研究、通力合作的集体成果。华南师范大学教育科学学院余晖博士、湖南省教育科学研究院基础教育研究所周宁之博士、北京师范大学中国教育政策研究院周秀平博士、北京教育科学研究院艾巧珍博士、湖南科技大学教育学院刘景超博士、华东师范大学教育部中学校长培训中心刘涛博士、湖南第一师范学院教育科学学院刘慧群教授、柳燕博士、李汉学博士等，在文献查阅、政策梳理、资料整理、现状调研、初稿撰写等方面，提供了众多支持与无私帮助。这一长串的名字，恕不一一罗列，他们的思想已经融入书中，他们的智慧流淌在字里行间。

需要说明的是，教育政策的研究向来紧扣时代脉搏，紧追时代前沿，但教育的改革却从未停滞，教育的发展日新月异。有些数据，书稿定稿时是最新的，但经过几审几校后即已过时，甚至在边审边校边改的同时边过时。书中部分统计数据未能及时更新，敬请读者谅解。

本书的出版得到了湖南师范大学出版社的大力支持，在此，一并表示感谢。

书稿已搁笔，研究方启程。高中教育研究，十年后再出发！

刘丽群

2021 年 11 月 11 日于长沙